Hors-champ

DE LA MÊME AUTRICE

Les Pages arrachées, *Verdier, 1995*
Passion de famille, *Verdier, 1997*
Sœurs, *Verdier, 1999*; *J'ai Lu, 2012*
Matriochka, *Verdier, 2002*
La Bête dans le cœur, *Denoël, 2007*
Quand la nuit, *Grasset, 2011*; *Le Livre de Poche, 2012*
Lucy, *Grasset, 2015*; *Le Livre de Poche, 2018*
Être en vie, *Stock, 2018*; *Le Livre de Poche, 2020*
Quatre amours, *Stock, 2020*; *Le Livre de Poche, 2022*
L'Autre Femme, *Stock, 2022*

Les Chemins du livre
Maisons-Laffitte
30-11-2024

Cristina Comencini

Hors-champ

roman

Traduit de l'italien par Béatrice Robert-Boissier

Stock
la cosmopolite

TITRE ORIGINAL :
Flashback

Visuel de couverture : © Christie's Images/Bridgeman Images/
Vilhelm Hammershoi, *Femme dans un intérieur*, *Strandgrade 30*,
1901 (huile sur toile)

ISBN : 978-2-234-09541-0

À mes fils, à ma fille, à mes petites-filles et mes petits-fils
qui enrichissent ma vie.
À mes sœurs, à mes amies et amis qui la partagent.
À François qui lui a donné un nouvel élan.

Cela m'est arrivé quatre fois, on appelle ce phénomène l'amnésie globale transitoire. Elle n'a aucune cause identifiée ni effet durable sur la santé physique ou cérébrale. C'est une interruption : pendant quelques minutes, on ne sait plus qui l'on est ni ce que l'on fait en ce monde. Ou plutôt on ne sait même pas ce qu'est le monde. Une fois, j'étais dans la salle de bains, je venais de prendre une douche très chaude. Mon médecin a dit que c'était peut-être une réaction vasculaire à la chaleur. Mais les autres fois, le contexte était différent. Ce sont des phénomènes inexplicables ou bien qui ont d'innombrables causes possibles mais aucune en particulier. Des moments d'absence qui ne laissent aucune trace si ce n'est une certaine fatigue les heures suivantes, un plaisir ténu et aussi l'envie de raconter ce que l'on a vu. Pendant un laps de temps très long – quelques minutes, paraît-il – on sait que l'on est en vie, mais on ignore qui est en vie. C'est une immersion dans un vide dont on sort étourdi. Le *je* disparaît. C'est peut-être dans cet espace riche et sans mémoire qu'errent ceux qui souffrent de maladies neurologiques et qui nous semblent simplement perdus comme des nouveau-nés. Le souvenir que j'ai à présent de cette sensation extraordinaire ne s'est pas créé à ce moment-là où je n'existais pas et où j'étais dépossédée de mon nom et de mon histoire. Je l'ai reconstruit *a posteriori*, en y pensant seule, en parlant avec la personne à mes côtés et que je n'ai reconnue qu'un peu plus tard.

Je m'accroche à ces instants, à ces expériences de vie hors de moi, quatre immersions dans des histoires sans *je* ou plutôt avec un *je* beaucoup plus vaste que le mien. J'y pense souvent. J'avais l'impression d'en savoir beaucoup plus dans ces moments-là. Puis, petit à petit, je refaisais surface et le monde connu dont j'étais le centre recommençait à exister, comme toujours. C'est comme certains rêves auxquels on s'accroche au réveil : on ne veut pas les perdre, ils nous ont transportés dans une intrigue où quelqu'un semble vivre à notre place. Qui est cet inconnu qui se cache le reste du temps ? Les psychanalystes diraient que c'est l'inconscient, mais cette réponse ne me satisfait pas. Ni poétiquement, ni psychologiquement.

J'écris ces quatre histoires, car je crois en la littérature et sa capacité à nous aider à comprendre. Les derniers mots de Natalia Ginzburg, à qui je dois la publication de mon premier livre, à ceux qui étaient à ses côtés furent : « Ça, ce n'est pas de la littérature. » Une expérience qui n'appartient pas à la littérature touche à l'ineffable de la vie, tel que la mort ou la perte du *je*. Mais je veux essayer quand même.

Dans ces instants qui se dilatent en heures, en mois, en années, quelqu'un a vécu ces expériences mystérieuses.

Première partie

Les souliers rouges

« Danse toujours, dit-il ; danse avec tes souliers rouges [...] jusqu'à ce que tu sois devenue un squelette ambulant. »

Hans Christian Andersen,
Les Souliers rouges et autres contes
(traduit par Ernest Grégoire et Louis Moland)

1

Dernier instant dans ma peau : je suis en voiture avec mon ex-mari, nous nous rendons chez des amis pour dîner. Nous nous arrêtons devant une pâtisserie du quartier Prati, à Rome. Tout est clair, net. Des gestes habituels. Notre hôte aime beaucoup la cassata, un gâteau d'origine sicilienne. Nous l'avions commandée, mon mari est entré la prendre, je suis restée dans la voiture. Sur la porte vitrée du magasin brille une Sicile miniature en néon, un cœur pulse en son centre. Au nord de la grande île, il y a ma petite Salina où j'ai depuis peu une maison. Toute blanche, peut-être devrais-je la faire repeindre. Les soirs d'été, des citrons gros comme des bombes tombent avec un bruit sourd des quatre arbres de la cour. Je viens de rentrer d'une série de voyages pour présenter mon nouveau livre. Parme était la dernière étape, j'ai rapporté des fleurs de violette cristallisées. Dans le train, je pensais à Stendhal et à Fabrice del Dongo. Un jeune homme qui a été un exemple pour tant d'autres. Aventurier déterminé, séducteur timide, à l'éternelle recherche de l'amour. J'ai eu très envie de rester dans le train et de faire comme lui, changer de ville, de vie, d'entourage, d'amours. Ne plus être, du moins pour un temps, la femme sérieuse que tous – amis, amies, mari, enfants, sœurs – connaissent.

C'est alors qu'est survenue la perte de mémoire, je ne saurais pas reconstituer exactement la manière dont elle s'est produite. Je suis partie en avant ou en arrière, dans un autre lieu. Je me suis perdue – au sens propre –, j'ai véritablement quitté celle que j'étais et qui était assise dans la voiture, devant la pâtisserie au cœur battant de la Sicile. Et en l'espace de quelques instants, de grandes choses se sont produites.

Des petits souliers de satin rouge se pressent sur un trottoir de Paris. Il fait froid, une robe de soie, décolletée, parfaite pour assister à la première de la veille. Une voix chantonne le *gioir, gioir* de la *Traviata.* Les souliers rouges sortent de chez un homme qui a joui de ce corps tremblant à présent dans l'aube glaciale. Par intermittences, elle revoit le désir de l'homme, sa dépendance et son indifférence au réveil, l'une engendrant l'autre. Les souliers se mouillent dans les flaques. Il pleut, les fiacres éclaboussent sa traîne d'eau sale. C'est lui qui l'a envoyée dans cet atelier de couture. Il a demandé à la patronne une robe décolletée et provocante. Il paie aussi généreusement le petit appartement qu'elle partage avec une amie, où il vient parfois, obligeant cette dernière à se cacher. Avec l'aide de son amie, elle l'a aménagé exprès pour qu'il lui plaise, à lui et à ceux qu'elle souhaite recevoir (et qu'elle reçoit déjà à son insu), jusqu'à ce qu'elle devienne riche. Des rideaux de velours rouge comme ses souliers, de moelleux coussins de satin, des orchidées toujours fraîches, des chocolats à la violette (la fameuse violette de Parme !), des tapis pour marcher pieds nus. Pour aller et venir. Il la regarde d'un air sérieux, étendu sur une méridienne au pied du lit, le premier bouton de la chemise ouvert, les yeux rivés sur elle. Elle sait comment faire pigeonner sa poitrine, se mettre de trois quarts pour faire deviner la cambrure de ses reins. Sa peau douce, si douce, dit-il en la caressant. Le parfum à l'ambre noir qu'elle rince lorsqu'il part, qui lui fait perdre connaissance lorsqu'il l'étreint dans le lit, la serre, la mord, la pénètre. Elle recouvre ses sens dès qu'elle entend, dans l'entrée, le léger froissement des billets de banque laissés dans le bénitier de marbre qu'il lui a offert. Et, toujours allongée dans les draps, elle note dans un petit cahier doré ce qu'ils ont fait, ce qu'il a voulu faire, ses défaillances, ses violences érotiques occasionnelles. Elle écrira tout cela lorsqu'elle sera trop vieille pour séduire. Cocotte est un métier qui ne dure qu'un temps.

Mais ce soir, après la première au théâtre, il a voulu qu'elle se déshabille dans l'hôtel particulier du centre-ville où il vit avec sa femme et ses enfants. Ce n'est pas la première fois. Il l'a aussi fait venir le matin tôt. Il lui a donné la clef de l'entrée de service, dans la rue adjacente. Il a fait aménager une chambre pour leurs rendez-vous, il y a une fresque au plafond. Elle la connaît dans ses moindres détails, elle s'y perd lorsqu'il s'endort, satisfait, à côté d'elle, ou dans la fougue de ses étreintes. Sur la fresque, Diane, nue, est étendue sous un arbre après la chasse, la main sur sa cuisse blanche et ronde, les yeux mi-clos de plaisir, son carquois accroché aux branches, un cerf abattu à ses pieds. De l'autre côté du mur, elle entend parfois les voix des enfants qui viennent de se réveiller et les cris de la gouvernante ou de la mère.

Elle marche dans le froid et tousse, peut-être pour faire comme la dame aux camélias de la pièce ou bien parce qu'elle n'a qu'une étole de satin pour lui couvrir les épaules. Elle la préférerait en fourrure, elle en aura une un jour. Non seulement une étole, mais aussi une cape en hermine longue jusqu'aux pieds comme les reines. Et un manchon. Elle n'aura plus froid ni faim, elle n'ira plus jamais dormir dans la chambre glaciale du couvent où sa mère l'avait placée enfant. Elle lui a appris le métier. Petite fille, elle lui a montré comment se frictionner la peau pour la rendre blanche et lisse, comment nouer ses cheveux pour que l'homme puisse les faire tomber sur ses épaules d'un seul geste. Et s'il n'y parvient pas, comment l'aider sans qu'il le remarque. Tout l'art du métier se résume en ces mots : ne rien laisser paraître de ses pensées si ce n'est la joie affable, gracieuse et naturelle d'exister pour le désir de l'homme.

Il faut aussi savoir faire la conversation, chanter ou jouer d'un instrument. Elle a étudié juste assez pour pouvoir intervenir dans une discussion ou la relancer au cours d'une soirée ennuyeuse. Elle ne parle pas d'égal à égal, c'est impossible, mais même si elle le pouvait, elle ne le ferait pas : elle est un divertissement élégant, léger ou passionné s'il faut réchauffer l'esprit et les sens. Son regard fuit, s'éloigne, reste insaisissable, ainsi l'amant devra toujours revenir pour essayer de la posséder sans jamais y parvenir complètement. C'est là son indépendance. Elle raconte à son amie sa peur d'avoir un jour son propre père dans son lit. Elle ignore qui il est et le voilà dans ses bras, à la désirer, comme si c'était permis. Qu'est-ce qui ne l'est pas ? Sa mère lui a donné les dix commandements de la cocotte : tu dois être belle, prends soin chaque jour de ton apparence, sois élégante, fière, danse, parle sans te donner de grands airs, reçois avec grâce, aime sans aimer, ne désire pas d'enfants. Le dixième, lui a-t-elle dit, tu le découvriras toute seule. Cet enseignement l'a aidée à résister au sadisme de la religieuse qui la trouvait trop belle, la pinçait et lui donnait des coups et des gifles. Elle a des cicatrices roses sur l'épaule et les bras, mais personne, hormis son amie, ne les a jamais vues. Elle les recouvre d'onguent et de poudre. La douleur n'accompagne pas le désir, sauf si les coups servent à exciter. Et Paris n'aime pas les femmes qui pleurent. Il faut que tu sois fière, tu n'es pas sur terre pour te lamenter mais pour gagner. Sa mère a toujours été sa petite voix en elle. Elle a découvert le dixième commandement toute seule, très tôt : n'éprouve de plaisir qu'à le procurer. C'est alors qu'a débuté son ascension.

Elle enlève ses chaussures mouillées dans l'entrée, son amie est déjà là pour lui ôter son étole trempée, sa robe. L'eau fume dans la baignoire ; son lit, gonflé par la bouillotte, l'attend. Ce n'est pas celui avec les oreillers de satin, qui sert à la représentation devant les hommes. C'est le lit blanc dans la chambre de son amie. Une chambre dépouillée, spartiate : dans un coin, une table en bois couverte de photographies – d'autres s'égouttent dans le cabinet obscur – et l'appareil photographique sur un trépied devant la fenêtre baignée par la lumière du matin. Des livres empilés dans un angle de la pièce. Son amie est menue, brune, maigre, elle n'a ni seins ni hanches, elle ne plaît pas aux hommes, elle est aussi trop intelligente, elle ne respecte pas les commandements. Elle vient d'un petit village du Limousin, elle est la fille d'un professeur d'université passionné de photographie et de la bonne qui travaillait chez lui. Elle a reçu de cet homme son talent, et son appareil photographique. Il ne l'a pas reconnue, mais lui a transmis sa passion. Elle, la cocotte, les femmes qui cherchent la fortune à Paris sont toutes illégitimes. Filles de domestiques, d'actrices, de prostituées, de chanteuses, de danseuses et de messieurs respectables, artistes, hommes de lettres, ingénieurs, hommes politiques, professeurs.

Son sujet photographique favori est les enfants pauvres et leurs mères. Elle cherche peut-être en chacune sa propre mère qui servait son père le jour et se glissait dans son lit la nuit. Elle a grandi cachée dans la cuisine.

Elle tire aussi des portraits de la cocotte en train de se coiffer, se parfumer, se préparer à recevoir ses admirateurs. Le dimanche, elle accueille dans sa chambre de jeunes mendiants, elle les habille en princes et tresse des couronnes de fleurs sur leurs têtes, elle drape de soie les corps déformés de leurs mères, elle photographie des tableaux vivants pleins de grâce et de beauté. Et avant de les laisser partir, elle leur distribue des pièces de monnaie prises dans le bénitier. Les femmes les glissent dans leurs poches et font le signe de croix.

Si elle a une soirée libre de toute obligation mondaine, la cocotte la passe avec son amie à raconter des histoires et à passer en revue les hommes qui viennent s'allonger sur la méridienne. Des princes, des ducs, des barons, des députés et, des années plus tard, l'empereur en personne, lorsqu'elles seront installées dans un *hôtel particulier**[1] à côté du chantier.

Les ouvriers éventrent à coups de pioche les ruelles de Paris où les enfants jouaient et où l'on faisait les révolutions. Pour en empêcher de nouvelles, sans savoir qu'il en éclaterait une autre d'ici peu, la plus sanglante de toutes. L'empereur, le neveu du premier, allongé en caleçon long (il le renfile tout de suite pour ne pas perdre de son prestige) sur le lit défait sous leur ardeur, lui décrit le grand œuvre qu'il a projeté pour ne jamais tomber dans l'oubli. Elle joue doucement avec ses moustaches rigides qui se déploient comme des cordes sur ses joues. Elle a fait carrière, sa mère serait fière d'elle. Elle effleure gracieusement les moustaches de l'empereur qui la laisse faire. Elle apprend beaucoup de choses des hommes et les raconte à son amie les soirs où elles ne reçoivent pas. Elle peut se

1. Les termes en italique suivis d'un astérisque sont en français dans le texte original. (*Toutes les notes sont de la traductrice.*)

le permettre, sa renommée a traversé les frontières. Elle est invitée aux bals importants, elle a une loge à l'Opéra, des bijoux et des parures, elle part en vacances à Baden, à Monte-Carlo, à Nice et même à Londres. Son amie vient parfois avec elle, parfois elle reste à Paris. Elle a rencontré une relieuse de livres qui veut publier ses photographies. Elles se réunissent le soir avec d'autres femmes à l'imprimerie et parlent aussi de grèves, de salaires, de révoltes.

Durant leurs soirées libres, toutes deux ont beaucoup à se dire. La photographe lui parle d'un tableau scandaleux qui fait grand bruit. L'artiste qui l'a peint est un ami des femmes de l'imprimerie. Un ventre blanc de femme sans tête, un sein dénudé, au premier plan la mince fente rose entre les jambes écartées sous une touffe de poils noirs hirsutes. C'est le sexe d'une danseuse de l'Opéra, la maîtresse d'un richissime diplomate turc qui en a commandé le portrait. Elles rient. Leurs trajectoires se croisent. La cocotte dit qu'un duc a voulu la regarder ainsi pendant des heures et qu'elle a fini par lui demander ce qu'il voyait. Et il a répondu : « Moi-même. »

Elles parlent des hommes. La cocotte ignore ce qu'est l'amour. Elle a eu de nombreux amants, dont certains sont devenus des amis, mais pas de cœur battant ni de larmes. À quatorze ans, elle a été baptisée par un homme qui en avait quarante. Il l'a abordée devant l'église près du couvent. Les sœurs l'envoient faire les courses, apporter le linge à laver, déposer les ouvrages de couture. Elle flâne dans les rues, observe les artisans, la vie des marchands, des gens comme il faut qui passent en fiacre, des petites filles qui travaillent comme elle, elle s'égare devant les pâtisseries. Dans un ou deux ans, sa mère lui a promis de la reprendre avec elle pour lui apprendre le métier. Mais ce monsieur s'en est chargé. Il l'a invitée avec la plus banale des promesses. Comme dans les contes : la petite fille adore les nougats, les meringues ; dans sa belle demeure qui a l'air inhabitée, le monsieur lui a offert des douceurs sur une assiette en argent et un sirop qui avait un goût de clou de girofle. Pendant la guerre, elle comprendra qu'il s'agissait de laudanum. Avec son amie, elle en donnera aux soldats blessés qu'elles accueilleront chez elles. Pour séduire les petites filles, les hommes utilisent aussi le chloroforme. Et puis lorsqu'elles se réveillent, soit elles meurent de faim, soit elles continuent.

Le matin, elle se retrouve toute nue dans un lit à baldaquin. Des voix lui parviennent des autres pièces de la maison. Elle tire le drap jusqu'à son menton, se tâte entre les jambes. Elle a du sang et du liquide sur les doigts, elle a du mal à rester debout. Il y a des billets de banque sur la table de chevet. Elle les prend et s'enfuit loin du monsieur et du couvent.

Elle n'est restée qu'un an avec sa mère, le temps d'apprendre les commandements, puis elle a commencé sa carrière très jeune. Lorsqu'elle lit dans le journal des articles sur la traite des blanches, ou sur la fille du ramoneur vendue pour trois sous à une prostituée, elle n'y voit rien d'étrange. Et elle n'aime pas les religieuses qui recueillent dans la rue celles qui sont contraintes à « vendre leur corps ». C'est une manière grossière de le dire. On ne vend pas l'origine du monde, selon le titre du tableau, mais on abandonne l'amour et le plaisir du sexe. Ils disparaissent à jamais. Ce que pensent d'elle les gens comme il faut ne l'a jamais intéressée. Elle a souvent été chassée des maisons à cause de son travail et elle a remarqué que ses plus fidèles clients sont parmi ceux qui se définissent comme de braves gens.

Elles se sont mises d'accord, il n'y aura jamais rien d'érotique entre son amie et elle. Elles veulent se reposer et s'amuser. Lors de leurs soirées libres, la cocotte commande des gâteaux, du vin (le champagne lui rappelle trop le travail), elles font des parties de jeu de l'oie, d'échecs, de dominos, de cartes. Elles ne s'ennuient pas, se racontent des histoires vraies et d'autres inventées. Qui viendrait les contredire ? Des récits de leur enfance.

Par exemple celui-ci : la mère de la photographe tenait très propre et bien ordonnée la cuisine où a grandi la fillette. Cette dernière avait son lit sous la table comme un petit chien, elle dormait et se réveillait au son des voix des femmes, aux odeurs de soupe, de chou, de rôti. Elle volait des quignons de pain, des rubans d'épluchures de pommes de terre tombés au sol. De là, elle voyait passer les jambes de sa mère, des livreurs et aussi de son père lorsqu'il venait voler un baiser interdit. Il se penchait et la tirait de sous la table. Il frottait sa barbe contre la joue de la fillette qui pleurait et riait. De peur et d'excitation face à cet étranger si familier. Un jour, des cris et des pleurs avaient éclaté. La maîtresse de maison avait frappé sa mère, elle avait pris la petite fille et la lui avait jetée dans les bras. Alors son père les avait installées dans une maisonnette de campagne aux portes de la ville. Elle était libre de jouer dans le jardin avec son frère, arrivé entre-temps, qu'elle câlinait et taquinait. Leur père venait les voir chaque semaine et les photographiait en train de poser à côté de la brouette ou de la balançoire. Sa mère avait grossi et avait désormais une bonne à son service. Mais elle l'avait choisie âgée.

Deux familles, deux photographies : une avec son épouse respectable, sans enfants, et l'autre avec sa femme cachée et leurs deux enfants. Lorsqu'il était mort encore jeune, peut-être épuisé par l'effort d'entretenir les deux familles, il avait laissé à sa fille sa chambre photographique. Ils n'avaient pas pu se rendre à l'enterrement, les gens bien ne l'auraient pas permis, mais cet étranger si familier était resté le seul homme de sa vie.

Pas tout à fait, lui rappelle la cocotte. À peine arrivée à Paris, elle était tombée amoureuse du poète Victor Hugo, elle lui avait écrit des lettres et aurait donné n'importe quoi pour pouvoir le photographier : le front altier appuyé sur la main, l'expression intense de celui qui conçoit des œuvres importantes. Lui n'était pas comme les autres, il aimait la liberté et les pauvres, il respectait les femmes, c'était le plus grand de tous ! Le rouge aux joues, la photographe le défend et l'adore. La cocotte ne veut pas la blesser, mais il faut dire la vérité : c'était un homme comme les autres, il avait son métier, sa femme, son actrice, des maîtresses.

Elles ne se disputent pas à cause du poète mais de la politique. Son amie lui dit qu'elle devrait cesser de fréquenter les empereurs et les ducs, que le peuple les renversera tous et achèvera le travail commencé un siècle plus tôt. La cocotte jette les cartes, soupire. Elle les a connus, les hommes, travailleurs, oisifs, aristocrates, artistes, politiciens, cavaliers, joueurs, paresseux, énergiques, jeunes, *âgés** : tous désirent, en plus de leur épouse, une femme comme elle, ils ne la veulent ni sérieuse ni fidèle, au contraire, ils doivent pouvoir imaginer qu'elle a été ou pourrait être dans d'autres bras. Alors, même si tout change dans le monde, certaines femmes devront bien faire son travail. Son amie rétorque que dans la lutte politique tout est différent, les hommes et les femmes veulent les mêmes choses, ils sont comme des frères et sœurs et combattent ensemble pour changer le destin de tous. La pièce s'emplit de fumée de cigare, la bouteille est vide, elles ont beau s'endormir côte à côte, leurs pensées sont distantes, toutefois moins qu'il n'y paraît…

Une voix étouffée me parvient, elle traverse les jours, les siècles ; il est assis à côté de moi, la cassata dans les mains, il me regarde, effrayé. Je devrais savoir qui il est. Je suis peut-être mariée. Je sens confusément que c'est probablement mon mari, mais je ne sais ni où je suis ni ce que je fais là. Lentement, faiblement, les souvenirs reviennent. Ils m'éloignent des souliers rouges, des plaisirs de l'alcôve tendue de velours rouge, de la photographe, des femmes et des enfants anonymes déguisés en princes et en reines, de la cocotte et des dix commandements de sa mère. Ma vie s'est éteinte.

– Que s'est-il passé ? dis-je.

– Tu ne te souviens pas ?

Il me questionne pour tâcher de réveiller ma mémoire. Qu'as-tu fait aujourd'hui ? Tu étais en voyage, où es-tu allée ? Dans une ville… Laquelle ? La ville des violettes, tu te rappelles ? Parme. Quel effort pour revenir dans mon corps, il ne s'ajuste pas à moi. Il s'éparpille autour d'un vide. Les deux amies… je voudrais courir à la maison pour écrire. Je fais mine de me souvenir de tout, bien que les détails de ma vie se recomposent à grand-peine. Pendant le trajet en voiture, il me demande, inquiet, ce qui s'est passé. Je ne sais quoi répondre, je parle peu, j'essaie de ne rien oublier de ce que j'ai traversé.

Pendant la soirée, je déambule, confuse, parmi les invités, il y a comme un décalage entre mes pas, mes mouvements, mes pensées et les personnes autour de moi. J'interroge un ami médecin sur les pertes de mémoire. Il m'écoute gentiment, me met la main sur l'épaule.

– Tu étais fatiguée, tu voyages trop. Cela ne t'arrivera plus.

Mon Dieu, espérons que cela m'arrive encore bientôt.

Cette nuit-là je dors profondément, comme en convalescence, je me réveille tard, tout le monde est sorti. Dans la salle de bains, je laisse glisser à terre le T-shirt dans lequel je dors, j'ai trouvé dans un tiroir un déshabillé blanc long jusqu'aux pieds qui appartenait à ma mère. Je me regarde dans le miroir, je n'oserais jamais le porter. La cocotte, si. Je m'habille, pantalon, pull-over, des couleurs sombres. Je vais à ma table de travail. Je la revois : le négligé ouvert sur la poitrine, allongée sur un lit défait. Elle est brune, son visage de profil est caché. Sa petite main blanche levée, elle regarde sa paume entrouverte. Qui es-tu ? Je trouve sur Internet une photographie de la fin du XIXe siècle de la femme que j'ai imaginée : le visage rond, le regard sombre et indifférent, les cheveux châtains retenus par un diadème, le décolleté plongeant. Elle fixe l'objectif. Qui prend la photographie ? J'allume mon ordinateur, je commence à écrire, à entrer dans sa vie qui m'est apparue en une vision, dans une rue glaciale de Paris.

Des tentures, un miroir du sol au plafond, une grande verrière. Elle est assise dans un fauteuil, sa robe de satin en corolle autour de sa taille fine, les épaules nues, des bagues couvrent ses doigts potelés. Son amie est en train de la coiffer, elle la prépare pour aller au théâtre.

– Je rentrerai tard, ne m'attends pas.

Julie la photographie devant le miroir, elle lui tend ses gants, son petit sac, deux gouttes d'ambre noir dans le cou. Là où l'homme l'embrassera dans l'obscurité de la loge. La photographe s'appelle Julie, mais j'ai trouvé un nom de scène pour la cocotte. Elle est née Marie, elle sera désormais Héloïse. C'est un professeur dont elle a été la maîtresse qui le lui a suggéré. Il lui a parlé d'un livre où une jeune fille, Julie, tombe amoureuse de son précepteur qu'elle n'a pas le droit d'épouser. Le professeur se reconnaissait peut-être dans le rôle. L'histoire de la Julie de Rousseau ressemble à celle d'une Héloïse bien antérieure qui entretenait aussi une relation amoureuse avec son professeur de philosophie, Abélard. Le livre en question s'intitule *Julie ou la Nouvelle Héloïse* parce que les deux femmes, à sept siècles de distance, vivent la même aventure. C'est ce qui m'arrive avec elles.

La cocotte a rencontré sa Julie, la photographe, à côté de la porte du bordel où elle travaillait avant de se mettre à son compte, grâce à l'aide financière d'un jeune duc amoureux d'elle. Julie regardait à travers le viseur d'un appareil photographique des garçons en haillons qu'elle avait fait poser dans la rue. Héloïse était sortie s'acheter un chapeau et elle n'avait encore jamais vu personne prendre une photographie.

Elles avaient commencé à discuter. Julie lui avait expliqué le fonctionnement de son appareil et Héloïse s'était proposée comme modèle pour ses portraits. Quelques mois plus tard, elles vivaient ensemble.

Désormais, je partagerai moi aussi mes journées avec elles, dans un coin de leurs maisons, de leurs lits, les rues, les immeubles, parmi les hommes de la cocotte, les soirées, les récits d'enfance, la guerre, la révolution. Lorsqu'elles sont apparues, j'étais mariée depuis vingt ans, je ne le serai plus lorsqu'elles disparaîtront dans les pages de ce livre. Je leur dois la fin de mon mariage, essayons de comprendre pourquoi. Je me suis mise d'abord dans la peau d'Héloïse – difficile pour une femme comme moi, plutôt fidèle, monogame et très romantique. Comment faire pour entrer dans la psychologie, dans le corps d'une cocotte fin-de-siècle ? Son détachement et son renoncement à l'amour après avoir rencontré, à quatorze ans, l'homme devant l'église. Je ne peux pas raconter sa vie si je ne la vois pas.

Il y a des matins où je n'arrive pas à me lever… Mon mari est sorti, sa chemise de la veille est là, sur la chaise. Il travaille dans un bureau, il a son propre espace, des collègues, des rendez-vous. Moi je vais m'occuper un peu de la maison, avec l'aide d'une dame qui vient tous les matins. Ensuite, ma table de travail et les deux femmes m'attendent…

La matinée d'Héloïse est différente de la mienne, elle s'étire dans son lit, à peine réveillée, il est deux heures de l'après-midi, elle s'est couchée à quatre heures. Deux bouteilles de champagne vides sur la console devant le miroir. Une odeur de saumon, des assiettes par terre. La chemise de l'homme avec lequel elle a passé la nuit n'est pas sur la chaise. Elle se remémore quelques gestes de la veille, elle sourit. Elle se lève, nue, s'enveloppe dans un négligé de soie blanche, prend le carnet doré dans le tiroir du secrétaire et écrit : « Je dois trouver le moyen de le quitter, maintenant qu'Emmanuel m'a promis de m'emmener à Nice. Ces soirées sont devenues horribles. Même au théâtre, je ne m'amuse plus, il m'épie dans la loge lorsque je regarde dans l'orchestre les hommes, les robes des femmes, leurs bijoux. Il est jaloux si je souris à quelqu'un. Il me parle alors de son amour, de sa dévotion. Il se tuera si je le quitte. Bizarre qu'il n'ait pas compris, il ne veut pas entendre parler de l'existence des autres, quel ennui ! Je préfère le cynisme d'Emmanuel, il me ressemble. Nous aimons monter à cheval ensemble de bon matin, le givre dans le bois de Vincennes. Lui sait que je n'aime pas les hommes avec lesquels je couche. Les accompagner, les séduire, les faire entrer dans ma chambre, je ne l'ai pas choisi, mais c'est ma vie désormais. Je n'aime pas les femmes. Il est arrivé qu'une dame m'envoie un bouquet de roses blanches chaque jour pendant trois mois dans l'espoir que je cède à ses avances. Tout cet amour me faisait rire, ce désespoir, très peu pour moi. Julie est la seule à qui je tiens, elle est peut-être le seul être au monde qui ne me demande rien, si ce n'est de poser de temps en temps pour elle. Elle me dit : « Regarde devant toi, ne pense à rien, sois toi-même. » Ma mère m'a appris le contraire : « Ne laisse jamais rien paraître de tes pensées, ça ne plaît pas aux hommes. »

Et moi, est-ce que je les laisse paraître ? Je crois bien. Mais je n'en suis pas certaine. Le soir, au dîner, j'en parle à mon mari. Il confirme, je suis très directe. On sait tout de suite qui je suis. Je lui parle d'Héloïse et il me demande comment je fais pour écrire sur une femme aussi différente de moi. Je ris.

– Nos vies sont différentes, mais ses pensées, ses sentiments, me sont familiers.

Il me demande en quoi ils le sont.

– Si ce n'était pas le cas, pourquoi aurions-nous des frissons en écoutant le *gioir* de la *Traviata*, ou pourquoi les larmes nous montent-elles aux yeux à la fin, lorsque Violetta meurt ? En nous tous, même en toi, il existe les sentiments cachés ou réprimés d'une femme comme elle. Ma cocotte s'est mise à l'abri de la douleur parce qu'elle a éliminé l'amour…

Il m'écoute mais il est détaché, agacé, même, il n'aime pas parler ouvertement d'émotions. Peut-être la mère d'Héloïse avait-elle raison. Je ne sais pas, depuis ce soir-là j'ai l'impression qu'une distance s'est installée entre nous. Même s'il lui était déjà arrivé d'être irrité par ma manière trop intense de parler. Dans l'une de mes premières nouvelles, nous venions de nous rencontrer, j'écrivais précisément sur cette difficulté : transmettre à l'homme aimé nos sentiments profonds. Mais peut-être avons-nous toutes reçu la même consigne maternelle : les laisser tranquilles, ne leur donner que ce qu'ils désirent. Je ne lui ai donc jamais dit que, durant ces instants d'absence dans la voiture, une vie entière m'est apparue, à la fois si lointaine et si proche de la mienne.

2

Un roman, comme la pâtisserie, est une affaire de détails : le lit froid où la fille de quatorze ans se réveille seule sans savoir ce qui lui est arrivé. Sa mère le lui expliquera. Les explications des mères, toutes différentes et pourtant similaires :

– Ça fait mal, mais tu vas t'habituer.

– Ça ne nous coûte pas beaucoup et nous leur donnons tellement de plaisir.

– De cette chose sale naissent des enfants si purs.

– Ferme les yeux, ce sera vite passé.

Héloïse y pense bien des années plus tard, alors que la main d'un homme la caresse entre les jambes, qu'il lui mordille le sein. Elle sait comment l'exciter, elle est devenue bonne actrice. Après elle se frictionnera dans l'eau blanche de lait de la baignoire. Son corps est tout ce qu'elle a, elle doit en prendre soin, le garder soyeux, le parfumer. Elle en connaît les beautés et les défauts, elle l'a étudié dans le miroir de face, de profil, en tournant un peu la tête, en souriant à un admirateur imaginaire, comme elles le font toutes. Mais c'est devenu pour elle un art et un métier. Elle observe chaque petit pli, passe la main sur ses cicatrices : deux sur les épaules, trois dans le dos, une légère sur la poitrine, une sombre sur le ventre.

La religieuse la battait de haine mais aussi de désir. Marie, ainsi s'appelait-elle alors, se caressait tout doucement dans le lit en fer pour éviter que les autres l'entendent. Mais un soir, elle s'était aperçue que la chambrée était un concerto de soupirs, de respirations, de gémissements, de petits cris. Une jolie brunette au teint pâle, aux lèvres rouges (morte quelques années après de tuberculose) lui a appris à embrasser. Avec quelle fantaisie les petites filles s'exercent sur leur corps : des mains qui caressent, des bouches qui embrassent, l'amour. Cela ne se passera pas comme dans leurs rêves. D'où leur viennent-ils, ces rêves, alors que personne ne leur a rien dit ? Le plaisir féminin est un mystère pour tous. Les petites filles en jouissent mais en ignorent tout et l'attribuent à l'amour, à celui qui viendra et les emmènera loin du couvent, des religieuses qui punissent et les font marcher le drap sur la tête quand elles ont fait pipi au lit.

Le prêtre à qui Marie a confessé qu'elle se caresse a voulu qu'elle lui raconte tout en détail et il s'est caressé à son tour en haletant dans le confessionnal. Elle l'a vu à travers les trous dorés, elle a ri sous cape et a tout raconté aux autres. Elles ont toutes voulu se confesser et il a fini par comprendre. Marie a reçu des coups sur le dos pour chaque confession. Des histoires dégoûtantes, a dit le prêtre. Chaque jeune fille a alors appris quelque chose : d'abord, ce qu'elles font le soir est dégoûtant ; ensuite, ça incite les hommes à se tripoter, ou peut-être seulement les prêtres, elles ne peuvent pas encore le dire avec certitude. Un siècle plus tard, j'ai mis les éléments de l'histoire dans le même ordre.

Héloïse, ainsi s'appelle-t-elle à présent, et Julie habitent ensemble dans un appartement à côté d'un bordel. Elles ont aménagé une chambre pour les hommes et une autre pour leurs soirées de liberté. Héloïse gagne assez pour deux, elle a quelques amants riches triés sur le volet ; lorsqu'elle sort en fiacre, elle laisse de l'argent pour son amie dans le bénitier. Julie prend des photographies, s'occupe de la maison, va au marché. Elle est vierge. Elles en rient ensemble, Amour sacré et Amour profane, comme dans le célèbre tableau du Titien. Deux femmes, ou peut-être est-ce la même, l'une nue, l'autre vêtue d'une belle robe blanche.

Il est exposé à la galerie Borghèse à Rome. J'ai passé deux heures assises devant. Il a été interprété de mille manières. Les deux femmes sont de part et d'autre d'une fontaine en marbre sculpté, « un sarcophage » est-il écrit dans le guide. Au milieu, un petit Amour est appuyé sur le rebord de la vasque, il remue l'eau du bain de son bras potelé. Amour et pureté, amour et chasteté, amour satisfait et amour ingénu, désir d'amour et désir comblé, une invitation de la femme nue à l'autre, en robe de mariée, à se déshabiller et jouir du plaisir charnel rendu sacré par le mariage… Mais non, et si ce n'était pas plutôt cela : la femme habillée tient sous le bras un vase rempli d'eau qu'elle effleure de sa main gantée, un baquet est posé un peu plus loin. Elle a préparé un bain pour son amie qui s'est déshabillée et va enfin se plonger dans l'eau, elle fermera les yeux et se laissera aller.

Ainsi Julie préparait le bain pour Héloïse lorsqu'elle passait la nuit dehors et rentrait à l'aube, la robe de soirée froissée, ou qu'elle se réveillait tard dans la chambre tendue de velours et qu'elle apparaissait devant elle nue et échevelée. Julie, quant à elle, n'en sait pas beaucoup plus sur l'amour charnel que ce qu'elle a vu enfant.

Les pieds de sa mère vont et viennent, tandis que Julie joue avec sa poupée sous la table de la cuisine. Ils sont un peu enflés parce qu'elle ne s'assied jamais, comme toutes les cuisinières, mais ils sont beaux et petits. Ils portent des chaussons déformés par l'usure. Lorsque Julie sera plus grande et habitera à la campagne avec sa mère et son petit frère, lors de l'une de ses visites hebdomadaires, son père lui apportera le plus beau livre jamais écrit. Ils y sont tous : son père, Héloïse, ses amants, les femmes du quartier, les enfants. Dans le livre, elle a trouvé son enfance. Comme la pauvre Cosette, l'enfant de Fantine, la fille mère du roman du grand Victor Hugo – à qui elle écrira par la suite une lettre passionnée –, elle aussi passe ses journées sous la table de la cuisine où sa mère travaille. Personne ne la bat, contrairement à Cosette, mais elle vit dans la peur des cris de la maîtresse de maison et dans l'attente de voir arriver les pieds de son père. Ils s'arrêtent à côté des chaussons qui s'immobilisent entre ses chaussures noires et brillantes. Parfois il porte des bottes, elle sait alors qu'il est sur le départ et ne viendra pas pendant des semaines. Chuchotements, claquement d'un baiser, puis le large visage, les moustaches et les yeux sombres apparaissent sous la table.

– Petite Julie, viens… N'aie pas peur.

Il la tire dehors, la prend dans ses bras, lui fait des caresses. Sa mère apeurée lui murmure de la remettre sous la table, que la maîtresse de maison peut arriver d'un instant à l'autre. Les mots « maîtresse de maison » restent gravés dans la mémoire de la petite fille. Un matin, il fait glisser par terre une poupée très élégante, avec une belle robe rose, exactement comme celle que Jean Valjean offre à Cosette dans le livre. Sous la table, Julie l'habille, la déshabille et la coiffe, en espérant toujours que les chaussures brillantes arrivent et que son père la prenne dans ses bras. C'est le seul homme de sa vie, pour toujours.

Elle l'attend aussi dans la maison de campagne où il a fini par les cacher pour les soustraire à la colère de sa femme.

Ce matin-là, les pieds de la maîtresse de maison font une brutale irruption dans la cuisine. D'habitude ils arrivent tard, se déplacent lentement entre la table et la cheminée, ils l'ignorent. Ils ne sont pas petits comme ceux de sa mère, mais chaussés de pantoufles de satin brodé. Ce matin-là, ils se déplacent furieusement d'un bout à l'autre de la pièce. Les chaussons de sa mère se sont réfugiés dans un coin, une louche est tombée au sol avec fracas. Les chaussures noires et brillantes aussi sont apparues sur le seuil. Julie ne comprend pas le sens des phrases hurlées par la maîtresse de maison, seuls quelques mots lui resteront en mémoire. Ce sont ceux qu'écriront les amants jaloux dans leurs lettres à Héloïse. Les chaussures du père tentent de bloquer les pantoufles brodées sans y parvenir. Et puis un visage de femme déformé apparaît sous la table : des yeux furieux, rouges de larmes et de colère, une bouche grande ouverte d'où sortent des sons inhumains. Des mains épaisses la saisissent, la jettent dans les bras de sa mère. La poupée est restée sous la table.

Des années plus tard, durant leurs soirées de liberté, Héloïse lui dira d'arrêter de voir les choses de cette manière. La maîtresse de maison n'y est pour rien. Tout homme, qu'il soit bourgeois ou aristocrate, a une femme et des maîtresses, c'est normal, il a des enfants nés chez lui et d'autres nés à l'extérieur, comme elles deux. Le nombre de maîtresses et d'enfants est proportionnel à son importance. Le père de Julie était un professeur passionné de photographie, mais il est comme tous les autres. Lui au moins a donné une maison et une domestique à sa mère qui a pu enfin s'asseoir dans un fauteuil en rotin, dans un jardin fleuri, avec ses deux enfants à ses côtés, comme dans le portrait qu'elle garde sur sa table de chevet. C'est un phénomène naturel comme la naissance, la vieillesse et la mort : les hommes ont beaucoup de femmes. Et tant mieux, sinon elles ne seraient pas nées et ne seraient pas là à s'amuser ensemble.

Pour Julie, Héloïse a remplacé la poupée abandonnée sous la table. De beaux vêtements, des gants, des chapeaux, des fourrures. Julie ne veut pas qu'elle connaisse le même sort que Fantine, obligée de se donner aux hommes et mourir seule dans la misère après avoir vendu jusqu'à ses dents et ses cheveux pour élever Cosette. C'est pour cela qu'elle lui prépare le bain, l'habille et achète au marché des fleurs et les produits les plus frais. Elle la photographie pour montrer sa beauté à tous. Elle déguise les enfants et les mères pauvres du quartier en princes et en princesses. Elle mélange les classes sociales. Héloïse dit qu'elle veut changer le monde avec ses portraits.

Et moi, entre les deux, où suis-je ? Je me pose cette question le soir en dînant au restaurant avec des amis, on parle de cinéma. Je me sens distante, c'est difficile de laisser mes deux femmes. Je voudrais partir et rester quelque temps avec elles. Elles sont apparues dans un vide et recréent une généalogie cachée, comme si elles étaient mes ancêtres, ou plus encore. Deux épisodes de ma vie me viennent soudain à l'esprit.

Le premier : j'ai seize ans, je veux devenir actrice. Mon père n'aime pas cette idée, mais peut-être pour me faire plaisir ou m'ôter toute envie, il me donne un rôle dans son film sur l'enfance et l'adolescence de Casanova. Il a choisi pour moi celui de la fille vierge d'un aristocrate, Angela Rosalba Mocenigo, destinée à entrer dans les ordres mais amoureuse du libertin. C'est sans espoir d'être la première petite amie de Casanova. Dans le film, je lui déclare ma flamme : Marions-nous, nous serons pauvres et nous aurons beaucoup, beaucoup d'enfants ! Lui – c'est bien compréhensible – prend aussitôt la fuite, se cache dans la chambre de deux de mes cousines, des filles faciles, et commence sa carrière prolifique, tandis que je prie en l'attendant en vain, à l'aube, et je finis enfermée au couvent. Mais dans le film il y a aussi une autre femme, à l'opposé de la pauvre Angela. La belle et sensuelle Giulietta Cavamacchia dite Millescudi, interprétée par la magnifique Senta Berger. Dans une scène très amusante, Giulietta séduit Casanova pour lui voler sa robe de prélat et la porter lors d'ébats érotiques improvisés chez elle. Un jeu qui marche encore aujourd'hui. Chaque fois que je voyais Senta Berger l'attirer dans le lit, drapée dans un pan de tissu qu'elle laisse savamment tomber à la fin, je pensais à ma scène où je prie, vêtue de noir, les cheveux relevés, une cape noire jusqu'aux pieds. Je comprends bien que je ne pouvais pas en demander beaucoup plus à mon père, mais je vois un certain acharnement dans ce contraste. Voilà d'où viennent mes deux femmes ! Angela est Julie et Giulietta Millescudi est Héloïse au XVIIIe siècle vénitien.

Deuxième épisode : dans mon film *Les Amusements de la vie privée*, une aristocrate française s'enfuit de chez elle durant la Révolution en abandonnant sa famille et se fait remplacer par une prostituée qui lui ressemble comme deux gouttes d'eau. Mari et fils s'en aperçoivent mais la fille est si gaie, drôle et séduisante qu'ils se disent avoir bien gagné au change. Et la révolutionnaire qui voulait la liberté connaît une triste fin.

Le soir, au retour du dîner, je fais part de ces réflexions à mon mari.

– Tu vois que ma cocotte et moi avons quelque chose en commun !

L'idée l'amuse mais il n'y croit pas beaucoup : la littérature, les livres, les films sont une chose, la vie en est une autre. C'est peut-être vrai, mais c'est dans les vides, lorsque nous ne sommes pas nous-mêmes, qu'apparaissent ces personnes liées à notre histoire. Elles ne doivent rendre aucun compte, elles sont libres d'exister sans aucune censure. Elles racontent ce que nous étions il y a des siècles et que nous sommes toujours, malgré la volonté d'être différentes, sensées et rationnelles. Nous venons de ces filles illégitimes, de leurs corps, de leur sexe, de leurs enfants (même si Julie et Héloïse n'en auront pas), de leurs hommes, de leur mérite, de leur labeur. On pense d'ordinaire que la vie influence la littérature. Et si c'était le contraire ? Quelle est la part autobiographique de votre roman ? me demande-t-on à chaque présentation. Ici la question s'inverse. Il n'y a rien d'autobiographique, je n'ai pas été une cocotte, ni même une fille que son père n'a pas reconnue, je n'ai pas été violée à quatorze ans, ni attrapée sous une table et jetée dans les bras de ma mère. La question est plutôt : dans quelle mesure le roman en cours d'écriture, en puisant dans des profondeurs qui me sont inconnues, modifie-t-il ma vie, la bouleverse, la transforme ?

Écrire est une activité risquée. La littérature a une existence cachée et dangereuse. En parlant avec mon mari, je ressens un trouble et je comprends qu'il est troublé lui aussi. Peut-être parce qu'il est lui-même un grand lecteur et qu'il connaît le pouvoir des livres. Enfant, il s'enfermait dans sa chambre minuscule pour lire, pendant que sa grand-mère et sa mère sévissaient dans le reste de la maison, et il devenait un criminel, un romantique échevelé, un alcoolique, un érotomane, un militaire comme son père mort jeune. Il sortait seul dans la rue et se trouvait en compagnie de merveilleux malfrats, de femmes de mauvaise vie, de menteurs. Il rentrait chez lui et pensait peut-être à verser du poison dans le café au lait des deux femmes avec lesquelles il vivait. Heureusement, il ne l'a pas fait. Mais c'est son histoire, pas la mienne. Maintenant, c'est la nôtre qui est en péril. Même si les effets de ce que j'écris ne se feront sentir que dans de nombreuses années, ces deux femmes, apparues dans la perte momentanée de ma mémoire individuelle, ont distillé le poison qui envenimera peu à peu notre mariage.

Dans ma première nouvelle que je n'ai jamais publiée se trouvait déjà la contradiction inhérente à notre histoire, ressentie avant même de l'avoir vécue : la difficulté de se dévoiler entièrement l'un à l'autre. Dans ce récit, un jeune couple se promène le dimanche à Rome, va dans un restaurant puis fait l'amour, sans que se dissipe jamais entre eux la difficulté qu'il éprouve à accepter l'intensité des sentiments de la fille et celle qu'elle a à respecter son silence. Tandis que dans la vie, heureusement, il y a les ajustements, essentiels, merveilleux, qui font durer le désir, l'amour, et naître les enfants.

3

Julie est toujours à la recherche d'un père, puisqu'elle ne peut plus attendre le sien. Le professeur bigame meurt lorsqu'elle a quinze ans, il laisse à ses deux enfants une petite rente pour qu'ils fassent des études. La fille aussi, est-il précisé dans le testament. Sa mère lui transmet les dernières volontés de son père.

– Il m'a dit que tu ne trouveras pas de mari, que tu devras gagner ta vie par toi-même.

Julie ne demande pas pourquoi son père pense qu'elle aura du mal à se marier, elle s'est regardée dans un miroir, elle est le portrait craché du professeur. Des cheveux noirs hirsutes attachés fermement au-dessus de la nuque, des sourcils en bataille, de petits yeux sombres, un long nez, des lèvres fines que son père cache sous des moustaches. Elle a les jolis pieds et les belles mains de la cuisinière, mais qui regarde ces détails chez une femme ? Elle a sans doute d'autres atouts, quoique le premier coup d'œil ne pardonne pas. Elle n'a pas de poitrine, elle est trop maigre, avec des jambes longues et fuselées mais cachées sous sa jupe. De nos jours, elle serait mignonne, minijupe, cheveux courts, maquillage, un air androgyne, mais au milieu du XIXe siècle, elle est franchement laide.

Héloïse, quant à elle, était déjà une beauté à quatorze ans lorsqu'elle a été prise pour cible par l'homme devant l'église. Elle portait encore le tablier court du couvent, un corsage délavé qui ne parvenait plus à contenir sa poitrine généreuse. Le visage rond, les cheveux châtains noués en tresse, les yeux verts, les joues rosies par le froid de cette matinée d'automne. Elle tenait dans ses bras maigres le panier où était empilé le linge. Une odeur de savon de Marseille et d'innocence dans son sillage. Vous la voyez ? Elle s'est arrêtée devant la pâtisserie. L'homme – un bijoutier, a-t-elle appris plus tard – la suit depuis un moment. Héloïse, qui est encore Marie à cette époque, le voit s'approcher dans le reflet de la vitrine. Son gros doigt déformé par la vitre pointe un savarin fourré la crème.

– Tu le veux ?

La petite fille le veut, elle en meurt d'envie, elle en a l'eau à la bouche.

– Oui, murmure-t-elle.

L'homme entre dans la boutique, fait emballer le gâteau. Marie n'en croit pas ses yeux, pourra-t-elle le manger tout entier ? Lorsqu'elle sort, l'homme lui prend le panier des mains.

– Il est trop lourd pour toi, viens…

Chaque fois qu'Héloïse raconte cette histoire à Julie, celle-ci l'interrompt et lui dit toujours la même chose. Dans le roman du plus grand écrivain de tous les temps, Jean Valjean recueille Cosette dans la rue aussi. On l'a envoyée prendre de l'eau au puits, très loin, dans une rue mal famée où elle rencontre son sauveur.

– « C'est trop lourd pour toi », lui dit-il.

– Mais il ne lui achète pas de gâteau ?

– Non, il lui achète une poupée comme celle que j'avais.

– Et il ne lui fait pas de mal.

– Non, parce qu'il l'aime…

Elles discutent lors de leurs soirées libres, en jouant aux cartes et au jeu de l'oie. Il est question d'amour dans les billets que reçoit la cocotte et aussi dans les romans que lit Julie. Aucune des deux ne l'a jamais ressenti. Les mères, chacune à sa manière, ont appris à leurs filles à s'en tenir à l'écart, à le craindre.

Dans la maison de campagne, au coin du feu, la cuisinière à la chevelure tressée de fils blancs, qui a vieilli et grossi, parle à sa fille de son père qui l'a mise enceinte. Julie va la voir tous les mois, mais elle n'aime pas sa façon de parler, elle est jalouse du jour où sa mère a cédé à ses avances, furieuse parce qu'elle s'en plaint. Son frère a entamé une carrière militaire, il est loin, mais sa mère ne lui dit rien, à lui. C'est une histoire entre femmes. Voici ce qu'elle lui raconte :

Elle vient d'être engagée, d'abord comme simple domestique, elle lui apporte le café dans son bureau lorsqu'il écrit et prépare ses cours. L'odeur des livres, de l'encre, est aphrodisiaque – la cuisinière ne le formule pas ainsi, ce sont les mots de Julie qui raconte à Héloïse. Les grains de poussière dansent dans le faisceau lumineux de la lampe posée sur la table. Un sanctuaire, une divinité, un rituel inconnu, un mystère. La future cuisinière ne sait pas lire, elle a vingt et un ans, le maître de maison beaucoup plus et n'a pas d'enfants. Il prend de l'âge.

– Merci, dit-il chaque fois qu'elle frappe, entre et lui sert le café.

Il n'avait jamais levé le regard sur elle jusqu'au jour où il l'a fait. Deux mondes se sont soudain croisés, dans cette maison où il ne se passait rien, des mondes si éloignés qu'ils en étaient trop proches. Le maître de maison va au bordel pour ses besoins masculins, mais cette fille sous son toit lui change soudain la vie.

– Merci… qui es-tu ? Quel âge as-tu ?

Sa femme et lui se sont connus jeunes, elle ne l'est plus assez maintenant, ils dorment dans des chambres séparées, chacun dans son lit. Quelques mois plus tard, taille fine, peau claire, regard plein d'adoration, la jeune fille se glisse dans celui du mari. Le professeur ne sort plus le soir, sa femme est contente. Il a maigri, achète de nouveaux vêtements, il est amoureux. Il la photographie en secret lorsqu'elle est enceinte. Julie naît dans la buanderie, là encore une odeur de savon de Marseille, l'obstétricien la met dans les bras de son père, puis la dépose dans un couffin qui disparaît sous la table de la cuisine. Jusqu'au jour où la maîtresse de maison s'est mise en colère à cause d'une lettre anonyme, raconte sa mère vieillissante qui vit de ses souvenirs.

– À l'enterrement, ils ne nous ont pas laissés nous approcher. Nous étions cachés derrière un arbre, il y avait beaucoup de monde. Je lui préparais à manger, il jouait avec vous, il vous a appris à lire, à prendre des photographies, toute sa vie était ici. Mais là, c'était sa vie publique et son nom de famille. Ne tombe jamais amoureuse, Julie.

Julie n'aime pas sa mère et ses regrets, si son père n'habitait pas avec eux, c'est qu'il ne pouvait pas. Et puis c'est elle qui s'est glissée dans son lit. Héloïse n'est pas d'accord.

– Alors c'est ma faute si j'ai suivi le monsieur parce que j'aimais le savarin ?

– Tu avais quatorze ans… elle vingt et un, elle pouvait choisir de ne pas le faire.

– Et ma mère, elle avait le choix ? Et moi ? Je ne regrette rien, je profite de la vie, je ne me donne à personne contrairement à ce que tout le monde pense. Ma mère travaillait dans le quartier du théâtre, elle était danseuse de troisième rang dans les opérettes, mais elle ne tirait pas grand-chose des hommes. Moi, si, je suis devenue riche et j'ai ma propre loge à l'Opéra.

Ce matin-là, en sortant tout endolorie du lit, dans la maison du bijoutier qui lui avait acheté le savarin, elle a vu le panier de linge renversé par terre, elle a pensé à la religieuse et aux coups qu'elle allait recevoir. Elle avait mal et perdait du sang. Elle a pris une étoffe et l'a mise entre ses jambes. De toute façon, elle ne retournera plus au couvent. Elle s'est enfuie précipitamment, l'homme avait laissé la porte de service ouverte pour elle. Le chemin le plus court pour aller chez sa mère, à côté du théâtre où elle travaillait, était de traverser le cimetière, comme le lui avait indiqué une femme à sa fenêtre.

L'automne, les feuilles mouillées étaient glissantes. Une pluie fine trempait son visage et sa tresse défaite. La religieuse les mettait en file indienne, elle leur tirait les cheveux avec une brosse et les nouait bien serrés. Elle traversa rapidement le cimetière en tenant le tissu entre ses jambes, à quoi pouvaient être dus la douleur et le sang ? Étaient-ce encore ses règles ? Elle venait de les avoir pour la première fois.

La fille qui lui avait appris à embrasser lui avait expliqué : dans le ventre, il y a des œufs comme ceux des poules qui se cassent, c'est de là que viennent le sang et puis les enfants. Mais pour les enfants, comme pour les poussins, il faut aussi un coq. Au couvent il y avait un poulailler, Marie était allée voir comment cela fonctionnait. D'un côté un coq se jetait à plusieurs reprises sur une dizaine de poules, il les immobilisait, les secouait une par une, leur donnait des coups de bec sur la tête. Deux ou trois secondes, puis il s'en allait et recommençait avec une autre. Dans un coin, protégées par un grillage, deux poules passaient leurs journées à couver sur leurs nids. Dans un autre, dix poules se promenaient tranquillement sans coq, c'est là que les religieuses ramassaient les œufs destinés à être mangés. Elles faisaient donc trois métiers différents. Elle se demanda lequel aurait été le sien. Lorsque leurs œufs se cassaient, les religieuses leur donnaient une ceinture qu'elles nouaient à la taille pour tenir un morceau de toile rigide et rêche découpé dans de vieux draps. Elles gardaient le même durant des jours, il les démangeait, sentait mauvais et elles avaient envie de se gratter. Elles le faisaient en cachette car il était interdit de se toucher, même si personne n'obéissait. Elles ne pouvaient se laver que lorsque le sang avait cessé de couler.

En marchant, le goût de la crème du savarin lui revenait sur la langue. L'homme lui souriait en la regardant manger. L'assiette était ornée de fleurs roses, c'était la première fois qu'elle en voyait une comme ça. Le sirop n'était pas aussi bon que le gâteau, mais elle avait soif.

Sur une tombe, une femme de marbre nue dormait sur le flanc, la tête renversée, les cheveux longs éparpillés d'un côté. Un peu plus loin, un vieillard sur un lit de pierre, avec des moustaches et un bouc comme l'homme qui lui avait acheté le gâteau, il avait l'air éveillé malgré ses yeux fermés. Mais elle, après avoir bu le sirop, s'était endormie.

Dans l'escalier en colimaçon de l'immeuble de sa mère, elle avait enjambé un ivrogne allongé à côté d'une bouteille. Sa chambre était au dernier étage, elle s'y était rendue un ou deux ans auparavant, le jour de Noël, sa mère lui avait fait porter ses vêtements, l'avait maquillée comme une actrice et lui avait relevé les cheveux pour la coiffer comme elle. Elle s'était regardée dans le miroir, voilà à quoi elle ressemblerait à l'âge de sa mère, même si Héloïse était plus grande et mince. Sa mère l'avait ramenée au couvent le soir même.

Elle frappe, pas de réponse ; elle pousse la porte. Le lit occupe toute la pièce. Les beaux vêtements de sa mère – comme elle les lui envie ! – sont éparpillés sur les sièges, par terre. Elle dort nue, enroulée dans le drap, elle ronfle. Elle se glisse doucement dans le lit. Elle regarde sa poitrine généreuse se soulever et s'abaisser, son ventre rond. Elle ferme les yeux, elle a froid, elle est mouillée, il ne faut pas qu'elle s'approche trop près sous peine de la réveiller. Sa mère ne veut pas d'elle à ses côtés : « Les actrices ne doivent pas avoir d'enfants, lorsque je me suis rendu compte pour toi, mon ventre était déjà gros. » Lentement, la chaleur de son corps la gagne, même à distance, elle s'endort, son dernier sommeil d'enfant.

– Elle m'a gardée un an avec elle. Ce matin-là, en m'appliquant de la crème entre les jambes, elle m'a dit que le baptême d'une femme vaut plus qu'un savarin. Elle m'a appris tout ce qu'elle savait, mais je l'ai surpassée. Elle se teignait les cheveux en roux, j'ai gardé les miens longs et châtains. Je suis grande, mais je porte toujours des talons pour être encore plus imposante. Je ne voulais pas grossir comme elle, les hommes de la haute société aiment les femmes élégantes, poitrine menue, taille fine. Je devais à tout prix éviter le genre d'incident qui m'a fait naître. Je suis passée du théâtre aux soirées privées, fréquentées par des ducs et des barons. Chez les religieuses, j'avais un peu étudié et appris à chanter. Tout peut servir.

Je les vois, ces deux adolescentes qui entrent dans la vie sans père, avec deux mères belles et analphabètes. L'une a donné son corps à un seul homme et l'autre à beaucoup, mais toutes deux savent ce que ne doivent pas faire leurs filles : aimer et tomber enceintes.

Julie se plaît à regarder les enfants qui jouent et se bagarrent dans la rue, ils ressemblent à ceux du grand roman. Elle a choisi une photographie pour accompagner sa lettre à l'écrivain Victor Hugo : un petit garçon et une petite fille se tiennent la main, les vêtements déchirés et trop légers, leurs cheveux sales et ébouriffés formant une auréole autour de leurs têtes. Ils la regardent avec intérêt, ils veulent de la nourriture et des pièces de monnaie, c'est pour cela qu'ils ont pris la pose. Julie a voulu fixer leur regard froid, de défi.

Cher Monsieur,

Vous ne savez rien de moi et moi non plus je ne sais pas grand-chose de votre vie, je ne veux pas vous déranger, votre temps est précieux, mais j'ai lu votre roman, je le connais dans ses moindres détails, et j'ai décidé de vous écrire. Mon père m'a apporté la première et la seconde partie quand j'étais petite et je n'ai pas pu dormir la nuit avant de l'avoir terminé.

Maître, votre existence et votre œuvre me rendent fière d'appartenir au genre humain. Vous ne travaillez pas seulement pour vous, pour l'argent ou la renommée, mais pour nous tous, les enfants qui n'avons pas été reconnus par la société. L'empereur affame le peuple, il a détruit les quartiers où il vivait, a augmenté les loyers. Ouvriers, femmes, enfants n'ont pas de quoi manger. Vous luttez avec votre plume, et moi, humblement, avec mes photographies. Je prends ceux qui vivent dans la misère de la rue. Je ne me vante pas, je ne suis qu'une pauvre femme et vous êtes le plus grand des poètes.

Je vous envoie l'un de mes portraits, c'est ainsi que j'imagine Cosette et Gavroche, les deux héros de votre roman. J'espère que vous apprécierez ce modeste hommage. Je sais que vous aimez beaucoup l'art de la photographie et

que vos enfants le pratiquent. J'aurais une requête : j'ose vous demander la possibilité de faire votre portrait. Je ne suis certes pas à la hauteur de Nadar et d'Étienne Carjat, mais peut-être une femme sera-t-elle capable de voir la douceur du regard que vous portez sur les êtres humains. Même si ma demande reste sans réponse, je vous conserverai mon affection jusqu'à la fin de mes jours.
Julie

La lettre avait été expédiée loin, sur une île de la Manche où le poète s'était exilé après avoir lutté contre le coup d'État de l'empereur et ses lois antidémocratiques.

La guerre contre la Prusse a éclaté, ni la cocotte ni même la photographe ne savent exactement pourquoi. Une histoire de trône d'Espagne, dit-on, mais d'autres murmurent que c'est parce que l'empereur est malade et a peur d'être renversé. Celui-là même qui, en caleçon long au milieu des tentures, lui racontait ses projets monumentaux. Il y a pour le moment quatre blessés dans la pièce, ils arrivent sans discontinuer. Elles les mettent sur les canapés, par terre. La cocotte installe des lits et des tables d'opération. Un médecin vient les opérer et les soigner, les deux femmes et d'autres du quartier pansent les plaies, leur donnent du laudanum pour qu'ils ne hurlent pas de douleur. La guerre est perdue en à peine plus d'un mois, Paris est assiégée.

Des corps de jeunes gens sont étendus partout, elle en a eu tellement dans son lit. Mais ceux-là sont entrés sur des civières, du sang sur leurs bandages sales, le ventre ouvert, les bras et les jambes amputés. Héloïse leur lave les aisselles, le torse, le sexe qui réagit parfois et gonfle. Le soldat a honte, il ferme les yeux pour ne pas la regarder. Elle rit et le réconforte. Elle lui dit qu'elle en a vu beaucoup, mais jamais d'aussi beau. Il embrasse sa main mouillée. Elle s'étonne d'éprouver, pour la première fois de sa vie, de la peine et de la tendresse pour un homme. Après la rencontre devant l'église à quatorze ans, elle n'a jamais rien ressenti de tel pour aucun d'entre eux.

Ils lui racontent la guerre : les voici arrivés au front avec des fusils neufs, ils n'ont pas le temps de comprendre où est l'ennemi, où est la mort. Demi-tour, retraite, retour au point de départ. Marcher sans avoir le temps d'avaler sa soupe ni de se reposer. L'ennemi approche, dit-on, mais personne ne sait d'où il arrivera, pas même les généraux. Ils se sont trompés, ils vont vers le nord, vers l'est, ils ne savent pas eux-mêmes quelle direction prendre. Les fusils pèsent sur les épaules, le sac est comme une pierre. Personne ne sait ce qu'il se passe.

– J'ai jeté le fusil, beaucoup d'autres l'ont fait, on n'en pouvait plus. Et puis j'ai eu peur et je suis retourné le récupérer dans le bois. Il y avait un chevreuil qui venait de naître caché dans l'herbe haute, sa mère était partie chercher de la nourriture ou peut-être que les soldats l'avaient effrayée et qu'elle s'était enfuie en le laissant là. Je lui ai tiré dessus, je l'ai apporté au camp, mais il était petit, il n'y avait pas grand-chose à manger. Non n'avons même pas eu le temps de le cuire. Ils nous ont donné de l'eau-de-vie et nous ont entassés dans un wagon les uns sur les autres. Nous avons abandonné le petit au campement, il n'aura servi à rien…

Ils parlent par intermittence entre deux prises de médicaments, dans le délire de la fièvre ou bien lucides, gelés, comme les enfants qui se réveillent la nuit parce qu'ils ont fait un cauchemar et croient que tout est vrai. Eux, à l'inverse, pensent que ce qu'ils ont vu n'était qu'un cauchemar.

Dans ce village, ils tirent dans toutes les maisons, les habitants sont cachés dans les greniers.

– Je me suis endormi derrière une chaise, à côté de chaussettes trouées et d'une boîte renversée, remplie de bobines de fil, ma mère en a une comme ça. Et puis j'ai senti une douleur dans la poitrine, je ne m'étais pas réveillé à temps.

Qui a condamné à mort ces hommes en pleine santé ? Héloïse écrit pour eux des lettres aux familles, aux épouses, aux enfants, aux fiancées. Elle n'en a pas reçu une seule, aucun soldat, aucun général n'écrit à sa maîtresse. Elle se met à la place de chacun d'eux, elle essaie d'être ce qu'elle n'a jamais été.

Elle écrit :

Ma chère femme, tu es chaque jour dans mes pensées, je te vois éplucher les pommes de terre ou donner le sein à notre Félicité. Embrasse-la elle aussi, dis-lui que son père la protège. Et même si elle ne me voit plus, je suis à ses côtés et aux tiens à jamais.

Et à la fiancée :

La première fois que je t'ai vue en juin à la guinguette, mon ange, tu dansais le quadrille avec un autre. J'ai regardé ton visage, une bouche rose, un petit nez, des yeux noirs. J'ai pensé tout de suite : il faut que je fasse sa connaissance…

Ma mère, quelles douleurs endure ton fils, tu t'es donné tant de mal pour l'élever ! Tu mettais les meilleurs morceaux dans mon assiette et tu me soignais lorsque j'étais malade. On m'a amputé d'une jambe et je ne sais pas si je parviendrai à rentrer à la maison. Garde-moi près de toi et réchauffe-moi, même lorsque je ne serai plus là.

Mon fils, je voudrais te dire d'aimer et de défendre ta Patrie comme je l'ai fait, mais je ne peux pas, parce que l'amour que j'ai pour toi est plus fort et que c'est la guerre qui nous sépare à jamais. La guerre, tu dois la haïr. Lorsque les généraux liront cette lettre, ils me chercheront pour me mettre au peloton d'exécution, mais je serai déjà mort.

Julie les a tous photographiés, morts et moribonds au visage juvénile, aux mains inertes.

Je suis ces deux femmes à travers l'histoire de cette époque, je lis des livres sur la guerre, sur la chute de l'Empire, la République, la Commune. Dans une loge de l'Opéra, un couvent, une maison de campagne, à la marge des combats, depuis la fenêtre d'une demeure assiégée, dans les interstices silencieux des événements, c'est là que vivent Julie et Héloïse, elles sont sorties de moi mais ont bel et bien existé. Julie la photographe, passionnée par *Les Misérables*, comme je l'ai été enfant, m'est apparue avant que j'apprenne que Victor Hugo était très intéressé par la photographie et que ses enfants la pratiquaient. Le personnage de Julie ressemble à Julia Margaret Cameron, photographe amatrice dont elle porte le prénom et qui a le même goût pour les *tableaux vivants** préraphaélites. Je découvre dans un livre qu'elle écrivait des lettres pleines d'admiration à Victor Hugo exilé à Guernesey et qu'elle lui avait envoyé en cadeau quelques-uns de ses portraits.

Héloïse, je l'ai vue pour la première fois nue sur le lit rouge d'une alcôve, puis lorsqu'elle soignait les blessés au même endroit. J'ignorais encore qu'une grande cocotte de l'époque, Cora Pearl, l'avait réellement fait. Leur histoire s'entremêle à la mienne et à celle d'autres personnes qui ont existé. Mais que signifie « exister » ? J'ai toujours découvert que les personnages de mes romans avaient existé : je les rencontrais dans des photos d'archive, des articles ici ou là, des mémoires, des journaux intimes, des souvenirs, les miens et ceux des autres. Écrire, c'est donner un autre nom à des vivants et des morts qui appartiennent à la vie réelle. Et écrire sur les autres, c'est écrire sur soi-même. C'est ce que je voudrais dire à mon mari, mais je devrais alors ajouter que la part féminine, séductrice, cohabite en moi de manière bien peu pacifique avec l'autre, engagée, ascétique, amoureuse de son père et dévouée à la photographie. Que la cocotte est beaucoup moins passionnée que la vierge qui écrit au poète. Que le sexe féminin a servi pendant des siècles à donner du plaisir aux hommes et que c'est toujours en partie vrai aujourd'hui, que le viol des petites filles était la norme et que cette pulsion masculine existe encore, et que l'illusion d'une révolution capable de tout changer, même pour les deux amies, a bercé ces jours lointains, comme ce fut le cas de ma génération. Mais je ne veux pas l'effrayer avec toutes ces considérations contradictoires et intimes. Ce soir, après avoir éteint mon ordinateur, je voudrais être simple et tranquille, l'aimer et me faire aimer, ne pas être une femme compliquée qui écrit.

4

Héloïse a vendu des bijoux pour transformer sa maison en hôpital après avoir vu Henri mourir. Elle en a parlé avec Julie, alors qu'elles partageaient un morceau de pain et de fromage troqué contre deux paires de bottines de la cocotte. Guerre et faim. Les amants d'Héloïse se sont enfuis, ils se sont retirés dans leurs propriétés à la campagne ou sont partis à l'étranger. C'est ce que font les aristocrates à chaque révolution, ils vont et viennent à Paris, ils sont immortels. Mais ce n'est pas la pénurie d'hommes riches qui a décidé Héloïse à ouvrir sa maison aux blessés.

À son arrivée, Henri a vingt ans. Il a des yeux bleus transparents et le crâne bandé qu'un médecin a ouvert ici même, chez elle. Héloïse l'a couché sur le divan dans sa chambre. Plié sur une chaise, l'uniforme de la Garde nationale. Héloïse a demandé à une blanchisseuse de le laver et de le raccommoder en prévision de sa guérison. Son képi a été arraché par la balle qui l'a touché à la tête, début décembre, pendant la bataille de Champigny. Il ne dort pas la nuit, la fièvre monte, il est excité, jamais fatigué, il raconte à Héloïse sa vie, sa mère, les filles, les études, la bataille. Sa famille est loin : étudiant à Paris, il s'est enrôlé juste après la défaite pour défendre la ville, il ne connaissait presque rien à l'art de la guerre.

– Ils nous ont donné l'uniforme, nous ont appris à charger le fusil et à viser. Notre campement se trouve près du fort, il fait froid la nuit, nous dormons les uns contre les autres pour nous réchauffer. Et puis nous sommes partis et nous nous sommes dirigés vers la Marne…

Cette rivière, la Marne, on la retrouvera aussi plus tard, pendant la Première Guerre mondiale. Il y a des lieux où l'on ne cesse de combattre.

Fragments, souvenirs et instants se mêlent sans avant ni après, Henri a du mal à respirer entre deux mots. Héloïse l'écoute.

– Ma mère m'avait écrit de rentrer à la maison, mais je ne lui ai pas obéi… Je me suis enrôlé sur la place du Panthéon, je devais défendre Paris. C'est l'aube, je marche sur le pont de barques… Celui de Joinville, ils l'ont fait sauter pour bloquer les Prussiens. À Joinville, j'emmenais Catherine danser… Nous prenions le train… mais elle y allait avec un autre avant de me connaître. Je l'ai vue une fois et j'y retournais chaque samedi pour la voir et me faire voir… Ses cheveux se défont lorsqu'elle danse, elle a la taille fine et le regard malicieux… Sur le pont, je suis les pas de celui de devant, il m'a dit son nom pendant la nuit : Roland. Je n'ai pas encore beaucoup d'amis ici, mais nous avons dormi dos contre dos. Je ne dois pas le perdre de vue, lui, c'est un soldat de métier et il sait tout. Nous entrons dans Champigny, les Prussiens se sont enfuis… peut-être qu'on leur a fait peur. Je raconterai tout à ma mère et à Catherine, à mes sœurs aussi… mon père est mort… il voulait que je m'inscrive à l'université, à Paris, que je devienne ingénieur comme lui… Je dois travailler pour ma mère et mes sœurs, je suis le seul homme… Je dois être courageux, guérir, elles ne peuvent pas s'en sortir sans moi… La nuit, nous campons, mais il n'y a pas de couvertures ni de tentes, nous sommes en décembre, la terre est glacée… Il ne faut pas se plaindre, nous sommes encore en vie. J'ai vu des morts, l'avant-garde est entrée devant nous dans Champigny… Ils ont envoyé l'infanterie de ligne en premier, les plus expérimentés… et certains sont morts, ça aurait pu être moi. Je ne dois pas penser à la mort, seulement aux combats, seulement aux Prussiens et à la France, c'est ce que m'a dit Roland. Si tu évites d'y penser, alors c'est comme si tu volais et les balles ne te touchent pas… C'est pareil pour la course de tonneau… lors de la fête au bord de la rivière, j'ai été le plus rapide pour Catherine, pour qu'elle me remarque et que je puisse me présenter… Je l'épouserai lorsque j'aurai terminé l'université, que j'aurai assez travaillé pour ma mère, pour la dot de mes sœurs… J'espère qu'elle m'attendra…

Je m'arrête. Comme elle, je ressens beaucoup de peine pour Henri et pour tous les hommes morts à la guerre, combien sont-ils depuis le commencement de l'Histoire ? Certains les ont comptés : environ cinq cents millions depuis les guerres médiques, à peu près cent millions entre la Première Guerre mondiale et aujourd'hui.

Mais Héloïse n'y pense pas, elle ne sait rien des chiffres ni des guerres passées et futures, elle découvre avec Henri un type d'homme qu'elle ne connaissait pas. Jeune, sérieux, romantique, amoureux. Il a été élevé avec le sens du devoir : envers son père, sa mère, ses sœurs, sa Patrie. Ceux qui ont fréquenté son lit étaient différents, ils lui offraient des bijoux, des vêtements, des chevaux, des appartements. Ils lui écrivaient des lettres passionnées. « Je me consume d'amour pour toi… je me jette à tes pieds en échange d'un peu d'amour… je te supplie de m'aimer… je donnerais ma vie pour ton amour… etc. »

Ah, cet amour qui palpite ! Héloïse a laissé aux autres femmes les passions aveugles et dévorantes, le sens du mot « amour » ne renvoie qu'au désir pour son corps, un désir de conquête. Elle n'y a jamais rien vu d'autre. On lui a reproché d'être froide et distante. Elle n'a jamais donné son cœur à personne, elle ne sait même pas ce que signifie « donner son cœur ». Elle doit le succès de sa carrière à sa capacité à résister à ce piège.

Elle caresse la main d'Henri qui s'est endormi. Cet homme lui inspire un sentiment de tendresse inconnu, elle comprend par opposition qu'elle a éprouvé toute sa vie une répulsion irrépressible pour l'autre sexe. Une sorte d'horreur à surmonter chaque fois par la séduction, le jeu, se déshabiller peu à peu, regarder la main de l'homme sur sa peau pour ressentir de l'excitation. Sentir son désir à lui, jamais le sien à elle, dixième commandement.

Héloïse regarde la main d'Henri dans la sienne. Les doigts sont courts, une main de paysan plutôt que d'étudiant. Il reste de la terre sous ses ongles, elle la retourne, fait courir ses doigts sur la paume chaude, sur le poignet où bat encore le pouls, le médecin y posera son pouce avant de libérer sa place. Un chagrin, aussi grand que le mien, l'envahit et elle pleure. Les larmes ancestrales des femmes. Bien qu'il soit normal, à ses yeux plus qu'aux miens, que les hommes partent à la guerre, nous voyons bien, elle et moi, qu'il est absolument impossible d'en comprendre le but, de passer outre ce soldat inconnu face à elle, de compter les morts, de les enterrer, d'ordonner l'exécution d'autres encore. Elle qui n'a pas d'enfants a soudain l'impression d'être la mère de ce soldat et se met à pleurer, car elle sait qu'il va mourir sans la sienne et sans la fille à la taille fine et au regard malicieux.

Je ne devrais pas déborder du récit, des personnages qui ont ainsi surgi en chair et en os, mais j'attribue à la cocotte cette conscience, qui est la mienne, qu'aucun homme ne peut pleinement comprendre parce qu'aucun d'entre eux n'a accueilli un autre que soi dans son ventre. Héloïse n'aura pas d'enfants, mais cette possibilité est inscrite dans son corps. Des sentiments de bonne femme. Qu'est-ce qu'une femme comme elle peut bien comprendre aux raisons de l'Histoire, à la nécessité politique de cette guerre ou d'une autre ? Mais à présent, il faut faire mourir Henri.

Il ouvre les yeux, voit les larmes d'Héloïse.

C'est le soir, je n'arrive pas à écrire sa mort, bien que je l'aie en tête. Demain matin, son pouls cessera de battre, mais pas ce soir.

Mon mari pense que mon chagrin, comme celui d'Héloïse, est justifié mais trop vague, comme le sont les considérations sur les morts au front. On ne peut pas faire de discours généraux en faisant abstraction de la période historique, la guerre contre le nazisme était juste. Il est toujours primordial de se défendre.

Je suis incapable de m'engager dans ce type de raisonnement, j'ai chaussé une autre paire de lunettes. Ces verres grossissent les détails, les hors-champ de l'Histoire, les anecdotes, les vies, les corps, une histoire qui se déroule à l'intérieur de l'autre. Les personnages secondaires d'un tableau. De son point de vue, c'est lui qui a raison. Son père était un militaire, il a payé de la prison sa loyauté envers l'armée fasciste. Et pourtant, c'est uniquement en renversant le monde et en le regardant avec ces nouvelles lunettes que je parviens à comprendre qui étaient Héloïse et Julie, et aussi ces femmes qui, après la mort d'Henri, ressentiront bientôt, peut-être à tort, que la cause des hommes est aussi la leur.

Je voudrais lui faire essayer mes lunettes, rien qu'une fois, pour qu'il puisse voir l'Histoire renversée, lire des dizaines de milliers de pages où lui, en tant qu'être masculin, ne figure pas, n'existe pas, n'a pas de conscience véritable. Sublime objet du désir, peint, décrit, aimé, poursuivi d'assiduités, insignifiant, silencieux. Peut-être dirait-il en les enlevant : « Mon Dieu, j'ai la tête qui tourne, je préfère le monde tel qu'il était avant. » Moi aussi, parfois. C'est une tâche difficile, et solitaire, de le repenser en entier, mais la passion pour le roman à écrire l'emporte toujours.

Le Roman de la Rose, le poème allégorique français le plus célèbre du Moyen Âge, a été écrit au XIIIe siècle par deux auteurs différents, à quarante ans d'écart. Le premier poème exalte la femme en tant qu'idéal de perfection chevaleresque et d'harmonie, il en fait l'objet le plus élevé de la quête humaine. Le second, misogyne, la précipite du ciel vers la terre et en fait le symbole de la nature, du plaisir charnel (avec des descriptions de défloration et de pratiques sexuelles, allégoriques mais très détaillées), réceptacle de tous les vices, mais unique moyen pour garantir la survie de l'espèce. Ici encore, le sacré et le profane. Le second auteur reprend l'allégorie idéale du premier et la renverse point par point. Si bien que certains ont pensé qu'il s'agissait d'un seul et même auteur. Une idée très intéressante. Comme le dit Héloïse : tous les hommes sont doubles, ils veulent, en plus de leur épouse, une femme comme elle.

Christine de Pizan, une poétesse cultivée et raffinée d'origine italienne, devenue française par le mariage

– la première femme de lettres connue qui porte mon prénom – a répondu au second auteur du *Roman de la Rose*. Elle a écrit *La Cité des dames* pour réfuter la vision donnée par le *Roman* de ses semblables. Elle a bâti en vers une cité idéale de vertus féminines, de sagesse et de morale. Mais elle avait chaussé les nouvelles lunettes trop tôt et en payait le prix.

Seulette suis, partout et en tout aître,
Seulette suis, que je marche ou je siée,
Seulette suis, plus qu'autre rien terrestre,
Seulette suis, de chacun délaissée,
Seulette suis, durement abaissée,
Seulette suis, souvent toute éplorée,
Seulette suis, sans ami demeurée[1].

Christine l'a composé après la mort de son mari qu'elle aimait, mais elle évoque une solitude bien plus vaste, le lot de celui qui voit trop tôt un monde nouveau. Le « sans ami demeurée » me touche. Héloïse et moi ressentons la même émotion face au visage mourant d'Henri. L'amour pour un homme, que ce soit l'ami qui meurt ou celui qui nous quitte parce qu'il ne peut rester à nos côtés, est fort de millénaires d'existence, il résiste en moi à la conscience du tort que j'ai subi. Le désir d'avoir un ami est plus fort que tout.

Henri ouvre les yeux, il voit les larmes d'Héloïse qui, le visage baissé, ne s'est pas aperçue de son réveil. Elle est fatiguée, elle jette un regard au baldaquin de satin rouge

1. Christine de Pizan, *Cent ballades d'amant et de dame*, présentation, édition et traduction de Jacqueline Cerquiglini-Toulet, Paris, Gallimard, « Poésie », 2019.

de son lit de cocotte vide. Elle devra le faire enlever, il faut de la place, des dizaines de blessés arrivent chaque jour. Elle sent qu'il lui serre la main. La voix du garçon est forte, on ne dirait pas qu'il est en train de mourir.

– Madame, ne pleurez pas… lorsque la balle m'a touché, je ne m'en suis même pas aperçu… je me suis réveillé la nuit, étendu dans le campement que nous avions essayé de défendre… le silence était glacial… d'autres corps bougeaient, j'ai murmuré le nom de Roland mais personne n'a répondu… il y en avait un à côté de moi qui parlait allemand… plus loin, un autre parlait français. Allongés par terre, ils se lamentaient… la douleur battait dans ma tête, je voyais des formes dans l'obscurité, des chevaux, des lions, des chariots, des aigles… mon père m'a appris à reconnaître les constellations, mais je n'arrivais jamais à distinguer les formes dont il parlait… et voilà qu'elles se détachaient clairement dans le ciel noir, j'aurais voulu le lui dire… je me suis endormi avec toutes ces lumières autour… le matin, plus personne ne tirait, les ambulanciers français et allemands sont venus nous prendre, j'étais gelé, j'avais mal à la tête… ils emmenaient les morts et les blessés, les nôtres et les leurs, avant de recommencer le combat… lorsque nous étions enfants, nous faisions pareil… *pan, pan !* on tombait par terre, puis on se relevait et on recommençait… ne pleurez pas, madame, je me relèverai cette fois aussi.

Épuisé, il avait cessé de parler et n'ouvrit plus les yeux. Il mourut le jour suivant. Ce fut le matin de sa mort qu'Héloïse décida, en mangeant du pain et du fromage avec Julie, de vendre tous ses meubles et de transformer sa luxueuse demeure en hôpital.

Alors que la guerre est perdue sur le front et l'empereur fait prisonnier, que Paris est assiégée et que la France s'est autoproclamée République – la troisième –, les deux amies sillonnent la ville à la recherche de nourriture. Les Parisiennes ont tout cuisiné : viande de cheval, de chat, de chien, de rat. Les hommes ont même dépecé les animaux du zoo. Les rues sont vides, les marchés fermés. Les canons tirent sur les murs de la ville. Les immeubles sont éventrés. On discute et on se réunit partout. La Garde nationale armée s'est formée pour défendre la ville. Le peuple de Paris n'accepte ni le gouvernement qui s'est réfugié à Versailles sous la pression de la Garde nationale, ni les conditions du traité de paix. Aux côtés des révolutionnaires, il y a cette fois des milliers de femmes et elles n'ont pas l'intention de se laisser évincer comme en 1793.

Julie vient de rentrer d'une réunion à l'église Saint-Pierre de Montmartre, exaltée par des mots qui ont provoqué, voici déjà quelque temps, un changement dans ses pensées. La prochaine fois, elle veut y emmener son amie, pour que tout ce qu'elles ont enduré ensemble pendant le siège, et avant, pendant toute leur vie d'orphelines illégitimes, trouve enfin un sens et un but.

5

Blanchisseuses, couturières, cordonnières, relieuses, fleuristes, modistes, assises les mains sur les genoux, avec des jupes d'ouvrières, des blouses de toile grossière sans col, des boucles d'oreilles de paysannes, les cheveux noués en chignon, regardent l'objectif, décidées, frondeuses, prêtes à tout. Julie les a photographiées dans la sacristie de l'église Saint-Pierre de Montmartre, réquisitionnée comme tant d'autres pour les réunions des comités de quartier. Il y a aussi des bourgeoises en longue robe sombre, col en dentelle, broderies sobres, coiffure élégante mais simple, ou habillées en homme : ce sont des journalistes, écrivaines, institutrices, les premières « féministes », des marxistes. Et aussi quelques prostituées désœuvrées car les bordels, lieux de corruption et symboles de l'Empire, ont été fermés.

Héloïse a déjà vu une église remplie uniquement de femmes au couvent où elle a grandi jusqu'à ses quatorze ans, mais jamais une nef pleine de « bonnes femmes hurlantes », comme les a appelées le garde qui les a fait entrer. Elles sont assises en grappes sur les bancs, sous la chaire où certaines montent à tour de rôle pour parler et haranguer les autres. Une femme qui prêche : Héloïse a l'impression d'être descendue directement en enfer.

Aucun plaisir de la chair ne vaut cet acte inédit. Des bribes de sermons du curé qui venait les confesser lui reviennent : tenir les mauvaises pensées à distance, ne pas commettre d'actes impurs, ne pas céder aux tentations, rester pures pour le Seigneur.

La cocotte n'arrive pas à quitter du regard trois femmes de leur groupe, ce sont les meneuses incontestées et toutes les autres les écoutent les yeux brillants et les joues roses de plaisir, son amie aussi. Et quelle allure ont ces trois-là ! Elle n'en revient pas. Ce sont leurs vêtements qu'elle leur envie par-dessus tout. Elle qui pensait être la plus audacieuse et se vantait de rentrer toute seule, dans la nuit glaciale, en robe de soirée, les épaules dénudées. Elle qui paradait sous le regard de ses amants, se jouait de leur jalousie et s'enrichissait, elle qui se sentait libre de ne pas aimer, voit chez ces trois femmes une liberté qu'elle n'a jamais connue. L'une d'elles vient de Russie et est habillée comme une amazone, elle porte un chapeau à plumes rouges et, à la taille, une écharpe de la même couleur aux franges dorées. La photographe a tiré son portrait. Elle est très belle, elle a « les cheveux et les sourcils châtains, le front assez haut, les yeux gris-bleu, le nez bien fait, la bouche moyenne, le menton rond, le visage plein, le teint légèrement pâle, l'allure vive, souvent vêtue de noir, toujours élégante », comme la décrit un rapport de police. Elle a fait un mariage blanc avec un hussard de la garde impériale pour pouvoir voyager seule et aller là où le peuple se révolte. Une autre a demandé la parole et poursuit, imperturbable, la lecture de son intervention sous les sifflets ; elle porte un pantalon à la turque, une veste de hussard écarlate ornée de broderies, des bottines à nœuds dorés, un béret avec une cocarde rouge et une ceinture bleue où sont accrochés deux pistolets.

Julie lui murmure à l'oreille le nom des oratrices. L'une d'entre elles retient particulièrement son attention, celle aux vêtements sombres d'amazone, cheveux relevés, visage inspiré. Héloïse se ferait coudre une tenue similaire sur-le-champ, si ce n'était pas la révolution. Ce mot revient dans presque tous les discours. À la fin, l'élégante amazone prononce cette vérité, évidente, même pour elle qui ne connaît la politique qu'à travers les conversations d'alcôve de ses amants puissants :

– Ils disent de nous que nous avons un tempérament de feu, que nous nous perdons facilement, que nous écoutons la voix du cœur et non celle de la raison comme ils le disaient aussi de nos ancêtres les *tricoteuses** de 1793. Mais ce n'est pas vrai. Nous sommes lucides, nous savons parfaitement que notre destin, notre misère et nos souffrances seront soulagées par la victoire de cette révolution qui abolira tous les privilèges et toutes les injustices. La Commune veut abolir les abus et les inégalités, elle ne fait pas de différence entre les sexes, nos intérêts sont ceux des hommes, la révolution de nos frères est aussi la nôtre. Nous voulons combattre à leurs côtés et être représentées dans tous les comités et les clubs, nous voulons la mise en place d'écoles pour filles et l'abolition de la distinction entre enfants légitimes et illégitimes.

Les deux amies échangent un sourire, cette révolution parle d'elles. Julie pense aussi à ses deux pères, le photographe et l'écrivain : ils seraient fiers d'elle. Héloïse pense à l'amant inconnu de sa mère auquel elle doit sa naissance, à l'homme de la pâtisserie et aux moustaches raides comme deux bouts de corde de l'empereur, à la manière rapide qu'il avait de la pénétrer, avant de discuter avec elle en caleçon long et en fumant son cigare. Elle a appris qu'il était prisonnier dans un château en Prusse. Mais si elle disait aux autres qu'elle avait été sa maîtresse occasionnelle, peut-être serait-elle fusillée sur l'autel de l'église. Pour la première fois, elle perçoit une contradiction dangereuse entre sa vie de cocotte et celle de communarde.

Après chaque intervention, la tempête de cris et d'applaudissements est ponctuée par le bruit sourd d'un banc de l'église qui s'écroule sous le poids des corps. Le fracas est suivi d'un éclat de rire. Et on recommence : une autre femme à la chaire, applaudissements, chute, rires. Héloïse est nouvelle et elle voit tout avec plus d'acuité que les autres. Dans les nefs latérales, des femmes cousent des uniformes militaires comme celui d'Henri. Dans un coin, non loin d'elle, il y a une niche avec un socle vide et cette inscription : *Ici se trouvait une statue de la Vierge.* Par terre, des amas de munitions. Dans la sacristie, derrière une grille, les visages effrayés de deux religieuses et d'un prêtre. Un chœur s'élève de la nef latérale où a été installée une école pour filles.

Et puis, tel un fleuve en crue, l'Histoire emporte tout sur son passage et les deux amies ne se souviennent plus de leur vie d'avant. Elles dorment encore habillées dans un coin de la cuisine de l'ancien appartement de la cocotte. Des cris parviennent de la rue. Des centaines de femmes montent des quartiers populaires avec leurs enfants, elles courent vers Montmartre. L'armée vole les canons du peuple, il faut l'en empêcher. Vives et légères, elles ne ressentent pas l'effort de la montée ; avec les autres, elles arrachent en passant les affiches du gouvernement de Versailles, elles atteignent le sommet de la colline parmi les premières. Un bataillon de six mille soldats est face à elles. Des canons ont été ficelés, ils sont en train de les emporter. Héloïse se rappelle les mots d'Henri : Ne pense pas à la mort. Les femmes se dispersent sur l'esplanade, chacune devant la bouche d'un canon, d'une mitrailleuse, les enfants jouent par terre avec les munitions. Julie suit une combattante aux cheveux lâchés sur les épaules, en pantalon, la mine guerrière. Héloïse se dirige vers deux soldats et dégaine ses armes : son sourire ravageur, l'allure fière qui a séduit tant d'hommes.

– Que faites-vous, messieurs, vous voulez nous tirer dessus peut-être ?

Les soldats ne savent pas comment réagir.

– Rentre à la maison, ma jolie, c'est là que tu dois être.

Et Héloïse de répondre :

– Je ne suis jamais beaucoup restée à la maison, tu sais.

Les deux hommes sont pris de l'envie de rire. Des soldats de la Garde nationale, des ouvriers, des artisans, d'autres femmes affluent de toutes les rues. Roulement de tambour. Le général donne l'ordre de leur tirer dessus, mais soudain un officier sort des rangs et donne l'ordre contraire : Ne tirez pas !

L'instant suivant, tout le monde s'embrasse, femmes, hommes, soldats, tandis que les enfants grimpent sur les canons et crient en sautillant.

La journée s'est écoulée ainsi, impossible à raconter en détail, les événements s'enchaînent, il est difficile de suivre chaque moment, chaque recoin des places, les barricades dans les rues, la foule devant l'Hôtel de Ville. Il n'y a qu'une chose que l'on ne peut passer sous silence. Julie a pensé que c'était un signe envoyé par Dieu. Sur la place de la Bastille, la Garde nationale fraternise avec les soldats. Julie a perdu Héloïse, elle est dans un autre groupe. Des cris, des chants. Soudain la foule se tait, les voix s'éteignent en un souffle. Julie le voit, son idole, l'homme qui, par sa seule existence, rend fier d'appartenir au genre humain. Un vieil homme aux cheveux blancs, tête nue, marche derrière un cercueil.

– Son fils… Le fils de Victor Hugo est mort.

Les fédérés présentent leurs armes, ouvrent les barricades pour laisser passer le héros du peuple. Julie a essayé de s'approcher mais elle n'a pas réussi, elle tombe à terre évanouie, trop d'amour, trop d'émotions en un seul jour.

Dans un coin de la cuisine, au milieu des portraits des femmes du comité, Julie est allongée avec Héloïse sur un petit lit d'hôpital, à côté des fourneaux, entourée de tous ces visages féminins. Elles en ont rencontré certaines, n'ont fait qu'en effleurer d'autres.

– Je n'ai toujours pas pu le photographier. Lorsque tout sera terminé, j'irai devant sa porte, je me mettrai à genoux et je lui demanderai une nouvelle fois de faire son portrait.

– Tu as fait les leurs… Mais tu as vu, finalement, à la réunion, le comité central ne nous a pas laissées entrer, ils nous ont dit de rentrer chez nous…

Héloïse enduit ses mains abîmées par le travail d'un fond de crème blanchissante, vestige de l'âge d'or. L'espace d'un instant, elle a envie de retrouver ses vêtements, ses chaussures, ses fourrures, ses chapeaux, même si elle ne pourrait jamais les porter sur les barricades.

Elle a raison. Dans les années 1970, à la sortie de l'école, je m'étais imprudemment rendue devant un chantier pour suivre mon petit ami militant. Je portais un manteau long, on s'était moqué de moi en citant la célèbre phrase attribuée à Mao que je prête à Julie en la paraphrasant.

– Pourquoi mets-tu de la crème ? La révolution, tu sais, ce n'est pas un bal comme ceux auxquels tu te rendais.

– Beaucoup de théâtres ont rouvert, et il y aura même un concert aux Tuileries pour les veuves et les orphelins... mais je n'ai plus rien à me mettre...

– À l'aube, nous devons coudre des sacs remplis de terre, apporter à manger aux soldats. Ils nous disent de rester chez nous, mais nous sommes quand même utiles, ils se querellent et se disputent dans toutes les réunions : la Garde nationale contre les communards. Ils donnent des ordres contradictoires et, pendant ce temps, l'armée bombarde. Le fort d'Issy est plein de cadavres et les attelages ne peuvent pas s'approcher pour les récupérer. Deux des nôtres sont mortes parce qu'elles portaient secours aux blessés, nous demandons à participer à la défense, si nous perdons, tout est fini pour nous aussi, et eux nous disent toujours qu'ils vont en discuter...

Héloïse regarde les photographies des femmes, la flamme oscille et illumine un instant leurs visages rendus aussitôt à l'obscurité.

– Tu crois que ça changera quelque chose pour nous, si nous gagnons ?

Julie se lève, ramasse un mégot de cigare et l'allume à la chandelle. C'est la combattante aux cheveux lâchés qui lui a appris à fumer. Elle porte un pantalon, une écharpe et un bracelet rouges devenus le symbole de l'union des femmes. Julie a changé avec Héloïse. Elle a honte du passé de son amie et refuse d'en parler. Elle lui a fait jurer de ne le révéler à personne. Elle se met souvent en colère, comme maintenant.

– Comment peux-tu en douter ? Tu ne les as pas entendues ? Elles œuvrent depuis des années pour cette révolution. L'une d'elles fait partie de l'Internationale ouvrière. Le fait que je n'aie pas pu étudier alors que mon père avait laissé de l'argent à ma mère, et que tu aies dû… enfin que tu aies mené la vie que tu as menée, c'est l'un des fondements de leur pouvoir. Lorsque chacun vivra de son propre travail et qu'il n'y aura plus ni pauvres ni exploités, nous serons libres comme les hommes. C'est clair et net.

Héloïse pense alors, elle ignore pourquoi, à ses petits souliers rouges. Elle se demande si elle pourra encore les porter dans le nouveau monde que lui décrit son amie. Elle n'ose pas lui poser la question, elles ont traversé ensemble la paix, la guerre et la révolution. C'est désormais Julie qui décide ce qu'il faut faire et penser. Dans la vie précédente, elle travaillait et gagnait sa vie pour toutes les deux. Lorsqu'elle rentrait, Julie lui préparait un bain chaud et le dîner. Et Héloïse savait comment il fallait s'habiller ; les soirées, les conquêtes, l'argent, les maisons, les voyages. Elle est à présent perdue et effrayée, mais pas à l'idée de prendre une balle sur une barricade en apportant à manger ou en aidant à transporter un blessé. Il est arrivé que, lors d'une réunion, un soldat de la Garde nationale lui fasse des avances insistantes et brutales. Elle ne l'a pas raconté à Julie, elle penserait peut-être qu'elle l'avait encouragé, que son apparence est trop voyante et la rend indigne d'être parmi elles. Elle se demande si ne valaient pas mieux ses amants riches qui la couvraient d'argent et de cadeaux. Un savarin, c'est trop peu pour un baptême, lui avait dit sa mère. Et se donner gratuitement à un soldat qui combat aussi pour nous ?

Elle ne parvient pas à imaginer sa vie future, elle pense qu'elle ne rencontrera jamais d'autre homme comme Henri. Elle ne sait pas quel avantage elle pourrait bien tirer de leur victoire. Et puis Julie est plus belle habillée en homme, avec l'uniforme et l'écharpe rouge à la taille. Tandis que ses formes l'obligent à porter un corset, et qu'elle porte tous les jours l'unique robe qui lui est restée, avec ses souliers rouges. Elle n'a pas pu les donner, quelque chose l'en a empêchée. Heureusement, ils sont cachés par la jupe, sinon Julie la gronderait. Son amie est devenue si sévère. Elle préfère ne rien lui dire de ces pensées futiles. Julie lui a expliqué que la Commune voudrait réduire les horaires de travail, donner aux syndicats un pouvoir de contrôle sur les entreprises, réduire les différences de salaire, ouvrir des écoles publiques, pour les filles aussi. Héloïse a tout appris par cœur, elle ne veut pas être prise au dépourvu. Qui sait si un jour ce sera Julie ou même elle qui montera à la chaire de l'église ? Non, ça ne lui arrivera sûrement pas, à elle, qu'est-ce qu'elle pourrait bien déclamer ? Les dix commandements de sa mère ? Mais si la prochaine fois on ne les laisse pas entrer à l'Hôtel de Ville, si un soldat se permet encore de porter la main sur elle, elle saura comment réagir. Elle n'a jamais eu peur des hommes et elle ne se laissera pas intimider par ceux-là non plus.

Mais elle n'en a pas eu le temps. L'armée, française cette fois, est entrée dans Paris par une brèche laissée sans surveillance ; c'était un beau dimanche de mai, il faisait doux après l'hiver glacial. Les cloches des églises, abandonnées par les prêtres, n'ont sonné ni la messe ni le début de la guerre civile. Les Parisiens ne s'en sont aperçus que le jour suivant, lorsque les troupes avaient déjà envahi un tiers de la ville. L'alarme a retenti et Héloïse et Julie ont couru chez les autres. Avec une centaine de femmes, elles ont monté des barricades, entassé des pierres et des sacs. Certaines ont pris les armes aux côtés des hommes. D'autres transportent les blessés. L'armée du gouvernement tire sur les révolutionnaires comme s'ils étaient des Prussiens, voire pire encore. Français contre Français. Ils avancent dans la ville quartier par quartier et fusillent les survivants, hommes, femmes et enfants. Des êtres vivants qui meurent en l'espace d'une seconde, comme Henri le lui avait raconté. Il ne faut pas les regarder, seulement les mettre sur les brancards et leur couvrir le visage. Héloïse s'approche du corps d'un homme qui tressaille encore ; à côté de lui, une femme sans vie. Elles l'allongent sur un brancard ; un peu plus loin, un soldat les arrête, il dévisage Héloïse qui le reconnaît. Un étudiant, les premières années au bordel.

– Pas toi… on ne veut que des femmes honnêtes et des mains pures pour nos morts, pas des putains…

Héloïse lâche le brancard. Les autres la fixent dans le fracas des tirs et des cris. Elle voit son secret dans leurs yeux, dans ceux de Julie aussi. La combattante aux cheveux lâchés s'approche du soldat, lui hurle de se taire, les prostituées sont des femmes encore plus exploitées que les autres, ne le sait-il pas ? Elles y sont forcées pour nourrir leurs enfants. Héloïse a l'impression de revoir toute sa vie en accéléré : la vitrine du pâtissier, sa mère, les chambres du bordel, les couturières, les robes, l'Opéra, les yeux des hommes sur elle. Elle n'a jamais éprouvé de honte, elle a seulement été plus forte que tout ce qui lui est arrivé. Elle a réussi à vivre confortablement, n'a jamais eu de remords, elle ne connaît pas la culpabilité. Elle n'a jamais rien ressenti de tel. Peu lui importe ce que les femmes comme il faut pensent d'elle, parce qu'elle a bien connu leurs maris. Mais en croisant le regard des autres, de Julie surtout, de son amie qui ne l'a jamais jugée, elle voudrait qu'une balle la frappe en pleine poitrine, là où son cœur bat à présent plus fort que les coups de canon. Qu'est-ce qui lui arrive ?

L'étudiant qui l'a reconnue, qui venait la chercher le soir et lui offrait un alcool de prune au café du coin, tombe soudain raide mort devant elle. Les femmes reprennent frénétiquement leur travail pour emmener les blessés, mais elle n'y arrive plus.

L'obscurité tombe et les soldats de l'armée avancent vers la barricade couverte de corps d'hommes renversés, comme s'ils avaient essayé vainement de s'élancer au dernier moment. Des cris de cessez-le-feu, mais il est trop tard. Héloïse court vers la rue qui mène à Montmartre, là où la révolution a commencé. Sans s'en rendre compte, elle entre dans le cimetière au pied de la colline. Les projectiles des communards pleuvent du ciel, ils tirent trop court sans atteindre l'ennemi, les explosions illuminent les tombes. Héloïse s'abrite derrière une stèle de marbre blanc. Elle se rappelle, enfant, lorsqu'elle traversait l'autre cimetière avec un morceau de toile entre les jambes. Et elle voudrait retourner en arrière et pouvoir au moins vivre sa vie en entier. L'air de la nuit est tiède, printanier. Des cris et des pas de course autour d'elle, d'autres viennent chercher refuge dans le cimetière. Une explosion plus proche illumine l'inscription sur la tombe blanche :

Ici repose Alphonsine Plessis
Née le 15 janvier 1824
Décédée le 3 février 1847
De profundis

Héloïse se demande qui elle est, elle ignore que le destin qui préside à la littérature lui a fait trouver refuge juste à côté de la tombe de la vraie *dame aux camélias**, la Traviata, connue sous le nom de scène de Marie Duplessis. Une femme qui, comme elle, rentrait la nuit après le spectacle, trop légèrement vêtue, en chantonnant *gioir, gioir*. Ne jamais aimer un amant, comme le lui a enseigné sa mère, mais ne jamais se lier à qui que ce soit non plus, homme ou femme. La solitude est le prix de l'indépendance, elle n'est acceptée des gens comme il faut ni dans l'ancien ni dans le nouveau monde. Julie aussi a fini par la renier.

Il s'écoule un temps indéterminé, les tirs de la colline s'espacent, une lumière rouge enveloppe à présent Héloïse. Elle se redresse et voit la ville en flammes. La silhouette d'une femme avance sur une avenue en boitant, indifférente aux balles, les cheveux roussis, les yeux écarquillés, l'écharpe rouge déchirée derrière elle comme une traîne, on dirait un spectre tout droit sorti d'une tombe.

– Julie...

Elle se tourne vers elle sans la reconnaître.

Héloïse s'approche d'elle, la pousse vers le sol.

– Reste à terre, l'armée tire d'en bas et les nôtres d'en haut, nous sommes entre deux feux.

Héloïse caresse une brûlure sur son front. Julie murmure :

– Ce n'est rien de mourir, c'est affreux de ne pas vivre.

Héloïse la regarde, Julie est dans un autre monde, ses yeux sont vides.

– C'est Jean Valjean qui l'a dit avant de mourir.

– Il se trompe, Julie, il vaut mieux ne pas mourir.

Elles se serrent l'une contre l'autre, adossées à un mur ; autour d'elles le fracas des détonations, l'odeur de brûlé des incendies, du massacre. Elles s'endorment dans les bras l'une de l'autre, comme tant d'autres soirs de leur vie.

Le reste s'est déroulé en très peu de temps. Des canons de fusil s'abattent sur leurs épaules, leurs têtes, leurs jambes. Ils les obligent à se lever, les poussent à coups de fusil et de moqueries, les traitent de putains, toutes les deux cette fois-ci. Ils soulèvent la jupe d'Héloïse, baissent le pantalon de Julie.

– Tu n'as pas d'outil, hein ? Tu veux voir le mien ?

– Elles n'ont besoin que d'une chose, ces deux-là ! Ça fait combien de temps, ma jolie ?

– Vous êtes des incendiaires ? Regardez comme la ville brûle, regardez ce que vous avez fait ! Où cachez-vous le pétrole ?

Devant le mur, des corps entassés d'hommes et de femmes déjà exécutés. Un soldat fouille dans les poches du pantalon de Julie, il sort une minuscule bouteille et la tend au général.

– La voilà la preuve ! À mort, à mort !

Julie éclate de rire, depuis cette nuit elle n'est déjà plus là. Héloïse la secoue.

– Dis-lui ce que c'est ! Dis-lui que c'est pour les photographies ! Dis-lui !

Le général ouvre la bouteille, laisse couler lentement à terre, comme une clepsydre, la précieuse poudre grise. Julie rit, amusée.

– Mon père sera très fâché, le chlorure d'argent ne doit jamais être exposé à la lumière…

Héloïse la regarde, la prend par la main. Ils les poussent contre le mur, elles enjambent des cadavres.

Moi aussi je serai bientôt comme eux, pense-t-elle.

Heureusement que Julie ne voit pas. Je dois faire ça bien, il faut que je meure bien. Elle redresse la tête, sourit et regarde sans peur les hommes face à elle, comme elle l'a fait toute sa vie.

Leurs corps sont tombés l'un par-dessus l'autre, mais ils sont déjà distants. Ni l'amour ni l'amitié ne peuvent préserver la proximité après la mort. Même enterrés côte à côte. Regardez cette mère étendue à côté de son fils, on dirait qu'ils ne se connaissent pas.

Le matin suivant, alors que les combats font encore rage dans les derniers quartiers et que la ville continue à brûler, les soldats ont traîné les corps jusqu'à une fosse commune creusée dans le cimetière. Il y avait parmi eux des femmes pour les aider. Une blanchisseuse de dix-neuf ans a vu briller au soleil les souliers rouges sous la robe d'Héloïse. Elle n'a pas su résister, elle les lui a ôtés discrètement et les a cachés dans les poches de son tablier. Elle les a mis pour aller danser avec son fiancé, un samedi quelques mois plus tard.

Lorsque j'ai connu mon ex-mari, il m'a raconté que sa mère l'emmenait voir des comédies musicales le samedi. La veuve, encore jeune, et l'enfant qu'elle tenait par la main allaient au cinéma pour rêver et oublier le deuil. Un film l'avait particulièrement marqué : *Les Chaussons rouges.*

Petite, je lisais et relisais les contes d'Andersen et mon préféré était précisément celui dont s'inspire le film. La trame du conte devient une pièce de théâtre, avec la scène grandiose du ballet, un exploit technique pour l'époque. Les souliers rouges aux pieds, la Karen du conte et la Vicky du film américain enfreignent toutes les règles, elles les portent à l'église au lieu des chaussures noires de rigueur, elles deviennent vaniteuses, incontrôlables et, surtout, elles ne peuvent jamais s'arrêter de danser. Elles dansent, dansent, traversent des villes, la campagne, le monde des vivants et celui des morts. Jusqu'à ce qu'Andersen et le réalisateur les fassent mourir. Karen se fait couper les pieds pour pouvoir arrêter de danser et vole vers le ciel, sauvée. Vicky renonce à l'amour de la danse et meurt en se jetant d'un balcon, condamnée par sa décision et emportée par la frénésie infatigable des souliers magiques.

Danser, c'est pour moi écrire, sans avoir peur ; même si la vie privée devient compliquée, même si nous avons parfois l'impression de naviguer à vue et que nous ignorons pourquoi certains lieux, certaines personnes nous sont venus à l'esprit, nous devons les suivre et ramasser les souliers rouges, nous devons le faire, même au prix de la solitude.

Deuxième partie

Le landau

« Héritiers d'un énorme bagage littéraire, il nous arrive fréquemment d'avoir recours aux éléments de la culture, images et langages, des époques passées. Or cela détermine naturellement et pour une très grande part le style de nos œuvres. »

Sergueï Eisenstein, « Allez-y !… Servez-vous. Un cours sur l'adaptation » (traduit par Armand Panigel)

1

La seconde perte de mémoire est survenue au cours d'une parenthèse de ma vie. Voici comment je décrivais l'atmosphère d'alors et mon nouvel état dans un roman que j'ai décidé, pour des raisons personnelles, de ne pas publier : « Canapé, fauteuil, table blanche, chaises et quelques photographies apportées de la maison, là-bas j'aimais le vide, mais toutes les pièces s'étaient remplies au fil du temps de livres, d'objets, de photographies, d'assiettes, de verres, de vases, de couvertures, de draps, d'horloges, de réveils, de radios, de téléviseurs. J'aurais voulu tout jeter ; ici, au contraire, le vide et le silence me serrent la gorge. J'ai beaucoup travaillé dans ma vie, mais en ce moment, seule dans le nouvel appartement, je n'ai rien à faire, si ce n'est écrire. Je me fabrique des rendez-vous auxquels j'arrive toujours en avance, je sors trop tôt, le temps ne passe pas. Je vais courir au parc, je fais de la gymnastique, j'organise des soirées, quelques dîners, une sortie au cinéma avec mes amies, mes sœurs, des amis de jeunesse que j'ai gardés. Dans mon appartement d'avant, la vie avec mon mari était remplie de mille obligations, jusqu'au soir. Lorsque je tourne un film, je sors le matin à l'aube et je rentre le soir, morte de fatigue. À présent, rien. De temps en temps, mes enfants m'appellent pour savoir comment je vais. »

Dans cet appartement anonyme au cinquième étage d'une rue voisine de la maison familiale, je viens de prendre une douche. Je le sais car, lorsque je suis sortie de l'amnésie, j'étais en peignoir. Je vois une femme devant moi, elle passe l'aspirateur sans me regarder, elle doit savoir qui je suis. Moi, je ne sais rien d'elle, ni de moi. J'ouvre une porte : la petite pièce est toute blanche, on dirait une chambre d'hôpital. Je m'allonge sur le lit, je n'ai pas peur, je me laisse aller, je ferme les yeux.

La voix lointaine d'un enfant en bas âge. Il court vers sa mère dans l'immense campagne russe, comme dans la scène finale du film *Quelques jours dans la vie d'Oblomov* de Nikita Mikhalkov.

– Maman, maman, maman…

Je suis soudain en Russie, à l'intérieur d'une grande maison de campagne blanche au toit vert. Du bois, des chaises Thonet, des portraits aux murs. Une table est dressée pour de nombreux couverts. La chaleur de l'ancien. Des assiettes Art déco comme celles de ma grand-mère suisse. J'écarte les rideaux d'une fenêtre : une femme encore jeune – cheveux courts, longue robe claire années 1920 – se dirige vers la maison. Elle traverse la pelouse, derrière elle, un bosquet de bouleaux. Elle pousse un landau en osier ; autour d'elle, quatre autres enfants, une fille en tient deux par la main. Ils passent bruyamment une véranda en bois, les enfants font irruption dans la salle à manger et se précipitent vers la table où est apparue une assiette de biscuits décorés en forme de faons, de cerfs, d'oiseaux. Ils se disputent, chacun veut celui de l'autre. Entre-temps, la fille a mis à chauffer le samovar. La mère sort du landau le bébé qui pleure. Elle fait beaucoup de choses à la fois, elle interpelle ses enfants :

– Lavez-vous les mains d'abord... Micha, ne sois pas brute... Alexandra, aide ta sœur... Andreï, regarde toute la terre qu'il y a sur tes chaussures !

Enfant, j'ai vécu dans une maison avec un grand jardin aux portes de Rome. Mais la maison russe que je décris ressemble à celle de Tolstoï. Mon père vouait un culte à cet homme, non seulement pour ses romans, mais aussi pour sa vie. Sa biographie par Henri Troyat est un livre que nous avons tous lu dans la famille. Sa maison blanche au toit vert près de Toula était la destination rêvée d'un pèlerinage. Ma mère suivait mon père dans cette passion. Il avait voulu adapter *La Sonate à Kreutzer*, mais avait renoncé, je crois qu'il la trouvait trop misogyne. En la relisant aujourd'hui, je trouve que c'est le récit le plus fort et le plus complet d'un féminicide. D'ailleurs, d'après le journal intime de la femme de Tolstoï, Sofia – c'est le nom que je donnerai aussi à mon nouveau personnage –, nous savons que son mari désirait surtout son corps, qu'il l'employait comme une copiste précise et dévouée, que c'était un pécheur devenu moraliste, tourmenté par une jalousie infondée envers une femme qui lui avait donné treize enfants dont huit avaient survécu.

Dans un passage de son journal, Sofia raconte qu'un jour, avec l'une de ses filles et une amie, elles établissaient un classement des maris qu'elles auraient bien voulu épouser, et les deux femmes, au nom de Tolstoï, s'étaient écriées : « Ah non, pas lui ! » Un despote passe encore, mais un despote jaloux, pas question ! Les journaux intimes de la comtesse Sofia Tolstaïa sont chargés de douleur, de solitude et d'un amour aussi débordant que fluctuant pour le génie. Ce n'est pas facile de vivre avec un artiste. J'avais une amie qui était la fille d'un écrivain suisse connu. Nous parlions des pères artistes et elle me racontait que lorsqu'il écrivait, les trois enfants devaient chuchoter et marcher sans bruit dans la maison. Mon père, heureusement, était différent, il avait des côtés durs mais pas celui-là. Comme on le sait, il aimait les enfants et leurs jeux.

Je suis aussi tombée amoureuse de mon premier mari grâce à notre passion commune pour *Guerre et Paix*. Il le connaissait presque par cœur, et lorsque nous nous sommes rencontrés, il m'a dit que je ressemblais à Sonia, la douce orpheline, cousine des Rostov. Moi je me sentais plutôt bouillir à l'intérieur comme le personnage de Natacha, mais je n'ai jamais eu le courage de le lui dire. Peut-être notre mariage a-t-il fini par faire naufrage à cause de ce malentendu originel. On en revient toujours au début, dans les bons livres comme dans les histoires d'amour.

Très jeune, j'ai écrit un article intitulé « Mes parents russes de Naples », où je disais que les deux peuples se ressemblent, chaleureux, ardents, querelleurs, excessifs, inspirants. Ma mère était napolitaine : une multitude de sœurs, un brouhaha de rires et de disputes, des fêtes, des enfants, des jeux ; mon père était au contraire un Lombard éclairé, laconique, avec un goût d'architecte pour les intérieurs dépouillés et rationalistes : chaises Thonet à côté d'un fauteuil dessiné par Breuer et baptisé Wassily en hommage au peintre Kandinsky (un Russe, encore), nappes blanches, livres.

La maison habitée par cette mère qui m'est apparue lorsque j'habitais un appartement temporaire, meublé IKEA, où je tâchais de survivre à ma seconde séparation, est une synthèse entre le monde de mon père, celui de ma mère et le monde russe des romans et de nos rêves de famille. Peut-être m'est-elle apparue par contraste : j'étais seule, après avoir élevé trois enfants et une petite-fille, ces pièces dépouillées offraient l'espace pour accueillir l'histoire de Sofia.

Il se trouve que ma mère aussi était la femme d'un artiste et la mère de ses enfants, elle en était fière, mais si elle était née la génération suivante, elle aurait certainement travaillé et gagné sa vie.

Ma Sofia habite cette maison, bien qu'elle n'appartienne plus à sa famille qui a été expropriée après la révolution. Mais l'importance du travail de son compagnon lui a valu l'autorisation du comité local d'y vivre avec ses cinq enfants et la jeune paysanne qui les aide. La maison héritée de son père aristocrate, qui s'est enfui en Allemagne, a été en partie saccagée. Les salons sont vides et inoccupés. Les femmes et les enfants vivent dans la salle à manger – où Sofia a disposé les meubles et les tableaux restants –, la cuisine, les deux chambres des enfants et la sienne.

Nous sommes en 1925, Lénine est mort un an auparavant, le dernier acte de la lutte pour sa succession est en cours et nous en connaissons le vainqueur. On vit alors mieux dans les campagnes que sous le communisme de guerre. On a le droit de louer la terre et d'avoir des employés, bien que la célèbre crise des ciseaux – l'évolution inverse des prix agricoles et des prix industriels (un souvenir de mes études d'économie) – ait préparé le terrain à la victoire définitive de la planification générale et l'élimination de toute trace de l'économie de marché. Pour le moment, un groupe de paysans cultive la terre autour de la maison, qui a été réquisitionnée et redistribuée. La récolte a été bonne. Sofia achète le nécessaire ainsi que les produits d'une terre qui appartenait autrefois à sa famille.

C'est le soir, la mère court d'un lit à l'autre, ils dorment à deux dans chaque chambre, le petit dernier dans la sienne. Avec sa jeune aide, elles les ont lavés, fait dîner et mis au lit. Mais avant de dormir, ils veulent tous l'embrasser, sentir sa joue et son cou, la serrer pour l'empêcher de partir. Sofia est pressée, le petit dans le landau en osier pleure parce qu'il a faim et réclame le sein, elle doit encore lire la dernière lettre de son mari et écrire son journal intime.

Micha, l'aîné, a huit ans, c'est un garçon grand et brun, son jeu favori est de provoquer et battre son frère cadet, Andreï, son rival face à l'amour de sa mère. Micha la serre dans ses bras et la chatouille pour l'empêcher de passer au lit de son frère.

– Reste ici… Quand revient papa ? Est-ce que je peux monter sur le tracteur ? Je ne veux pas réviser l'arithmétique demain…

Sofia rit et Micha la trouve irrésistible. Il connaît par cœur les deux grains de beauté sur sa joue, la boucle de cheveux qui tombe dans son cou, ses mains un peu sèches, ses yeux gris qu'il n'a pas le courage de regarder quand elle le gronde. Il l'a dessinée lorsqu'il était plus petit, on dirait une enfant aux yeux ronds et au sourire en demi-lune.

Andreï, quant à lui, se laisse embrasser sans réagir, il a peur de la nuit, du noir et des histoires terrifiantes de son frère. Il ne peut pas l'avouer à sa mère, Micha dirait que c'est une mauviette. Il espère seulement qu'il sera gentil ce soir et qu'il ne lui fera pas une description détaillée de la manière dont on enterre les gens vivants. Andreï rêve que son père rentre, lorsqu'il est à la maison, rien ne peut lui arriver, il a besoin de sa présence pour être serein, mais depuis que le film a commencé, il n'est jamais là. Lorsqu'il sera grand, il fera le même métier, il voyagera à travers toute la Russie et même dans le vaste monde.

Dans la chambre des filles, il y a toujours un lit vide car Alexandra et Maria se glissent dans le même.

– On se réchauffe, maman, et puis je retourne dans le mien…

Alexandra a quatre ans de plus que Maria et joue à la maman, elle la tyrannise, l'habille et la coiffe comme une poupée. Sofia serre fort ses deux têtes brunes. Aucun de ses enfants n'a hérité de la couleur de ses cheveux. Elle s'inquiète plus pour les filles que pour les garçons. Leur père saura les aider. Mais elles, les deux fillettes, quel exemple vont-elles tirer de leur mère ?

Comme elle, j'ai toujours ressenti cette inquiétude, pour ma fille d'abord, puis pour mes trois petites-filles. Je voulais leur donner la force, je n'étais jamais certaine d'y parvenir, je sentais qu'elles seraient tiraillées par de nombreuses contradictions entre la vie privée et le travail, entre des sentiments excessifs et un détachement parfois nécessaire. Je ne voulais pas qu'elles héritent de mon romantisme, mais je ne pouvais m'empêcher de les initier toutes aux grands classiques du film d'amour. Je les regardais avec elles et, à chaque fois, je me laissais émouvoir. Une de mes petites-filles m'a dit : « Tu dis maintenant que l'amour ne doit pas prendre trop d'importance, mais c'est toi qui nous as appris le contraire ! »

Elle a raison.

Dans la nouvelle Russie où vit Sofia, les femmes doivent travailler, être indépendantes, mais elle a eu cinq enfants en huit ans. Sa vie a été bouleversée par la rencontre de deux hommes. Elle voulait devenir actrice, mais elle les a croisés tôt sur son chemin.

2

Sa mère est morte lorsqu'elle était encore au berceau et son père l'a envoyée à seize ans chez sa grand-mère à Saint-Pétersbourg, rebaptisée Petrograd en signe d'hostilité envers les Allemands contre lesquels les Russes font la guerre depuis déjà trois ans.

La jeune fille rêve de devenir danseuse et son père n'a pas la moindre idée de l'éducation à donner à une fille belle et sentimentale. Il veut surtout être libre de jouer au whist, de dilapider l'héritage, de boire et de courir les femmes. La jeune fille est un poids.

« Elle est très émotive, écrit-il à la grand-mère avant de la lui envoyer, elle pleure pour un rien, pour la mort d'un petit chien, pour nos soldats tombés au combat, mais l'instant d'après, elle les a oubliés et on l'entend siffler comme un pinson. Un jour elle dit qu'elle veut danser, l'autre jouer la comédie et un autre encore chanter. Elle lit des romans, sans ordre particulier. Chez elle, rien ne dure plus d'un jour, voyez si vous pouvez en tirer quelque chose, ne serait-ce que lui trouver un mari. »

Sofia arrive à Petrograd, la ville des théâtres, de l'art et du cinéma naissant, quelques mois avant la révolution de février. L'armée russe est exsangue, elle a essuyé des défaites, a dû battre en retraite, des millions de morts et de blessés.

Sofia s'inscrit à l'académie de danse ; le soir, elle sort à la dérobée de chez sa grand-mère où tout est vieux et décrépit pour se rendre au théâtre Mariinsky. Elle se prend d'engouement pour Vera, la première actrice de la compagnie : elle se maquille et récite des monologues qu'elle apprend par cœur en imitant son intensité et son regard languide et brillant. Elle abandonne la danse et fait la queue devant les coulisses dans l'espoir de rencontrer le metteur en scène et lui demander une audition. Et c'est là qu'elle tombe sur un fou, on dirait plus un savant qu'un artiste (il fait des études d'ingénieur pour faire plaisir à son père) ou un chef d'orchestre, petit et trapu, avec un casque de cheveux épais et hirsutes autour d'un visage maigre, des yeux exorbités, des vêtements élimés, un carton à dessin sous le bras, il a dix-neuf ans. Ils se présentent, mais il ne la regarde pas, il évite son regard et noie sa timidité dans un flot de paroles. Il est suivi par un garçon magnifique, cheveux noirs, yeux clairs, un ou deux ans de plus que l'autre. Le beau jeune homme remarque Sofia et se présente. Il est assistant, acteur, metteur en scène, scénographe, machiniste au besoin, comme tous les étudiants qui travaillent au théâtre en échange de quelques pièces. Le beau Grigori et Sergueï le fou sont amis, ils sont passionnés de théâtre et travaillent durant leur temps libre pour le directeur du Mariinsky. Grigori en est certain : Sergueï est le génie, c'est incontestable. Mais la beauté de l'acteur séduit Sofia. Ils commencent un ménage à trois comme dans *Jules et Jim* de Truffaut, ou dans l'inoubliable *Butch Cassidy* où Butch, interprété par Paul Newman, serait le Sergueï de notre histoire et aussi le cerveau entre les deux hommes. Quant à Sundance Kid, Robert Redford, il serait les muscles ou Grigori, dont Etta, comme notre jeune

Sofia, tombe amoureuse. Peut-être que les deux, qui ne sont pas amants mais s'aiment en réalité, ont aussi fait une promenade à bicyclette, qui sait ? Quoi qu'il en soit, ils s'installent ensemble au cours des journées tumultueuses de février, début mars selon notre calendrier.

Alors que la révolution fait rage dehors, dans la chambre désordonnée de Sergueï, remplie de livres, de photographies, d'esquisses, de dessins, d'aquarelles, de scénarios, de caricatures, d'objets, d'estampes japonaises, le jeune homme, qui deviendra l'un des grands noms du cinéma, expose aux deux amoureux ses idées sur la scénographie théâtrale et sur l'image. Mouvements, actions, attractions, coups de poing dans l'estomac du spectateur. Fini les mièvreries romantiques, fini le récit bourgeois. Une image forte (dirait-on aujourd'hui), un détail, symbolise le sens d'une idée, d'une œuvre entière. Les héros ne sont plus les individus mais les foules, que Sergueï n'appelle pas encore les masses ; des machines prodigieuses sont au centre de la scène, racontant la fin de l'ancien monde et la naissance du nouveau.

Sofia et Sergueï appartiennent à une classe aisée. Sofia vient d'une famille d'aristocrates, Sergueï a un père architecte et ingénieur. Tous deux n'ont pas eu de mère, celle de Sergueï s'est enfuie et l'a abandonné. Pour eux, les pères restés seuls sont la preuve de la décadence des classes dirigeantes russes. Au début de la révolution, ces derniers ont pris la fuite à l'étranger, laissant leurs enfants derrière eux. Grigori, lui, a des origines modestes, son père était menuisier pour le théâtre. Il emmenait son fils partout. Grigori était déjà acteur à huit ans, il jouait l'enfant dans toutes les comédies. S'il fallait une petite fille, on lui mettait une robe, un nœud dans les cheveux et on l'envoyait sur scène. Il aime le travail concret, l'action. Il travaille d'instinct et laisse la théorie à son ami.

Sofia parle d'elle, de son père alcoolique et coureur de jupons, et Grigori parle de sa ville, loin dans l'Oural où, ils ne le savent pas encore, le tsar et sa famille seront exécutés. La mère de Sergueï a quitté son père deux fois ; lorsqu'il était petit, elle l'a d'abord emmené dans sa fuite avant de le renvoyer à son père, enfermé à clef dans le compartiment d'un train. C'est Grigori qui l'a raconté à Sofia. Mais pour Sergueï, la vie privée des individus n'a plus d'importance, ils sont orphelins de parents vieux, libérés de leurs trahisons, de leur vie sans but. Lorsqu'il est sorti, les deux amoureux font l'amour dans sa chambre pleine d'idées et de projets, dans le lit étroit dont personne ne change les draps et l'odeur du garçon seul se mêle à celle des deux autres. Sergueï s'y endort en fantasmant la scène qu'il a épiée, caché derrière la porte, et qu'il dessinera de nombreuses fois. Les deux corps nus, ouverts l'un à l'autre, fusionnés. La poitrine généreuse de Sofia, les cuisses et les fesses de Grigori. Il ferme les yeux, il est entre les deux, il voudrait la pénétrer et être pénétré par lui.

Sofia le regarde en train de dessiner ou d'écrire, un homme enfermé dans son monde d'inventions, loin d'elle et de toute autre femme. Son génie et sa misogynie l'attirent, ainsi que le désir caché de Sergueï pour la beauté de Grigori et sa peur de s'approcher d'elle.

Ils sont restés seuls un après-midi dans sa chambre, elle étudie le monologue d'une scène tirée du *Bal masqué* : une jeune femme se défend de la jalousie de son mari et de sa furie meurtrière, comme dans *La Sonate à Kreutzer*. Elle lève le visage, le fixe du regard.

– J'ai besoin de toi, Sergueï, mets-toi là et fais semblant d'être mon mari. Je te le récite et tu me dis ce que tu en penses. Tu veux devenir metteur en scène, non ? Qui mieux que toi… ?

Il essaie de se dérober.

– C'est du théâtre bourgeois, romantique. Tu devrais jouer autre chose ou ne pas jouer du tout, la psychologie ne m'intéresse pas, c'est dépassé.

Mais elle insiste, fébrile.

– Fais-le pour moi, tu m'aimes bien, non ? Tu me dis toujours que je suis la seule fille que tu arrives à supporter.

Elle le prend par la main, l'installe dans un coin de la pièce. Elle allume une bougie, crée une atmosphère d'alcôve. Elle détache ses cheveux blonds, enfile une chemise de nuit et commence à réciter. Pas un spectateur ne la verra sur scène ni ne l'écoutera jamais, sauf son ami alors caché dans la pénombre, immobile, effrayé par le texte et son talent. Sofia n'ira pas à l'audition parce que la révolution éclatera et que les théâtres fermeront leurs portes. Et surtout parce que, elle l'ignore encore, elle est enceinte de son premier enfant, Micha.

Sofia l'actrice pleure devant Sergueï, implore sa pitié : elle est innocente, c'est un malentendu, elle l'aime et lui a toujours été fidèle. Sa voix est brisée, sincère, pure et enfantine. La bretelle de sa chemise de nuit tombe sur son épaule. Pourquoi me hais-tu ? Pourquoi m'as-tu épousée ? Pourquoi me tourmenter ? Mais le poison qu'il a mis dans sa crème glacée éteint peu à peu sa voix. Doucement, avec la grâce d'une danseuse, elle glisse à ses pieds, morte. Puis elle se relève, les joues rouges d'émotion, elle attend. Elle ne voit pas son visage.

– Alors ? Dis-moi, j'ai été aussi bonne que Vera ?

Elle s'approche, lui prend la main et l'attire vers elle. Il est pâle, il a perdu son air autoritaire, distant.

– Je n'ai aucun talent, dis-le-moi !

Il la dévisage, l'air hagard, il balbutie.

– Je ne sais pas… je ne sais pas juger ces choses, Sofia… je ne suis pas capable…

Bien des années plus tard, lorsque Sergueï sera devenu l'un des plus grands réalisateurs au monde, Sofia repensera à ses mots d'enfant apeuré : *Je ne suis pas capable*. À sa main moite entre les siennes, à la grandeur et à la puissance légendaire des plans de ses films, à sa fragilité et à sa peur. Pendant les nuits d'insomnie, en lisant à côté de son dernier-né les lettres de Grigori qui lui raconte comment ils ont tourné les scènes du bateau et celle des barques dans la brume du port d'Odessa, la foule et le grand escalier, elle verra le géant devenir aussi petit que le bébé qu'elle est en train d'allaiter. Et elle se demandera quelle relation lie les deux hommes.

3

Mais ce n'est plus l'heure de devenir actrice. Depuis le 8 mars, les ouvrières du textile sont entrées en grève, lasses de faire la queue dans le froid avec leurs enfants pour un peu de pain, des insultes aux gardes qui ne mènent à rien, et elles ont entraîné les ouvriers avec elles. Les rues ont été envahies par le peuple. La police a fermé les ponts sur la Neva et les manifestants ont traversé le fleuve gelé. Rien ne peut arrêter la colère ancestrale, réveillée depuis des années déjà, silencieuse depuis des siècles. La foule a gagné le centre depuis les quartiers ouvriers, elle discute avec les soldats de garde ; puis l'ordre a été donné de tirer et les soldats, à contrecœur, ont obéi. Quarante morts au sol, mais c'est de là qu'est née la première révolution. Le lendemain, toutes les casernes se sont rebellées contre les massacres.

Les ouvriers, terrorisés par les morts de la veille, osaient à peine reprendre leur marche vers le centre. Et puis, au loin, ils ont vu des groupes de soldats armés sans officiers et ils se sont mêlés à eux. En cinq jours, l'ordre établi a été renversé. Ni les soldats ni les cosaques n'ont voulu faire feu contre la foule sur la place, au contraire, ils poursuivent la police et lui tirent dessus. Des hommes munis de fusils et de cartouches arrivent depuis l'extérieur de la ville. Les casernes et l'arsenal ont été pris d'assaut et dévalisés, comme les boulangeries. Tous possèdent désormais une arme ou une mitrailleuse, bien qu'ils ne sachent pas toujours s'en servir. Des régiments dispersés et sans commandement tirent depuis les toits des balles qui tuent au hasard. Il n'y a plus d'électricité. Des voitures de particuliers réquisitionnées sillonnent la ville comme des bolides, drapeaux rouges au vent. Nos trois amis, ivres de liberté et aussi d'alcool, car il fait moins vingt degrés dehors, errent d'une rue à l'autre, d'une place à l'autre. Il suffit d'une statue pour que quelqu'un grimpe dessus et prenne la parole en hurlant devant une foule qui applaudit : « Entre la Russie et le tsar, je choisis la Russie », « La terre au peuple », « Vive la République sociale », « Terre et liberté ».

Une partie des soldats, las du carnage, déserte le front. Ils rentrent chez eux par les derniers trains ou bien errent, soûls, dans les campagnes. D'autres se mettent en grève dans les tranchées, du moins jusqu'à ce que quelqu'un remplisse leur gamelle. Le rêve artistique futuriste de Sergueï – un mouvement général de l'humanité, mû par une énergie nouvelle – est en train de se réaliser. La ville entière semble le décor de l'une de ses mises en scène.

Au palais de Tauride, un peu comme à l'Hôtel de Ville pendant la Commune, deux pouvoirs s'opposent désormais : le gouvernement provisoire avec ses ministres et les Soviets des députés, ouvriers et soldats, élus dans les usines et les casernes.

La grand-mère de Sofia a donné à sa petite-fille les clefs de sa demeure – sur le toit de laquelle quelqu'un a, entre-temps, hissé un tissu rouge – et a rejoint son fils dans la maison de campagne à Toula, au sud de Moscou. Elle lui a ordonné de partir avec elle, avec la gouvernante et les deux domestiques restants. Sofia a refusé.

– J'ai rencontré l'homme de ma vie, je reste ici avec lui et son ami. Et puis je suis enceinte, et nous sommes tous camarades maintenant, nous pouvons nous marier ou non... Les filles sont libres comme les garçons !

La grand-mère a pensé que son fils avait raison de la décrire comme une exaltée.

Les années 1970. Je séchais souvent l'école pour aller retrouver mon petit ami, alors étudiant, qui allait bientôt devenir mon premier mari. Il m'avait donné les clefs de l'appartement où il vivait avec sa mère. Il lisait les livres de Lénine et de Marx jusqu'au milieu de la nuit et assistait aux assemblées générales le jour. Des révoltes étudiantes qui s'inspiraient encore de la révolution des trois jeunes Russes. L'Histoire change mais les jeunesses se ressemblent. J'ouvrais doucement la porte, j'enlevais mes chaussures, je traversais l'entrée puis un couloir étroit, dans la terreur que sa mère surgisse et me surprenne là. Je l'entendais bouger dans sa chambre, la radio allumée, l'eau du bain. J'étais attirée par la femme qui devait devenir ma belle-mère. Belle, libre et non-conformiste, elle savait tout – je l'ai compris plus tard – et attendait d'avoir entendu la porte de la chambre de son fils se fermer pour aller prendre son petit déjeuner.

Dans l'obscurité, j'écoutais la respiration de mon petit ami, je sentais l'odeur de sa peau, de son souffle. Je me déshabillais, j'entrais dans son lit étroit et me délectais de sa surprise, de sa voix ensommeillée, de la chaleur de son corps à côté du mien encore frais de l'extérieur. Des instants d'amour et de liberté, mais aussi, je n'en étais pas consciente, le désir d'un homme et d'un enfant. Cela paraît absurde, je n'avais que dix-sept ans, mais Sofia me comprendrait, c'est pour cela que j'écris son histoire et celle de ses deux compagnons. Évidemment, c'était une erreur, mais quelle importance, qui peut comprendre nos passions les plus profondes et inconnues, ce qui est en nous, l'héritage de ces innombrables femmes avant nous, de leur destin et de leurs rêves ? Et si le désir d'enfant était l'acte le plus inconsidéré et révolutionnaire de tous ? Au sens premier de porteur d'un renouveau radical. Même si, il faut bien le dire, personne, au cours de l'Histoire, ne s'en est aperçu. Sauf peut-être le taoïste Lao Tseu qui, lorsqu'on lui a demandé de définir la vie d'un être humain, a répondu : « Il est né, il a eu un enfant et il est mort. »

La demeure de la grand-mère est glaciale et ils se sont réfugiés dans les chambres des domestiques, sous les toits. À quoi bon tout cet espace, ces salons, salles à manger, antichambres et vestiaires encore inoccupés pour le moment ? Ils n'ont besoin que de livres, de discussions et d'une petite fenêtre sur le toit pour comprendre la situation mieux que d'en bas, sur les places, au milieu de la foule.

L'intuition de Polanski et de son pianiste à Varsovie qui voit, depuis sa cachette, à travers une étroite ouverture sur la rue, les rafles des Juifs, l'insurrection du ghetto, la chute du nazisme. La puissance de synthèse du cinéma qui, en limitant le champ de vision, parvient à agrandir les événements.

De même Sergueï, depuis la petite fenêtre de la chambre sous les toits, tourne avec ses yeux les scènes de ses films à venir : mouvements de foule, gros plans sur des femmes, des hommes, des corps qui tombent dans la rue, chaussures, bottes, sabots de chevaux.

Il arpente la pièce face à ses deux amis qui l'écoutent.

– Voilà les histoires que nous devons raconter, fini les personnages avec leurs petits problèmes psychologiques, il faut vaincre le cinéma américain par son contraire, pas de vedettes au premier plan mais les masses – comme il les appelle désormais – qui n'étaient que la toile de fond des vieux films et qui sont maintenant les acteurs de l'Histoire ! Et le montage nous donne la possibilité de juxtaposer des images différentes et émouvantes qui donnent par contraste le sens du désespoir, de la force, de la victoire, et suscitent la réflexion.

Sofia l'interrompt, prend les mains des deux hommes et les pose sur son ventre.

– Ça aussi c'est une nouvelle histoire !

– Quelle chance de naître en 1917 !

Sofia rit :

– Quelle chance ? Il n'y a rien à manger et pas même un médecin pour m'examiner, et qui va le faire naître ? Vous deux ?

Ils dorment tous les trois ensemble pour se tenir chaud et se réveillent de temps en temps à cause des tirs, ils sondent l'obscurité. Puis les deux hommes sortent voir et elle reste seule, les yeux ouverts, sous une fourrure que sa grand-mère a abandonnée dans une armoire. Elle les imagine dans la rue et espère qu'ils ne se feront pas tuer, ils sont libres et ils s'aiment, à leur manière. Ils s'aiment, comme le dit Tolstoï qui déclare n'être jamais tombé amoureux de femmes, mais d'hommes uniquement. Un amour platonique mais très fort, il se souvient de nuits où il se promenait avec un ami, il avait alors envie de le serrer dans ses bras et de pleurer.

Sofia est-elle seule ? Non, elle ne l'est pas, comme dans la vieille chanson de soldat *Adieu ma belle, adieu.*

Mon sac est prêt
J'ai le fusil
Et au lever du soleil
Je partirai loin de toi.
Mais je ne te laisse pas seule,
Je te laisse un fils,
Il sera celui qui te console,
Le fils de l'amour.

Ma mère la chantait pendant nos trajets en voiture. J'ignore pour quelle raison et nous, ses quatre petites filles, l'écoutions en silence tandis que mon père conduisait. J'étais très émue, je pensais que moi aussi un jour, peut-être, je saluerais mon mari soldat d'un baiser, je pleurerais de peur qu'il ne meure et j'attendrais un enfant de lui. Un imaginaire puissant comme celui du soldat qui part au front parce que sinon « ce serait lâche », comme le dit la chanson.

Sofia n'est pas seule, il y a déjà quelqu'un d'autre avec elle. Elle ne doit pas mourir. Il faut le faire naître en bonne santé, je dois manger pour le nourrir. Peut-être devrais-je partir d'ici, retourner à la campagne, à Toula où il n'y a plus personne. Mon père et ma grand-mère sont partis ensemble, ils se sont enfuis en Allemagne. Grigori et Sergueï sont ma famille à présent, pense-t-elle, et lui ou elle aussi que je ne connais pas encore. Nous sommes en mars, le bébé sera là dans huit mois. Je ne partirai pas, je reste avec eux tant que je le pourrai.

Micha naîtra prématurément le 25 octobre 1917, le jour de la prise du palais d'Hiver, en sous-poids mais avec l'envie de vivre. Sofia a choisi son nom, contre l'avis de Grigori et de Sergueï, en hommage à Michel Strogoff, le courrier du tsar. Son père lui avait rapporté de Paris le roman de Jules Verne, elle l'avait lu en quelques jours. Elle n'a jamais oublié la scène de l'aveuglement : les Tartares passent une lame ardente devant les yeux du héros qui, au moment précis où il voit sa mère, s'emplissent de larmes, formant ainsi un bouclier salvateur : c'est désormais le devoir de Sofia de sauver son fils de la faim et de la guerre. Un roman, étranger qui plus est ! s'étaient récriés les deux hommes en chœur, il faut l'appeler Oulianov comme Lénine. Sofia n'avait pas cédé et Oulianov fut relégué au rang de second prénom de l'être minuscule venu au monde, si petit qu'il n'arrivait même pas à téter.

Rien n'est plus frustrant qu'un bébé qui dort à côté du sein sans vouloir boire. Cela m'est arrivé avec mon premier enfant dont, soit dit en passant, le second prénom est Oulianov car il est né le 9 avril comme Lénine, une décision de son père, à moitié pour plaisanter à moitié sérieusement.

Mais ces considérations sont vraiment déplacées au regard des événements russes de l'époque. Le retour de Lénine, l'affirmation des bolcheviks au sein des usines et de l'armée, les manifestations, la répression, la nouvelle fuite de Lénine en Finlande, le coup d'État avorté du général blanc, le retour du chef, l'insurrection, la dissolution du gouvernement provisoire, les élections, le renversement de l'assemblée, la naissance de la république des Soviets. Les étapes d'un processus révolutionnaire comme celui qui se déroule au cours des mêmes mois dans le ventre de Sofia : l'embryon nage dans le liquide amniotique, les traits se forment, les extrémités, le nez, les oreilles, les doigts des mains et des pieds, le système nerveux se structure, les yeux sont encore fermés, bras et pieds commencent à bouger, il cligne des yeux, suce son pouce, a le hoquet, les poumons continuent de se développer, il rêve, qui sait à quoi.

Personne ne le voit accomplir toutes ces étapes, pas même Sofia, bien qu'elle le sente et se détache petit à petit des événements extérieurs si importants aux yeux de tous. Grigori lui a interdit de sortir. Depuis les escaliers, elle voit arriver des soldats et des vagabonds, ils emportent tout, meubles, argenterie, tableaux, bouteilles, lits, matelas, bibelots. La demeure de la grand-mère se vide. Des hommes armés montent jusqu'au dernier étage, entrent dans leur chambre. Sofia est en train de tricoter un pull-over avec la laine récupérée d'un châle de sa grand-mère. Ils ne réquisitionnent ni les fourrures, ni les vêtements, ni les vivres que Grigori lui apporte chaque jour avec tant de mal. Ils la félicitent pour l'enfant et s'en vont.

Sergueï et Grigori se réunissent dans leur chambre avec d'autres étudiants et parlent de politique, de ce qui est en train de se passer dehors. Ils ne sont pas d'accord et crient jusqu'à l'aube. Sergueï est moins intéressé, il a hâte que les théâtres rouvrent, il veut travailler, il a tant d'idées à mettre en œuvre qu'il a l'impression que sa tête va exploser. Sofia s'endort au milieu des cris et de la fumée de cigarette. Grigori est exalté, il s'est inscrit au comité des étudiants bolcheviks, il ne se lave pas et dort tout habillé. Sofia l'a chassé de son lit tant qu'il ne sera pas allé faire la queue en bas pour se laver. Mais il n'a pas le temps, il ne peut pas perdre une miette de ce qui est en train de bouleverser chaque classe, chaque pensée. C'est sur les épaules de leur génération que pèse la plus grande responsabilité de l'Histoire. À présent, c'est lui, le fils d'un menuisier du théâtre et d'une ouvrière, qui en est le protagoniste. Alors que Sofia et Sergueï n'ont pas le courage de parler de leur famille. Leurs pères se sont enfuis à l'étranger et celui de Sergueï rejoindra bientôt les rangs des contre-révolutionnaires. Grigori est leur chef et décide pour eux trois. Les dessins et les projets du génie restent pour le moment dans une mallette qu'il emporte toujours avec lui. Sergueï doit arrêter d'y penser, ce qui compte avant tout maintenant, c'est faire la révolution, pas la représenter.

Un jour, pendant les années d'agitation politique, j'étais dans un cinéma indépendant avec le garçon que je réveillais le matin, pour voir le film *Octobre* réalisé par Sergueï à la fin des années 1920. Un militant, cheveux longs jusqu'à la taille, s'était levé pour nous interpeller, debout, devant l'écran : « Vous voulez la faire, la révolution, ou vous voulez seulement la regarder ? »

L'exhortation était parfaitement à contre-temps de l'histoire, mais ce qui m'ennuyait le plus, c'était que son corps masquait l'écran. Nous nous sommes mis à siffler et il s'est rassis.

Au bon moment de l'histoire, Grigori et les autres étudiants discutent et se querellent toute la nuit.

– Sergueï et moi étions là lorsque Lénine est arrivé… La foule l'attendait à la gare, on l'a hissé sur une auto blindée, tout au long du trajet vers le siège du Parti un projecteur le suivait comme au théâtre, le cortège grossissait… Ce qu'il a dit est clair et net… Pas de compromis avec le gouvernement provisoire, le pouvoir aux Soviets… Les soldats doivent fraterniser avec l'ennemi, la paix à tout prix !

– Ils se sont trompés, crie un autre, regarde ce qui s'est passé après, les manifestations de juillet, ce sont eux qui les ont organisées…

– Elles étaient spontanées… Ils n'ont pas pu les éviter ! hurle Grigori. Les renforts n'arrivent pas en ville, les ouvriers sont fatigués. Le gouvernement est impuissant… Soixante mille morts pendant la dernière offensive d'une guerre inutile et perdue, et les Allemands sont presque à Riga…

– Nous avons perdu parce que les soldats ne répondent plus à leurs officiers, comme l'a voulu le Soviet, ils n'obéissent qu'aux commissions et se mutinent… et ce sont les bolcheviks qui ont fomenté les manifestations et les rébellions sur le front… Ça a été un désastre, ils ont tiré contre la foule sur les places… Et maintenant il a dû s'enfuir une nouvelle fois… Nous devons continuer à combattre les Allemands et défendre la Patrie, former une assemblée constituante et organiser enfin des élections libres… Ensuite on verra…

Sofia s'est réveillée en sursaut, la discussion a fini en empoignade, une bagarre que Sergueï a essayé d'apaiser. Elle les a tous chassés de la chambre, a jeté les mégots de cigares et de cigarettes, lavé les verres et s'est allongée sur le lit défait. Elle a ses propres idées, mais une fatigue, une somnolence invisible l'assomme et elle a l'impression de flotter dans l'air comme le bébé dans le liquide de son ventre. Elle mange tout ce qu'elle trouve, même la part de ses deux amis. Peu lui importe, ils n'ont qu'à jeûner, elle doit avaler tout ce qu'il y a et c'est toujours trop peu. La faim lui donne des crampes et elle a peur pour l'enfant, peut-être naîtra-t-il déjà fatigué de vivre en cette période bouleversée. Beaucoup de mères perdent leurs nouveau-nés et les enfants malnutris tombent malades et meurent de la coqueluche, de la rougeole, de phtisie. Des orphelins errent dans les villes et les campagnes. Un petit, six ans à peine, s'est accroché à son bras devant une boulangerie qui venait de baisser son rideau. Il voulait le morceau de pain qu'elle avait réussi à saisir dans la cohue. Elle lui en a donné la moitié. Il a mordu dedans comme un louveteau, édenté, pâle, les yeux cernés. Sofia voulait l'emmener, mais Grigori lui a dit qu'ils n'avaient rien à lui offrir. Sofia s'est sentie égoïste, pourquoi mettre au monde un enfant alors qu'il y en a tant d'autres affamés, orphelins, malades ? Quel égoïsme la pousse à protéger jusqu'à en mourir celui qui n'est pas encore né ?

La fougue et l'intransigeance de Grigori lui font peur mais l'attirent aussi. En finir avec l'ancien monde de leurs pères. Le sien se levait tard, encore ivre de l'alcool ingurgité la nuit précédente. Il s'habillait, se parfumait; une nouvelle journée pouvait débuter et il était prêt à recommencer la nuit suivante. La petite fille jouait le matin dans le salon où une femme de ménage ramassait les vestiges de la soirée. Une forte odeur de fumée. Les hommes fument et boivent toujours. Sofia ramassait les cartes de jeu sur la table et construisait délicatement un château. Il suffisait d'un courant d'air pour qu'il s'effondre comme s'il n'avait jamais tenu debout. C'était exactement ce qu'elle ressentait alors. Sa mère lui avait toujours manqué, peut-être aurait-elle réussi à mettre de l'ordre dans leur vie. Plier le linge, prévoir les repas, s'occuper du jardin, découper avec elle les photographies de la famille impériale. Nikolaï, Alexandra, leurs quatre filles : Olga qui n'avait que cinq ans de moins qu'elle, Tatiana, Maria, Anastasia. Et le seul garçon, tant attendu, né malade.

J'ai toujours été attirée par l'histoire tragique des Romanov. Nous sommes quatre filles dans ma famille, et un petit garçon est né en dernier, il était malade et est mort peu après sa naissance. Des années plus tard, ma mère gardait encore dans une armoire le bouquet de fleurs entouré d'un ruban bleu que nous lui avions apporté à la clinique. Mon père faisait des films avec la Super 8 : nous étions souvent alignées dans nos jolies robes, les cheveux noués à la mode du XIXe siècle, avec un ruban, comme les princesses russes. Je crois que c'était surtout elle qui tenait à avoir un garçon, mais peut-être était-ce un malentendu entre eux : elle le voulait surtout pour son mari, mais lui était content d'avoir autant de femmes autour de lui. Lorsque mon premier fils est né, mon beau-père m'a félicitée comme si j'avais remporté une compétition.

La petite Sofia découpe les photographies des Romanov, elle connaît chacune d'entre elles. Elles sont toutes mignonnes, les cheveux longs noués à la mode du XIXe siècle, des vêtements blancs avec des ceintures de couleurs pâles autour de la taille. Olga et Tatiana, les grandes, et puis Maria et Anastasia. Ce sont les sœurs qu'elle n'a pas eues, le tsar est le père bienveillant. Depuis toute petite elle s'identifie à elles, dans le cahier que lui a donné sa grand-mère, avec des traîneaux miniatures dans des paysages enneigés, des chevaux, des soldats, des saints, des popes et des jeunes filles vêtues de blanc, elle a collé les photographies des princesses russes, de leurs jeux, les photographies officielles et celles prises par leurs amis. Mais un jour, le monde s'est effondré sous leurs yeux.

Elle a quinze ans et rêve déjà de devenir actrice, mais elle sait que son père ne le lui permettra pas, elle marche avec sa gouvernante française dans le bois enneigé en bordure de la propriété. Mademoiselle parle toujours de l'époque où elle habitait à Nice : « *Nous allions au théâtre tous les jours* !* » Elles doivent sortir se promener quel que soit le temps, c'est bon pour la santé, dit son père. Lui qui se lève à une heure de l'après-midi et ne se déplace qu'en voiture. Derrière un bosquet formant une petite cabane naturelle, des enfants fixent du regard les deux femmes qui s'approchent. L'aînée des enfants, la tête couverte d'un châle, tient un nouveau-né dans les bras et une fillette par la main. Assis dans la neige, un petit garçon a les yeux fermés. Sofia s'approche, se penche vers eux, les questionne. La gouvernante française reste muette. Ils ont les mains bleues, Sofia réchauffe de son souffle celles de la fillette, comme elle le fera si souvent avec ses propres enfants. Elle prend le nouveau-né dans ses bras. Mademoiselle est sortie de sa torpeur.

– *Sofia, qu'est-ce que tu veux faire ? Il y en a des centaines, la récolte a été maigre**…

Sofia ne l'écoute pas, elle est saisie d'une rage qui ne la quittera plus jamais.

– Ils sont orphelins, ils n'ont rien, nous avons trop de place, trop de tout…

Elle les a emmenés chez elle. Le petit garçon les suit en boitant, il a une jambe plus courte que l'autre. Est-il né ainsi, a-t-il été battu ? Il ne dira jamais rien, par peur. Tout est nimbé de mystère, la mort des parents, leur maison, la parcelle de terre qu'ils pouvaient cultiver. Ils n'ont pas d'histoire. Sofia se rend compte qu'elle n'y a jamais vraiment pensé. Elle les voyait à travers la haie qui délimite le jardin, c'est là que se trouvent les *isbas* des paysans. Au loin, depuis le monde qu'elle habite, on aperçoit la fumée des cheminées monter vers le ciel, au printemps, le son rapide de la *domra* (qui ressemble à notre luth), les applaudissements de ceux qui l'écoutent et les odeurs si différentes de celles de sa maison. Son père voulait que l'on cuisine français, il se rendait très souvent dans ce pays qu'il plaçait au-dessus de tous les autres. Il voyageait avec ses maîtresses, lui rapportait des cadeaux. Durant ses absences, Sofia s'approche de la haie qui la sépare du village des paysans. Elle n'a pas le droit de la franchir et cette idée l'obsède. De là, elle voit des enfants sauter pieds nus dans la boue, se bagarrer. Les fillettes les plus grandes, toujours avec des nouveau-nés dans les bras comme si c'étaient des poupées, hurlent à leurs frères d'arrêter. Un géant en avait saisi deux par les oreilles et avait fouetté leurs derrières nus avec une baguette. Tout se passait au vu et au su de tous. Tandis que leurs chambres étaient pleines de secrets : la mort de sa mère, les pièces d'or cachées dans l'armoire vitrée, les cris de la grand-mère contre son fils, les maîtresses de son père, une paysanne qui sortait de sa chambre à l'aube. Elle l'avait revue à travers la haie en train de bercer un bébé chauve et criard. Bien des années plus tard, à l'adolescence, elle avait compris que c'était son frère. Un grand gaillard, au visage rond et aux yeux clairs comme les siens. Son père l'avait engagé comme cocher, puis chauffeur. Sofia le croisait sur le pas de la porte, dans la cuisine ou dans le jardin, et elle baissait les yeux, comme si c'était sa faute.

Les trois enfants s'étaient arrêtés à l'entrée, intimidés par l'espace, les meubles étincelants comme le parquet en losange, les tableaux. Elle les avait aussitôt emmenés dans la salle de bains, déshabillés, savonnés de la tête aux pieds et séchés dans les serviettes parfumées de son père. Il était sorti. Sofia avait ordonné à la gouvernante d'aller en cuisine faire préparer une soupe pour tout le monde et apporter du lait pour le nouveau-né. Elle leur avait mis les vêtements qui lui appartenaient lorsqu'elle était petite. Au petit garçon, une chemise serrée à la taille par une ceinture. Assis à la table à manger, ils attendaient la soupe en silence, on aurait dit qu'ils étaient déguisés pour une fête. Ils s'étaient endormis dans les lits, sous les draps de lin brodés, le nouveau-né dans les bras de sa sœur. Le lendemain matin, fini le conte. Ils s'étaient enfuis ; ils avaient volé l'argenterie, la nourriture dans le garde-manger et même les fameuses pièces d'or dans l'armoire vitrée. Sofia avait eu de la peine, elle aurait aimé qu'ils restent. Son père la punirait à son retour mais, en attendant, elle avait jeté le cahier avec les photographies du tsar, de la tsarine et des princesses. Les deux mondes étaient désormais inconciliables.

Bien des années plus tard, au moment de la naissance de Micha, Lénine était rentré de Finlande et, sur un coup de génie stratégique, il avait pris le pouvoir et conquis le congrès des Soviets, le meilleur porte-voix du mécontentement général, de la faim et du désir de paix à tout prix ; Sofia repensera alors à ces orphelins paysans qu'elle avait transformés en bourgeois le temps d'une journée et aux filles du tsar, alors prisonnières dans leur palais doré, vêtues de leurs robes pâles si semblables aux siennes. Un an plus tard, en pleine guerre civile, elles seront toutes exécutées, le corps criblé de balles, les vêtements blancs tachés de sang. Sofia ne découvrira le massacre de la famille et des domestiques que plus tard, comme tous les Russes.

4

Mais pour le moment, elle est toute à la gloire de ces jours et de la jeunesse. Elle est sortie avec eux cette nuit-là, impossible de rester à la maison. La maison de la grand-mère est à présent habitée par des familles, des soldats et des militants. Dans tous les coins, on se lave, on fait bouillir des pommes de terre ou tout ce qui tombe sous la main. Son ventre lui pèse, mais elle est heureuse entre les deux hommes, elle se sent protégée. Cela fait déjà plusieurs semaines que Grigori a lu à tous l'article de Lénine paru dans la *Pravda*. Il a dit aux habitants de la maison de graisser leurs fusils car le moment est venu. L'insurrection, comme la guerre, est un art, il faut la mener jusqu'au bout, il lit : « Lorsqu'on la commence, il faut la terminer, employer une grande supériorité de forces à des endroits décisifs, attaquer, surprendre, garder toujours la supériorité morale et de l'audace, encore de l'audace, toujours de l'audace, comme l'enseigne Danton dans la Révolution française[1]. »

1. Écrit le 8 (21) octobre 1917. Paru pour la première fois le 7 novembre 1920, dans le n° 250 de la *Pravda*.

Le film *Danton* du réalisateur polonais Andrzej Wajda est sorti dans les années 1980. Gérard Depardieu, qui incarnait le personnage principal, courait d'un comité révolutionnaire à l'autre, des réunions qui duraient jour et nuit. Ils ne dormaient jamais, les révolutionnaires. Fébriles comme ceux qui sont pressés et doivent saisir un instant qui finit par s'étirer en mois, en années mais n'autorise ni répit ni repos. On ne peut ni ne doit penser à autre chose. Danton est accro au sommeil, il s'endort et se réveille aussitôt. Les décisions sont prises dans l'épuisement et le danger, comme à la guerre. Sont restés gravés dans mon esprit l'atmosphère et le sens du film : les hommes qui agissent dans les révolutions sont pressés et toujours fatigués.

Grigori non plus ne dort jamais, il s'allonge à côté d'elle une heure puis se lève et sort. Sergueï et Sofia le regardent, il est possédé par la passion. Il a oublié de couper ses cheveux qui sortent par mèches sous son béret à visière, il s'est laissé pousser la barbe et la moustache.

Dans la rue la nuit, il la tient par la main, il hâte le pas aux côtés de Sergueï vers l'Institut Smolny, fondé par Catherine pour l'éducation des jeunes filles, où se rassemble désormais le congrès des Soviets. Il pleut, ils marchent dans la boue et le froid. Au loin, on entend des coups de feu vers le palais d'Hiver. Devant l'entrée protégée par des mitrailleuses et des canons, des voitures, des motocyclettes et des autos blindées avec des drapeaux rouges flottants vont et viennent. Grigori montre le sauf-conduit aux gardes rouges qui se réchauffent devant les braseros, pousse Sofia et Sergueï à l'intérieur. Dans les couloirs, c'est le chaos : gardes rouges et délégués se croisent en courant, les visages déformés par la fatigue, personne ne se repose depuis des jours, personne ne se lave. Inscriptions, avertissements au mur : *Camarades, lavez-vous, pensez à votre santé !*

Tous trois pénètrent avec difficulté dans la grande salle des fêtes où se tenaient auparavant les remises de prix, les activités sportives des jeunes filles de bonne famille, à présent comble de sept cents ouvriers, soldats, paysans, marins. On laisse une place à Sofia à côté d'un soldat endormi qui ronfle et empeste. Elle a envie de vomir, mais en a honte. Peu de femmes dans la salle, elle en voit une à côté de la table de la présidence, cheveux courts, petite frange, yeux en amande. Les soldats sont juchés sur les rebords des fenêtres, ils fument tous. De temps en temps quelqu'un se lève et hurle : « Camarades, arrêtez de fumer, on ne respire plus ! » On lit des proclamations et des nouvelles des insurrections dans les autres villes, la chute du gouvernement provisoire, l'arrestation des ministres conduits à la forteresse. De nombreuses provinces se sont soulevées, parmi lesquelles Toula. Sofia pense à sa maison peut-être occupée aujourd'hui par des paysans, et aussi aux orphelins qu'elle avait hébergés pour la nuit. Tout se passe à une vitesse irréelle. À la tribune, un homme au nez pointu, avec une barbe et des moustaches, prend la parole et déclare l'ouverture du congrès. On élit aussitôt un nouveau comité exécutif entièrement composé de bolcheviks. Cris, sifflements, des groupes se lèvent, se déchaînent contre l'insurrection, la prise de pouvoir, sortent de la salle. Le soldat assis à côté de Sofia s'est réveillé et invective les dissidents. Grigori aussi, un peu plus loin, crie le poing levé. Dans le silence qui suit, un homme à lunettes à moitié chauve, barbu et moustachu comme tous les autres, prend la parole. Le soldat lui murmure un nom à l'oreille, l'haleine chargée d'alcool.

– C'est un professeur, il parle bien !

D'une voix placide d'intellectuel, il lit un appel aux ouvriers, soldats et paysans : paix, abolition de la propriété agricole, toute la terre aux comités agricoles, le contrôle de la production aux ouvriers. Dans toute la Russie, le pouvoir passe aux mains des Soviets. Le nouveau pays est né. Coups de fusil, cris de joie et de triomphe : « Hourra ! Hourra ! »

Mais c'est au contraire le calme qui a envahi Sofia, un ralentissement comme lorsque l'immobilité de l'air annonce la tempête. Elle voit les autres se donner des accolades, bouches ouvertes, poings serrés, des films muets que réaliseront bientôt ses deux hommes. Ses pensées suivent une douleur lointaine, au plus profond de son ventre. Huit mois, c'est trop tôt. Le bébé ne bouge pas, depuis combien de temps ne le sent-elle pas ? Elle s'est levée, au milieu de la cohue des embrassades et des cris. Elle ne voit pas Grigori, mais Sergueï la saisit soudain sous le bras et l'escorte jusqu'à la porte.

– Partons, tu ne peux pas rester ici...

– Et Grigori ?

– Il nous rejoindra.

Elle s'agrippe à lui, ils marchent dans une ville peuplée de fantômes. Des autos blindées foncent et dérapent. Des trous dans la boue et des monticules de terre adossés aux lampadaires. Des soldats montent dessus et allument leurs cigarettes à la flamme du gaz. Un cheval squelettique tire une carriole vide, ce sont ses derniers pas, peut-être va-t-il s'écrouler au coin de la rue. Il sera immédiatement dépecé. Sergueï l'a fixé dans sa mémoire, il lui rendra la vie dans son film sur ces journées. Sofia ne voit rien, elle s'arrête de temps en temps pour respirer, la douleur, intermittente, ne diminue pas.

– Sergueï, tu dois trouver quelqu'un pour m'aider...

Quelle tâche étrange, c'est sur lui que ça devait tomber. Tandis que Grigori est à Smolny où il restera toute la nuit, sans savoir que son fils est sur le point de naître. Sergueï se demande ce que deviennent les enfants et les femmes pendant ces jours-là. Et il peuplera de mères et d'enfants son film le plus célèbre, dans l'escalier, comme celui que Sofia est en train de gravir seule à grand-peine, une marche après l'autre, vers le lit sous les toits. Elle s'arrête, reprend son souffle. Sergueï est parti chercher une sage-femme. Pourquoi les enfants devraient-ils arrêter de naître ? Elle touche son ventre sous la fourrure. Un peu de liquide coule entre ses jambes, pas beaucoup. Ce ne sont pas les eaux. Un jour, elle est descendue dans les pièces occupées de la demeure de sa grand-mère, elle cherchait du sel. Elle a rencontré une femme de cinquante ans avec son mari et leur petit-fils – leur fils était au front où il est mort. Elle lui avait raconté comment elle avait perdu les eaux et accouché. Toutes les femmes lui racontent comment s'est passé leur travail. Sofia a déjà toute une collection de récits, elle ne sait pas comment il en ira pour elle. Et les jeunes la regardent avec curiosité, elles lui demandent comment elle va et si ce sera douloureux. Leurs pensées tournent autour de l'accouchement, passé ou à venir. Elle l'ignorait lorsqu'elle était plus jeune, même si au fond elle le désirait ; comme elle aimerait avoir Grigori à ses côtés pour lui tenir la main et chasser sa peur ! Elle tente de faire le lien entre le congrès historique auquel elle vient d'assister et les heures qui l'attendent, l'événement incroyable qui est sur le point de lui arriver. Elle a une intuition confuse, elle ne saurait pas la mettre en mots, trop fatiguée pour y penser, elle s'endort. J'essaie à sa place.

Tu es la douleur qui s'étend, la déchirure dans ton corps fera de toi non plus une mais deux personnes. Mais c'est du domaine de l'inconscient, de l'impensé. Cela se produit en dehors de tout, on sort de la vie et on y revient le bébé dans les bras, tout a changé à jamais pour nous mais personne ne s'en aperçoit. C'est la nature, il n'y a rien à dire.

Sofia se réveille en sursaut, la douleur est si forte qu'elle n'arrive pas à respirer, elle se tord dans le lit. Elle appelle Grigori, Sergueï. À l'extérieur, toujours des éclats de voix et des coups de feu. Elle pense à sa mère, elle a peur de mourir comme elle. Les contractions sont toujours plus fortes, toujours plus rapprochées. Lors d'une pause, elle se lève, prend un coffret où elle gardait les colliers, les bracelets et les bagues de baptême, de première communion, de ses dix-huit ans, tous vendus pour se nourrir. Il ne reste que le médaillon avec le portrait de sa mère, elle le serre dans ses mains. Sur ce portrait, elle est si jeune et confiante, elle avait foi en son destin. Comme elle à présent. Elle s'endort et se réveille à chaque élan de douleur, elle est toujours plus faible et fatiguée. Elle est certaine de mourir.

Dehors, pendant ce temps, l'aube du nouveau monde.

Les mains glacées d'une femme la réveillent, elles lui caressent le visage.

– On le fait naître, ce bébé ?

Ses yeux s'emplissent de larmes, elle acquiesce. La femme a le visage rougi par le froid, elle enlève son lourd manteau, son bonnet de laine. Elle est âgée, elle parle, un long monologue continu pour la maintenir éveillée et active.

– Tu ne pouvais pas choisir de pire jour, ni de meilleur, d'ailleurs… C'est toujours la même histoire… Détends ton corps, respire, la douleur ne t'emporte pas, elle t'aide. Ils ne se résignent pas à rester là où ils sont, ils doivent sortir, il faut naître, et qui peut bien nous en donner l'ordre, ce n'est pas pour blasphémer, mais c'est à se demander parfois... La tête, ils ont la tête dure dès tout petits.

La sienne est entre les jambes de Sofia, elle l'élargit délicatement avec les mains.

– C'est bien, ma petite, continue... Ton mari était inquiet et il est venu me chercher... Nous sommes tous enfermés chez nous, les tirs pleuvent de tous les côtés... Il y en a qui naissent et d'autres qui meurent... Et qui peut bien nous en donner l'ordre, c'est à se demander parfois...

Sofia est aspirée vers le bas par une force à laquelle elle ne peut opposer de résistance. La douleur s'est glissée dans la turbine de cette poussée primitive, irrépressible. Son corps est un arc et elle est l'archer qui tend la corde. Une, deux, trois fois.

– Reprends ton souffle, petite... Ne te fatigue pas trop... Économise tes forces... C'est comme ça pour le premier, les autres sortent tout seuls... Et qui peut bien nous donner l'ordre de faire tous ces enfants... C'est à se demander parfois... Mais s'il y en a qui meurent, d'autres doivent naître...

Soudain, la douleur a cessé. L'enfant est sorti, il a glissé hors d'elle, il ne sera jamais plus à l'intérieur. Son nombril lui rappellera le temps où personne ne le connaissait à part elle. Comme le sien lui évoque la mère qu'elle n'a pas eue. Des traces de liens. Le petit pleure, il voudrait retourner en arrière. Mais c'est impossible, il faut aller de l'avant. La femme tire le placenta de son ventre, le recueille dans les linges maculés de sang. Les yeux mi-clos, Sofia la regarde exécuter des gestes scientifiques, précis. Elle attache à présent le petit morceau de cordon restant au minuscule ventre du bébé, lui nettoie le visage, les bras, les jambes avec un linge, il n'y a pas d'eau, elle l'attrape par les pieds comme un poulet et vient le poser sur sa poitrine.

– Tiens le petit bien au chaud, ne te lève pas, ne l'emmène pas dehors avant que le cordon ne soit tombé. Mets-le au sein pour que le lait monte… Si tu en as, il sera sauvé. Si tu n'en as pas, il va mourir. Il y en a tellement qui meurent. Que Dieu le bénisse et le fasse vivre, si telle est Sa volonté.

Elle a fait le signe de croix et s'est rhabillée. Sofia l'a remerciée dans un dernier souffle. Elle s'est endormie ou peut-être s'est-elle évanouie. Sergueï est entré et lui sourit. Le doigt de quelqu'un caresse le visage de l'être qui respire à côté d'elle. Grigori est enfin arrivé, il lui dit des choses qu'elle ne parvient pas à saisir, il l'embrasse. Ils ne doivent pas le toucher, sinon il va mourir, elle le protège vite de son bras. Et puis, comme un fleuve en crue, le lait est sorti, d'abord par gouttes claires. Sofia a commencé la lutte pour le mettre au sein. Elle lui met le téton dans la bouche, il tète faiblement et s'endort. Elle le réveille en lui tapotant les joues. Il a les yeux fermés, Sofia ne veut pas. Il doit les ouvrir pour vivre.

Grigori lui porte chaque jour de la soupe de choux ou de la bouillie de céréales dans une gamelle de soldat, du pain noir et même, une fois, des tartines beurrées. C'est la ration des militants à Smolny, le quartier général des bolcheviks, le seul endroit où l'on trouve encore quelque chose. Il a obtenu une ration pour elle aussi. Il circule avec une arme. Un jour, il est revenu les mains vides, une coupure à la joue.

– Deux types m'ont sauté dessus sur le pont… Ils avaient un couteau, je me suis défendu, j'ai dû tirer… Ils ont pris la fuite mais la nourriture est tombée par terre…

Le combat quotidien de Grigori est de lui apporter à manger, le sien est de faire téter le bébé. Sergueï ne sort presque pas, il dessine, écrit. Parfois il disparaît. Il lui apporte des seaux d'eau qu'ils font chauffer sur le poêle. Ils ont rassemblé les morceaux des derniers meubles de la grand-mère pour l'alimenter. Sofia fait bouillir les langes qu'elle a taillés dans un drap. Mais le bébé ne tète pas assez, il dort tout le temps et elle a les seins gonflés et douloureux. Elle n'arrive pas à penser à autre chose. Grigori lui raconte ce qui se passe en ville et dans toute la Russie. Dès lors et pour le restant de sa vie, Sofia aura l'impression d'apprendre de sa bouche les événements du monde. À travers sa voix, par le biais de ses lettres. Elle aura l'impression d'en habiter une partie différente, tandis que lui passe de l'une à l'autre.

– On vote chaque jour des décrets… Le droit de propriété de la terre a été aboli à jamais… La terre, le sous-sol, les forêts, les fleuves, tout est propriété de l'État…

Elle écoute, elle doit rester attentive, il ne faut pas qu'elle s'endorme.

– Et ma maison, à Toula ?

– Aujourd'hui nous avons voté le décret sur la paix et l'égalité entre les peuples… sur la séparation de l'Église et de l'État… le divorce… le mariage civil…

Sofia sourit.

– Alors nous nous marierons…

Elle a commencé ces jours-ci à écrire un journal, elle le tiendra toute sa vie. Il lui arrive de laisser s'écouler des mois sans avoir le temps de s'asseoir à une table, mais elle finit par reprendre, elle écrit pour tâcher de concilier les deux mondes en elle.

À mon tour, je tâche de le faire en racontant son histoire, celle de Sergueï et de Grigori. L'effort pour donner vie aux détails – du moins à ce que l'on pense n'être qu'un détail, un fragment, un petit rien, un trait, une vétille – et à l'ensemble, au tout, aux faits fondamentaux. La bouche du bébé qui se ferme devant la vie et les cosaques qui se rassemblent à trente kilomètres de Petrograd pour détruire la ville et la révolution.

Je transcris des passages du journal de cette époque.

1er novembre

Pendant ces jours où j'ai l'impression de ne vivre que pour lui, je me demande ce que signifie changer. Dehors, tout est en train de changer, ici aussi, dans ma vie qui n'est plus seulement la mienne. Grigori me dit que les saboteurs sont partout. Dans les ministères, les fonctionnaires n'ouvrent ni les portes ni les tiroirs. Ils empêchent le conseil des commissaires du peuple de gouverner. Ils n'obéissent pas au nouveau pouvoir. Les trains sont à l'arrêt, les usines aussi, par manque de combustible. Les banques privées ont fermé leurs guichets et le conseil les a nationalisées par décret. Le couvre-feu est à neuf heures, les gardes rouges font des rondes pour faire obstacle aux contre-révolutionnaires. Chaque nuit, il y a des arrestations et des morts. Les officiers se réunissent dans les écoles militaires et attendent l'intervention de l'Allemagne. Comment faire pour tout changer en si peu de temps ?

10 novembre

Je suis cloîtrée dans la chambre avec lui. Le coin du poêle, les langes qui sèchent, les deux casseroles, la table, le lit où il dort. J'ai l'impression qu'il n'existe rien d'autre. C'est ma tranchée, je connais chaque fragment du mur, du sol, chaque objet. Je le mets au sein, mais il ne tète pas, pas assez. Le sein est trop plein et dur, lui est trop petit, il n'arrive pas à le vider. Ils m'ont laissé le lit, ils s'allongent sur un matelas par terre. Grigori sort tôt. Sergueï reste travailler et m'aide ; il disparaît le soir et rentre le matin. Le bébé ouvre les yeux mais ne me voit pas, il les referme aussitôt. Je lui prends ses petites mains et je le réchauffe avec mon souffle, je le serre sous la fourrure, il s'endort à nouveau sans se nourrir. Le lait coule, inutile, il salit tout ce que je porte. Je passe mon temps à laver, ses langes aussi, et sans savon.

13 novembre

Je suis descendue pour la première fois depuis sa naissance. Il y a beaucoup de nouvelles têtes dans la maison, chaque recoin est un petit chez-soi. D'où viennent-ils ? J'ai posé des questions à la ronde. J'ai vu une amie de ma grand-mère, nous avons fait semblant de ne pas nous reconnaître. Un soldat faisait l'inventaire des biens de chacun, vêtements, manteaux, chaussures, nous possédons si peu, il est parti.

J'ai entendu depuis l'ancien bureau les pleurs d'un nouveau-né. J'ai accouru ; sur un matelas, une jeune paysanne berçait son bébé. J'étais si contente de la rencontrer ! Nous nous sommes tout de suite liées d'amitié. Nous nous sommes tout raconté. Elle m'a dit en pleurant qu'elle avait accouché début novembre, chez elle, sur les collines de Poulkovo, à quelques kilomètres d'ici. Autour du palais de Catherine où le tsar et sa famille vivaient prisonniers il y a encore quelques mois, les cosaques et les armées contre-révolutionnaires s'étaient rassemblés pour attaquer la ville. On entendait les coups de fusil depuis sa maison. Son mari s'était enrôlé dans l'armée révolutionnaire, bien qu'il fût à peine revenu du front. Mais c'est une guerre différente, lui a-t-il dit, c'est la nôtre. Il l'a mise sur une carriole avec le petit et des vivres, et l'a confiée à d'autres femmes. Elle a pleuré tout le voyage, maudissant son homme et le destin. Son lait a tari.

Son bébé est plus grand que le mien, il était tout rouge de pleurs. Je lui ai dit de me le donner, que je l'allaiterais. Elle a hésité puis me l'a confié. Il s'est mis tout de suite au sein : avec une force surhumaine, il a vidé un sein en cinq minutes, puis l'autre. Il s'est endormi d'un coup. Anna (la paysanne) m'a donné un morceau de lard et un autre de savon. Mais c'est son fils qui a accompli le miracle. Le mien s'est mis tout de suite après au sein presque vide et a tiré le lait sans difficulté. C'est ainsi que j'ai commencé à les allaiter tous les deux. D'abord l'autre et puis le mien, comme une nourrice. Je suis forte, une soupe de choux ou un morceau de pain me suffisent pour nourrir deux enfants, je me sens comblée et heureuse. Grigori aussi est fier de moi.

J'ai informé Anna que l'armée révolutionnaire avait repoussé l'offensive contre-révolutionnaire autour de son village. Son mari viendra peut-être bientôt la chercher. Mais nous ne voulons pas nous séparer, nous nous entraidons. Nous gardons les enfants à tour de rôle lorsque l'autre a des choses à faire. Nous avons trouvé une bassine, réchauffé l'eau sur le poêle et nous les avons baignés ensemble. Le sien pleurnichait puis s'est calmé, il avait un air satisfait. Le mien souriait les yeux fermés, il ne pleure pas beaucoup. Ils sont en train de gonfler comme deux gâteaux de Pâques. Pendant que je l'allaitais, je me suis aperçue que Micha me regardait, j'ai vu son père dans ses yeux sérieux. Je l'attends toujours, je voudrais qu'il soit ici avec nous mais, dehors, on a besoin de tout le monde. Les armées cosaques s'organisent dans les régions du Don et dans l'Oural, la Russie est encerclée. Où peut bien aller Sergueï toutes les nuits ?

Grigori tout comme Sergueï manquent à Sofia. Solitude et maternité vont souvent de pair et la présence d'une autre femme qui vient comme elle d'avoir un fils est réconfortante.

À la fin des années 1950, Ingmar Bergman a tourné un film dans un hôpital sur trois femmes enceintes ; en Italie, la scène de l'accouchement a été censurée. J'ai souvent raconté le lien mère-enfant comme un épisode fondamental de la vie, que l'on ne peut véritablement exprimer, qui reste cantonné dans la tête et les sentiments personnels, un épisode qui fait peur comme le dit la justification de la censure du film.

Il existe de nombreux tableaux de mères avec leur nouveau-né, le christianisme en a fait l'un des sujets les plus représentés. Des madones métaphysiques, mais aussi réalistes et sensuelles, comme celles du Caravage. Le modèle de la plupart de ses madones était une prostituée belle et provocante, une fille d'actrice comme ma cocotte. XVIIe, XVIIIe, XIXe, XXe siècle… les histoires des prostituées ne changent pas beaucoup. Elles posaient contre un peu d'argent et cherchaient un protecteur. Après ou pendant la séance, elles se donnaient également au peintre.

Dans *La Madone des palefreniers*, la mère est debout, une robe rouge au décolleté contenant à grand-peine sa poitrine débordante, elle tient sous les aisselles un enfant nu de cinq ou six ans (Paolo, son véritable fils qu'elle a eu de l'un de ses nombreux amants). Ensemble, le petit pied sur le sien, ils écrasent le serpent, sous le regard détaché de la vieille sainte Anne. Trois âges, comme dans le tableau de Klimt. Sans les auréoles au-dessus de leurs têtes, on aurait dit n'importe quel enfant entre sa mère et sa grand-mère. Parce que les mères du Caravage sont des prostituées, elles ne sont ni désincarnées ni idéalisées, elles restent des corps érotiques. Et elles sont diamétralement opposées aux mères mélancoliques et distantes de Giovanni Bellini. Chez les premières la maternité épanouit le corps, chez les secondes elle le ferme. Passion et dépression. La femme qui allaite, dévêtue, dans *La Tempête* de Giorgione nous regarde, sévère, à nu, elle habite un autre monde. Les représentations de mères deviennent au fil des siècles plus réelles, intimes, quotidiennes, idéalisées même lorsqu'elles allaitent ou regardent leur enfant avec amour, mais elles sont presque toujours seules.

La maternité a fait irruption tôt dans ma vie, en même temps que le désir d'écrire. Je me souviens d'avoir ressenti une grande émotion devant les sculptures en marbre et en bronze de Henry Moore. Des femmes allongées gigantesques, avec de petites têtes et des corps immenses, qui en contiennent d'autres. Leur dimension physique les isole du monde, elle en fait des totems. Je ne voulais pas devenir une mère de ce genre, je ne voulais pas que la maternité m'isole du monde, je voulais en faire partie, avec mes enfants.

À tour de rôle, Sofia et Anna bercent les deux bébés sur leurs genoux, comme les cent cinquante statues en tuf des *Matres Matutae* d'époque romaine, retrouvées à Capoue, qui tiennent sur leurs genoux au moins deux nouveau-nés dans les langes, comme des pains tout juste sortis du four. Symboles de puissance, de fertilité, de l'origine du monde, elles n'ont rien d'humain. Des symboles.

En revanche, on trouve dans les deux autoportraits d'Élisabeth Vigée Le Brun avec sa fille Julie un sentiment qui peut paraître trop banal pour être peint : la tendresse. Mère et fille se serrent dans les bras et sourient. Elle était la portraitiste favorite de Marie-Antoinette et la Révolution française approchait.

5

Dans la Russie révolutionnaire de nos trois compagnons, tout est en train de changer, on écrit que les hommes et les femmes sont égaux et que l'heure de leur libération définitive est arrivée.

Micha dort à côté de ses parents dans le tiroir d'une armoire qu'ils n'ont pas encore brûlée dans le poêle. Sofia l'a tapissé de laine et a couvert l'enfant d'un morceau de la fourrure providentielle de la grand-mère. Il reste là comme un petit tsar, les yeux ouverts, potelé et satisfait, ses quelques cheveux blonds coiffés sur le côté par sa mère, il a presque deux mois et ce sera bientôt son premier Noël.

En novembre, à Brest-Litovsk, l'armistice a été demandé aux Allemands et aux Autrichiens, mais la délégation bolchevik retarde les négociations de paix. Elle espère que d'autres pays suivront l'exemple révolutionnaire, que les soldats allemands se révolteront contre la guerre et fraterniseront avec les soldats russes, qu'ils établiront des trêves locales sur un front toujours plus proche. Soit la paix est conclue, soit la Russie est envahie.

Pour Noël, Sofia et Anna ont préparé, avec d'autres femmes de la maison, des biscuits de Toula en forme de faons, de cerfs et d'oiseaux dans le four de l'ancienne cuisine qui marche encore. Ils portent chance, même si ceux-ci sont difficiles à manger parce qu'elles n'ont rien trouvé pour les rendre moelleux, ni confiture ni miel. Chaque famille en a eu une dizaine. Sofia les a disposés dans une corbeille sur le poêle. Elle a mis la table pour trois. Grigori s'est lavé, elle lui a coupé les cheveux et il marche à présent dans la chambre, beau et souriant, le petit Micha dans les bras.

– La révolution en Allemagne est à peine à l'état embryonnaire, et nous avons déjà donné naissance à un enfant en pleine forme !

Sofia rit.

– Mais qu'est-ce que tu lui chantes ?

– Il faut le protéger, ce beau bébé... On l'attaque de toute part, bientôt nous quitterons Petrograd... Nous devons monter une armée, la nôtre, enfin...

Sofia s'est assise.

– Nous partons ? Où donc ?

Grigori l'a embrassée sur la bouche. Il a envie de faire l'amour, ils ne l'ont plus fait depuis longtemps, peut-être serait-ce possible maintenant, avant elle avait mal et ils avaient renoncé.

– Même le conseil des commissaires du peuple va se transférer à Moscou, Petrograd n'est plus sûre. Nous sommes encerclés au nord et à l'est par les Allemands, les cosaques et les généraux du tsar se sont rassemblés sur le Don. On m'a détaché à Toula.

Sofia n'en croit pas ses oreilles.

– À Toula ? À la maison... mais on ne sait même pas si elle est encore debout. Beaucoup disent que tout a été brûlé et que la terre a été confisquée...

Grigori sourit.

– Propagande contre-révolutionnaire... On a confisqué la terre et on est en train de la redistribuer entre les paysans, la maison qui était la tienne est toujours debout, elle a été partagée mais tu pourras en occuper une partie.

– Que dois-tu faire à Toula ?

Grigori regarde l'enfant sans répondre.

– Il s'est endormi…

Ils ont dîné tous les deux, toujours la même pitance, mais Sofia avait noué ses cheveux avec deux rubans rouges. Sergueï ne s'est pas manifesté, cela fait des jours qu'il ne rentre même pas dormir.

– Avant, il passait toujours, la journée ou le soir. Où va-t-il, est-ce que tu le sais ?

Il lui a répondu avec humeur.

– Tout le monde n'a pas compris quelle est la seule chose à faire maintenant.

Puis ils sont descendus et ont chanté avec les autres habitants de la maison des chants de Noël à voix basse, on ne sait pas encore s'ils rappellent trop le monde d'hier ou si on pourra les garder dans le nouveau. Ils pleurent, s'émeuvent des victimes de la guerre, de la révolution, des jours nouveaux que tous attendent depuis si longtemps, des jours passés qui ne reviendront plus. Sofia est assise à côté d'Anna, son mari est rentré du front, il a mangé le peu qu'il y avait, a beaucoup bu et ronfle à présent. Il a raconté que les gardes rouges sont en train de former, au nord, une armée prête à défendre la ville. Depuis qu'il est arrivé, Anna est contente. Sofia se demande pourquoi elles ont toutes les deux tant besoin de leurs maris et sa réponse est la même que celle de la femme de Tolstoï dans son journal. Elles se sont données à lui et à leur enfant, et ne peuvent être heureuses qu'en sa présence. Toute l'énergie de sa jeunesse, de ses projets, est désormais concentrée sur cette nouvelle entité, l'homme et l'enfant. Elle ne peut rien concevoir d'autre et ce soir, malgré l'incertitude de leur vie, elle est sereine parce qu'ils sont ensemble.

Arrêtons-nous un instant. Pendant la nuit, après avoir fait l'amour avec Grigori, lorsqu'elle entendra les pas de Sergueï et qu'elle se lèvera pour savoir où il se rend chaque jour et chaque nuit, Sofia sera de nouveau assaillie par le doute quant à ses choix ou son destin, comme cela m'est arrivé si souvent au cours de ma vie. Pourquoi ai-je voulu à tout prix me marier et devenir mère si jeune ? Que signifiait ce désir incongru pour mon âge ? Pourquoi ai-je sacrifié les années de liberté de ma jeunesse, moi qui, contrairement à elle, avais le choix ? Peut-être mon personnage m'aidera-t-il à comprendre. Tâchons d'entrer dans ce sentiment de plénitude que Sofia éprouve le soir de Noël alors que le monde autour d'elle abat des statues, des maisons, des jeunes filles vêtues de blanc et coiffées à la mode du XIXe siècle, et qu'elle-même se sent partie intégrante de ce mouvement qui ne veut plus d'orphelins pieds nus accueillis par pitié dans une villa au parquet et à l'argenterie étincelants.

Ce bonheur féminin, cette inclination, appelez cela comme vous voulez, à l'amour et à la procréation, Sofia la ressent, comme Anna, comme toutes les femmes qui chantent à voix basse les chants de Noël, comme moi aussi, bien des années plus tard, sans quoi je n'écrirais pas ces lignes. En quoi consiste-t-elle ? Elle n'est pas éternelle, elle ne survit pas au désamour, aux difficultés matérielles, à l'habitude. Mais c'est un rêve inextinguible, entretenu par les filles au fil des siècles, parfaitement exprimé par les personnages féminins conçus par le grand écrivain russe qui était misogyne dans sa vie privée aussi. Ses romans si appréciés par ma famille, coupables d'avoir suscité en moi un désir impérieux, trop précoce et à contretemps, comme la prétendue aspiration à la révolution de mon époque. L'attente trépidante d'un lit où aimer un homme avant d'y déposer, au centre, un nouveau-né. Ce n'est pas un rêve chrétien, absolument pas. C'est un désir humain, laïc, culturel et charnel, bien qu'il soit à l'origine de la ségrégation du genre féminin dans l'Histoire. La dénoncer, la combattre, n'éteint pas cet amour qui transcende les classes sociales, se transforme et réapparaît sous la forme d'un salut individuel et collectif incompris. Un salut maltraité par l'Histoire, mais qui n'en est pas moins capital pour tous. Si Anna et Sofia étaient entrées dans la période historique qui leur était échue sans ce bagage, sans ce souci minimal de s'occuper intelligemment de leurs enfants – laver leurs langes, les nourrir, insuffler un peu de chaleur à leurs corps les matins glaciaux de cet hiver-là, les regarder et les laisser les regarder, leur parler, chanter lorsqu'ils s'endorment –, il n'y aurait pas eu d'autre voix pour s'élever que celles des rues, des places, des assemblées, il n'y aurait eu personne pour se réjouir des naissances et pleurer les morts et le tribut payé aux idées nouvelles comme la révolution et aux anciennes comme la guerre. À des années de distance, voici ce que je retiens de leur expérience: leur force est la mienne, anachronique mais toujours puissante, cachée et sous-estimée. Et ma liberté d'aujourd'hui ne peut être complète si elle est effacée.

Grigori ronfle et Micha soupire dans son sommeil. Mais Sofia ne dort pas, cela fait un moment qu'elle fixe le matelas roulé dans un coin. Les marches grincent, il doit être cinq heures. Sa silhouette se détache dans l'embrasure de la porte, son casque de cheveux brille à contre-jour dans la lumière de l'aube.

– Sergueï…

Elle s'est levée et s'approche sur la pointe des pieds. Il a le regard encore plus agité et fou qu'avant, des cernes, des traces de crayon noires sur les joues et autour des yeux.

– Où étais-tu ? Qu'as-tu fait tout ce temps, même à Noël ?

Ils se sont assis autour de la table dans les premières lueurs du jour, elle a chauffé de l'eau pour le thé. Le sifflement régulier de Grigori donnait le rythme.

– Nous avons monté le spectacle dont j'ai toujours rêvé, Sofia, il faut que tu le voies !

Sofia s'assied en face de lui, elle parle doucement.

– Un spectacle ? Les théâtres sont fermés...

– Le commissariat de l'instruction a donné un espace au metteur en scène, celui pour lequel nous travaillions au théâtre Mariinsky, tu te souviens ?

Les yeux de Sofia s'illuminent.

– Alors il y a aussi Vera, son actrice, celle du *Bal masqué*, tu te rappelles la scène que je préparais ? Je te l'avais jouée...

Sergueï secoue la tête, il murmure :

– Non, non... Vera n'est pas là, ils se sont disputés.

– Dommage, elle était si douée...

Il ne l'écoute pas. Sofia a pris une tasse et lui verse du thé.

– Mais nous n'avons plus besoin d'actrices, ni des actrices, ni de ces textes bourgeois et larmoyants... J'ai peint moi-même le décor, il y a des machines et des rouages... Tout bouge, comme au cinéma...

Sofia sourit.

– C'est pour ça que tu t'es dessiné sur le visage...

Sergueï se frotte la joue.

– Nous avons peint des masques sur le visage des acteurs, comme au théâtre japonais...

– Des masques ? Et comment font-ils pour jouer, pour exprimer leurs sentiments ?

Il l'a regardée et s'est mis à rire. Elle s'est tournée vers les deux silhouettes endormies.

– Chut…

Sergueï a commencé à parler tout bas et très vite.

– L'acteur ne joue plus en cherchant les émotions en lui pour les faire sortir… Les émotions, les merveilles se produisent à l'extérieur, et l'acteur se les approprie et les exprime de tout son être, en premier lieu avec son corps… Le corps est une machine qui doit être parfaite. Il doit savoir marcher sur une corde comme un acrobate, faire des pirouettes comme un clown !

Elle essaie d'imaginer quel genre de spectacle peut bien être celui que Sergueï lui décrit avant tant de passion.

– Alors il y aura des acrobates du cirque à la place des acteurs ?

– Non, dans mon spectacle j'ai fait marcher l'acteur sur une corde tendue de chaque côté de la scène… Une scène qui n'existe plus car tout se passe au milieu des spectateurs… L'acteur marche sur la corde et déclare son amour à une femme… Sa précarité, le peu d'attention qu'il porte à ce qu'il dit et celle qu'il emploie en revanche pour ne pas tomber en disent bien plus de la situation que s'il s'était mis à genoux devant elle…

Elle parvenait à présent à visualiser la scène ; elle lui semblait captivante.

– Mais Vera, l'actrice, que va-t-elle devenir ?

– Trop lyrique, trop triste, trop de larmes…

– Mais elle était si douée… Elle me faisait pleurer.

Sergueï la regarde et lui sourit.

– Je t'apprendrai comment t'exprimer dans le nouveau théâtre, Sofia…

Les pleurs de Micha viennent les interrompre. Grigori, agacé, se retourne dans le lit, met l'oreiller sur sa tête et recommence à ronfler. Sofia se dirige vers le tiroir-berceau et prend le bébé. Peut-être pourrais-je encore devenir actrice, qui sait ? pense-t-elle l'espace d'un instant. Micha remue la bouche, il a faim. Elle se rassied à la table, le met au sein d'un geste naturel. Il est devenu un champion pour téter. Sofia lève les yeux vers Sergueï. Il a le même regard halluciné que lorsqu'elle lui a récité la fin de la scène de la pièce. Il fixe l'enfant et le sein, attiré et effrayé. Il balbutie :

– Il a grandi…

Sofia sourit. Alors, tel un prestidigitateur tirant soudain un lapin de son chapeau, il lui a parlé de sa mère, de sa haine contre celle qui l'avait abandonné enfant à un père fanfaron et désespéré.

– Les triangles amoureux, la jalousie me dégoûtent. J'aurais voulu grandir dans un cirque, faire le tour du monde avec les saltimbanques, les acrobates, les clowns. Être comme eux, ne pas avoir honte de mon corps gauche…

Sofia a pris sa main et l'a embrassée.

– Lorsque nous nous sommes rencontrés, devant le théâtre, tu étais comme possédé, tu ne me regardais pas, tu parlais, tu parlais, mais moi, Sergueï, je te trouvais très beau.

Il a jeté un coup d'œil vers Grigori qui se retournait dans le lit.

– Mais c'est lui que tu as choisi.

Sofia lui a souri.

– Toi aussi.

Sergueï lui a rendu le baiser sur la main, avant que Grigori ne se réveille et ne commence à pester. Il se grattait la tête en s'approchant d'eux assis à la table. Il a des poux, a pensé Sofia. En ville, ils en ont tous, des enfants jusqu'aux vieux. Avec Anna, elles ont vérifié la tête l'une de l'autre.

Il ne s'est pas assis, il les regarde de sa hauteur.

– Te voilà… Où as-tu passé Noël ?
– Au théâtre, ils répètent un nouveau spectacle.
Sofia a essayé de jouer les médiatrices, mais Grigori ne lui a pas laissé le temps de finir.
– C'est la guerre, Sergueï, tu t'en es rendu compte ? Nous sommes attaqués, nous risquons de voir revenir le tsar, Kerenski et le gouvernement provisoire, et toi tu t'occupes d'un spectacle ?
Ils se sont crié dessus, et le bébé s'est joint à eux. Sofia est sortie de la pièce, elle le berçait pour le calmer, elle les écoutait. Des sujets dont ils débattront toute leur vie.
– Il y a des moments où il faut arrêter de penser à l'art, au théâtre, oublier qui l'on est, travailler avec les autres, se consacrer à quelque chose de plus important, mettre ses projets de côté ! hurlait Grigori.
– On aura besoin du talent de chacun pour bâtir la nouvelle société, il y a ceux qui sont en première ligne pour conduire l'action, d'autres se chargent de ce qu'ils savent faire et ils serviront la révolution eux aussi ! répondait l'autre de sa voix aiguë et exaltée.
Sergueï est parti, ils se sont quittés et ne se reverront que des années plus tard à Moscou pour recommencer à travailler ensemble. Durant cette période de séparation, Sofia a été leur messagère.
Sergueï lui avait écrit qu'il avait décidé de s'enrôler pour défendre Petrograd, donnant ainsi raison à son ami. On l'avait envoyé au front oriental, mais on lui avait demandé de peindre des pancartes et des affiches révolutionnaires, d'inventer des slogans et même des spectacles de propagande. En cela, c'est lui qui avait eu raison. Il lui écrivait et elle racontait tout à Grigori qui faisait mine de ne pas écouter. Sofia était le bulletin d'information de leur amitié.

6

Dans un train bondé en direction de Toula, ils voyageaient dans le compartiment du commissaire militaire chargé d'organiser la nouvelle armée de la région. Sofia tenait Micha sur ses genoux, il savait désormais s'asseoir et riait aux grimaces des soldats. Des hommes sans emploi, aux uniformes rudimentaires. Ils lui racontaient leur vie. Ils s'étaient enrôlés parce qu'on mourait de faim en ville et que les usines étaient fermées. Sur les conseils de Grigori, elle avait récupéré les vêtements de paysanne d'Anna, elle lui avait laissé la bassine, le réchaud à alcool et le grenier où ils avaient vécu ces jours mémorables. Sous la jupe, le corsage en laine et la blouse, elle cachait ce qu'il restait de la fourrure de la grand-mère. Sa tête était couverte d'un foulard. Elles se sont dit au revoir en s'embrassant, en pleurant et en se tenant les mains. En jurant qu'elles se reverraient. Les deux enfants avaient échangé un dernier regard sérieux. Sofia avait serré sur son cœur le petit qu'elle avait allaité. Il reconnaissait son odeur et remuait la bouche pour téter. Anna lui donnait de petits coups sur ses premières dents pour qu'il apprenne à mastiquer du pain ramolli dans le lait. Des années plus tard, alors mère de nombreux enfants, Sofia se demanderait ce qu'il était devenu et penserait souvent se rendre à Poulkovo pour les chercher, sa mère et lui.

La maison au toit vert était debout, indifférente au changement, du moins de l'extérieur. La façade blanche, les fenêtres, la véranda et le balcon en bois blanc. Le jardin était à l'abandon, pas une fleur sur les plates-bandes. Sofia avait laissé Micha dans les bras de son père. La porte était entrouverte, les vitres brisées. L'entrée, le salon, la salle à manger, tout était vide. Le sol au parquet étincelant qui avait impressionné les orphelins, était couvert de terre et de crasse. Empreintes de pas, traces de meubles déplacés, restes de feu. Dans la cuisine, la longue table en bois et trois chaises Thonet cassées avaient subsisté. Dans les chambres, deux carcasses de lit sans matelas.

Sofia avait monté les escaliers vers le grenier, elle cherchait le trésor. Elle était certaine que personne ne l'avait trouvé. Qui pouvait deviner que la planche en bois clouée au mur cachait une cavité où son père, la nuit précédant chaque départ en vacances, entassait les tableaux de valeur et les bijoux ? Il n'avait jamais eu confiance en ses paysans. À s'en souvenir à présent, après les morts de la révolution puis ceux de la guerre civile qu'il avait fuie avec sa grand-mère, elle le détestait encore plus. Peut-être avaient-ils tout emporté avec eux.

Le portrait de sa mère jeune fille, vêtue de noir sur le fond rouge d'une tenture, le petit sac avec ses bagues, ses boucles d'oreilles, ses bracelets, le samovar en argent, tout était là. Les larmes lui montèrent aux yeux, dans le tumulte de ces jours, elle ne s'était pas rendu compte combien sa maison, la présence d'objets familiers, lui avaient manqué. Elle pensa que son père les lui avait laissés pour l'aider. Peut-être devra-t-elle vendre les bijoux, mais elle accrochera le tableau dans la salle à manger, à sa place. La maison ne lui appartenait plus, mais Grigori lui avait dit qu'ils pouvaient s'installer dans quelques pièces.

Il faut apprendre à quitter les maisons. On y a accumulé des gestes, sali et lavé des assiettes, des tasses, des verres, des fourchettes, des couteaux, des draps, des serviettes de bain. Dans les jardins et sur les balcons, les plantes ont fleuri et fané, et il y avait toujours quelque chose à ranger. Pendant des jours, des mois, des années, des décennies. Et puis un jour tout est abandonné, détruit, emporté, débarrassé, comme lorsque l'on meurt.

Ma mère et moi avons dû vider notre maison sur l'île d'Ischia. Des décennies de vacances, l'adolescence des grandes, l'enfance des petites. Nous avons passé une nuit à Naples, sa ville natale, à l'hôtel. Nous sommes restées allongées sur le lit à parler de son enfance. Si cela n'avait tenu qu'à elle, elle n'aurait jamais vendu la maison, mais mon père disait que nous avions désormais nos propres familles et que nous n'y allions plus. On ouvre les maisons pour pouvoir y accueillir tout le monde, puis on les ferme parce que chacun veut partir de son côté. Nous sommes arrivés en *aliscafo* dans le port fermé en cercle parfait, où j'avais si souvent débarqué et où nous attendions mon père qui nous rejoignait le samedi, lorsqu'il avait fini de tourner. La maison ne soupçonnait pas la violence qu'elle allait subir. Les parterres, les fleurs, les canapés bleu ciel, les carreaux, les chambres des enfants, celle des parents donnant sur la table de ping-pong dans le jardin. À la fin de la journée, il n'y avait plus un meuble ni un objet à sa place habituelle. Ma mère errait parmi les cartons. Elle s'était assise sur le fauteuil rayé de mon père stationné dans l'entrée. Il y lisait tôt le matin, je le trouvais là à mon réveil.

– Je n'aurais pas dû me laisser convaincre, il ne faut jamais vendre les maisons. Il l'aimait, mais il ne venait que lorsque son travail le lui permettait, nous, nous y passions des mois entiers, je l'avais dans la tête et dans le cœur, il y aura un vide maintenant.

Elle voyait défiler sous ses yeux chaque journée, les dîners, les fêtes, les parties de cartes, les querelles familiales, les enfants qui ont grandi d'une année à l'autre. Peu de temps après, j'ai quitté l'appartement de Rome sans y penser à deux fois. Il faut se séparer des maisons, mais certaines sont plus difficiles à abandonner.

Dans les chambres vidées par la furie de réparation séculaire alors à l'œuvre, l'histoire personnelle de Sofia rejoint la grande Histoire et c'est à ce moment précis qu'elle prend conscience de son rôle. L'effort surhumain fourni après la naissance de Micha pour sa survie marque le début d'une vie consciente. Ce n'est pas un instinct naturel et aveugle, mais plutôt un devoir qu'elle ne croit pas avoir choisi mais auquel elle se consacrera entièrement pendant des années. Elle cultivera sa passion pour les enfants, les siens et ceux des paysans auxquels elle apprendra à lire et à écrire. Elle s'occupera des repas, des chambres, de son mari et de son travail. Elle sera très malheureuse, et très heureuse aussi. Elle pleurera parfois sur sa carrière manquée d'actrice, sur son envie de partir et de tout quitter. Maria, la benjamine, le fera à sa place. L'exemple qu'elle laissera à ses filles Alexandra et Maria sera son expérience de mère, à suivre ou à condamner avec la fougue de ceux qui ont vidé la maison.

Dans un coin du grenier, elle voit le landau en osier dans lequel elle promènera et endormira tous ses enfants, tour à tour. Il est en mauvais état, elle le fera réparer plusieurs fois.

Au cours des années qui nous séparent de la première fois où elle m'est apparue en train de pousser ce landau avec son plus jeune fils, Sofia a remis la maison en ordre, elle a accouché de ses enfants et les a élevés, pendant que Grigori recrutait à Toula des paysans sans chaussures pour combattre les Allemands en Ukraine, les Anglais au Nord et en Géorgie, les Tchèques sur la Volga, les Japonais en Orient et l'Armée blanche sur le Don. Les paysans s'enrôlaient pour se nourrir mais étaient prêts à déserter pendant les mois de récolte.

Comme la cocotte pendant la Commune, dans la maison transformée en infirmerie, Sofia a soigné les soldats ouvriers mal habillés et mal nourris, prêts à tout pour empêcher les Blancs de reprendre la Russie. Elle a fermé leurs yeux ou les a aidés à se relever. Elle a diagnostiqué variole, choléra, dysenterie mieux que n'importe quel médecin. Pendant les années du communisme de guerre où le marché noir était interdit, elle a troqué, à l'insu de Grigori, les bijoux de sa mère contre les produits de la terre que lui portaient les paysans et la marchandise des colporteurs. Ils arrivaient des villes avec leurs cargaisons de semelles de chaussures, de pétrole, d'étoffes, de manteaux. Grigori, peu payé par le Soviet local, ne s'en est jamais aperçu, convaincu de pourvoir à tous les besoins de la famille.

Avec le temps, les difficultés, l'habitude de la vie commune, Sofia a eu l'impression de l'aimer plus que lorsqu'ils s'étaient connus, mais de le détester certains jours comme jamais cela ne lui était arrivé les premières années. Elle s'est demandé, comme la femme de Tolstoï, quel était ce lien composé de sentiments extrêmes et contradictoires la rendant forte et fragile, heureuse et insatisfaite. Elle l'a souvent écrit dans son journal.

13 août 1918

Grigori est à Toula, il n'est jamais présent. Il rentre tard le soir ou alors il reste dormir en ville. Mon ventre est lourd, il faut que je cherche une sage-femme. Micha veut marcher et ne s'arrête jamais, même Sonia n'arrive pas à le suivre. Le soir, je suis si fatiguée que je m'allonge sur le lit et je m'endors. Je me rends compte que je n'écris qu'au sujet de détails pratiques, mais j'ai du mal à comprendre mes sentiments, j'ai l'impression que c'est un luxe de s'en soucier.

Grigori me raconte qu'ils enrôlent n'importe qui au Soviet, tous ceux qui se présentent, et qu'ils ont réorganisé les usines d'armement de la région. Notre armée compte beaucoup de soldats et peu d'officiers ; les Blancs, quant à eux, sont presque exclusivement de vieux généraux, sans personne pour obéir. Nous avons besoin de trois millions d'hommes à déployer contre les armées qui nous attaquent. Ce sont des paysans, ils ne savent pas tirer, ils n'ont pas de chaussures. Ils enrôlent même des officiers de l'armée tsariste s'ils en trouvent, mais ils les placent sous le contrôle des commissaires militaires. Les blessés du front ukrainien ont commencé à envahir la ville et les villages. Avec Sonia, nous en avons installé cinq à la maison, sur des matelas qu'on nous a apportés du village. Mais il y en a beaucoup d'autres qui arrivent. Ils étaient couverts de poux, alors nous avons lavé et fait bouillir leurs uniformes. J'ai demandé au médecin de Chtchiokino de nous fournir des pansements, des morceaux d'étoffe, du désinfectant et du savon. Sonia est une brave fille, mais elle est jeune et ne veut pas se donner trop de mal. Je la comprends, mais si elle veut manger, elle doit m'aider. Sa mère me l'a confiée. Elle n'a que quatre ans de moins que moi, mais je me sens vieille maintenant.

Mes sentiments pour Grigori sont complexes. Je l'attends toujours et, lorsqu'il arrive, je me sens exclue de tout ce qu'il a vu et me raconte. Il me parle d'une camarade avec laquelle il fait le tour des villages à la recherche des déserteurs et des accapareurs de céréales. Il dit qu'elle est laide, mais leur proximité m'inquiète, même si aujourd'hui, il ne faudrait plus éprouver ce genre de sentiments. C'est moi qui devrais être avec lui, mais il y a Micha, et l'autre enfant qui va naître, et cela ne m'est plus possible. Nous avons vécu la révolution ensemble et maintenant je suis à la maison, et lui dehors. Il dort avec une arme sous l'oreiller. Il voit des traîtres partout. Des bandes de paysans armés se cachent dans les bois pour échapper aux réquisitions et à l'enrôlement de force.

10 septembre 1918

Micha n'a pas encore un an mais il marche tout seul ; il tombe souvent et ne pleure pas. Il me regarde toujours les yeux pleins d'amour. Il y a quelques jours, nous avons eu la visite du fils de mon père et de la paysanne qui travaillait chez nous, il s'appelle Nikolaï. Il a amené sa femme avec lui. Nous étions assis dans la salle à manger où j'ai installé l'unique table. Nikolaï regardait fixement le portrait de ma mère que j'ai remis à sa place. Sa femme est petite, brune et silencieuse. L'exact opposé de lui qui est un géant. Mon frère a survécu à la guerre contre les Allemands, mais il a perdu une main et ne peut plus ni s'enrôler ni être chauffeur, m'a-t-il précisé. Je lui ai appris que notre père s'était enfui. Il a fait un bond sur sa chaise. C'est difficile à croire, mais sa mère le lui avait toujours caché. Il s'est mis à pleurer en l'invoquant. Sa femme l'a pris dans ses bras et l'a consolé comme un enfant. Je lui ai dit que ce n'était pas sa faute et que la révolution nous avait tous rendus égaux. Il a pris mes mains dans celle qui lui restait et les a baisées.

Ils se sont installés dans les pièces jadis occupées par notre père. J'ai ressenti une grande satisfaction à les leur attribuer. Ils m'aident désormais avec la maison, mon fils et les blessés. Il est difficile de se détacher des lieux où l'on a grandi. Même le cheval favori de notre écurie est revenu. Nikolaï l'a vu par la fenêtre en train de brouter l'herbe du jardin. Les paysans qui ont vidé la maison avaient aussi pris tous nos chevaux. Mais celui-là s'est enfui et est revenu. Mon frère le panse et prend soin de lui comme si c'était son fils.

Tout change mais une part de nous reste identique. Nikolaï a fabriqué dans sa chambre une niche sacrée, comme le faisait sa mère dans leur *isba*. À la place du tsar dont il a pris le nom, il y a désormais le portrait de Lénine. Depuis l'attentat auquel il a échappé par miracle, les gens disent que c'est Dieu qui nous l'a envoyé.

25 octobre 1918

Micha et la révolution ont eu un an. Et Alexandra, ma fille, est née le 30 septembre. Toutes les difficultés que j'ai eues à allaiter le premier me semblent bien loin, ma fille se met au sein sans peine, elle tète et s'endort. Elle est née en quelques heures, comme l'avait prédit la sage-femme qui m'a sauvé la vie à Petrograd. Je la mets dans le landau et je l'emmène partout avec moi. Plus il y a de vacarme, plus elle est paisible.

Dans le salon, avec l'aide de mon frère, j'ai installé une salle de cours. Les enfants et les anciens qui ne se sont pas enrôlés viennent maintenant qu'il n'y a plus de travail dans les champs. Je leur apprends à écrire, lire et compter. On nous a donné le nouveau livre de textes pour l'école élémentaire écrit par notre grand Maïakovski.

On y lit cette phrase : « Les bolcheviks poursuivent les bourgeois – les bourgeois détalent comme des lapins. » Les paysans rient et apprennent. Celle-ci amuse les enfants : « Les vaches ont du mal à courir aussi vite que le premier ministre Kerenski. »

Sergueï m'a écrit depuis le front oriental. La lettre a mis un mois à arriver. Il me raconte les représailles terribles infligées par les nôtres aux Blancs faits prisonniers et celles des Blancs contre les nôtres. Il m'écrit : « Peut-être est-ce parce que je me sens un artiste, mais je n'arrive pas à supporter de voir des personnes comme toi et moi se transformer soudain en bourreaux qui violent les femmes et torturent les prisonniers avant de les tuer. Je sais que je ne devrais ni l'écrire ni le penser, car il est de notre devoir de défendre la révolution en péril et ses idées, mais à toi je peux le dire. Ma nature est encore trop faible, je dois me renforcer, devenir un homme, un vrai, et c'est ce que je vais faire. »

Je lui ai écrit au sujet de Grigori et d'un spectacle que j'organise pour les enfants de l'école. Je pense à Maïakovski qui s'est mis au service de la révolution, à Grigori qui est devenu commissaire militaire de l'Armée rouge de toute la région de Toula, et à Sergueï qui ne peut pas supporter la violence. Je ne pourrais pas non plus. Je me suis toujours sentie proche de lui, même pendant les discussions enflammées dans notre grenier. Lui se taisait et observait, il les regardait un par un, il enregistrait leurs visages, les bouches hurlantes, les gestes frénétiques des mains. Il voulait être comme eux, mais il n'était fait pas du même bois. Et moi ? Devrais-je entrer dans l'armée, utiliser une arme comme le font certaines camarades et m'habituer au sang ? Une tâche différente m'a été assignée. Nous avons enterré dans la forêt les soldats morts ici, nous connaissions le nom de certains, d'autres n'étaient que des corps à l'agonie. Il faut tant de soin pour les élever et un seul coup de feu suffit à les anéantir. Je ne sais comment résoudre cette contradiction.

En 2007, j'ai écrit un roman, *L'Illusion du bien*, qui se déroule en Italie et en Union soviétique. La relation entre un communiste italien et une Russe émigrée en Italie, fille d'un dissident des années 1960. Pour écrire le livre, je suis allée à Budapest, aux archives de l'Open Society où sont conservés des milliers de samizdats, de morceaux de papier, de lettres, de messages, copiés au papier carbone et circulant clandestinement sous le régime soviétique. J'avais l'impression qu'en Italie, tous ceux qui avaient été communistes, ou qui se sentaient encore communistes au plus profond de leur cœur et de leur conscience, ne voulaient plus en parler. Après la chute du mur de Berlin, le sujet était systématiquement écarté. Ces bouts de papier dont le moindre centimètre carré était couvert de suppliques, de requêtes, de réflexions intimes, de poésies, de confessions ; ces lettres de condamnés à mort me semblaient autant d'ex-voto inversés, rédigés pour un vœu non exaucé. Et ce silence me paraissait entretenir leur illusion et la nôtre, empêchant l'évolution de la pensée en lui substituant une vague nostalgie sentimentale. Tous ceux d'entre nous qui nous étions sentis communistes aurions dû écrire sur ce thème et en parler librement. Lorsque le livre est sorti, il a été attaqué par *l'Unità* qui a publié par la suite un démenti de la critique virulente. C'est mon seul roman qui n'est pas traduit en France où, je crois, le refoulement est encore plus profond.

En 1918, l'année où vit Sofia, Gorki écrivait aux dirigeants bolcheviks : « … Les crimes répugnants que vous avez commis à Petrograd ces dernières semaines sont la honte du régime et suscitent partout la haine et le mépris[1]. » Et la réponse de Lénine fut, reprenant les mots de l'écrivain : « Les artistes sont des irresponsables. » Il avait raison. Sergueï était un irresponsable, lui qui ne se sentait pas assez homme pour regarder en face la violence inévitable d'une révolution, comme Sofia qui élevait les enfants et enterrait les morts. Et Grigori devait bientôt rejoindre le groupe.

1. Lettre à Zinoviev, mars 1919, *in* Orlando Figes, *La tragedia di un popolo, la rivoluzione russa 1891-1924* (*La tragédie d'un peuple, la révolution russe 1891-1924*), Corbaccio, p. 777-778.

7

Cinq cents paysans munis de fourches et de haches, accompagnés des déserteurs armés de fusils qui se cachaient dans les bois, marchent en direction de Toula, vers le siège militaire du Soviet où travaille Grigori. On leur avait promis la paix et on les force à s'enrôler. La récolte et les chevaux sont réquisitionnés brutalement par l'armée. Ils veulent s'autogouverner, créer des milices populaires pour protéger la liberté du commerce. Ils réclament des élections et l'abolition de la police politique.

Grigori les voit arriver depuis la fenêtre, aux côtés de la camarade qui est devenue sa maîtresse, des autres commissaires et des soldats de garde. Terrorisés, ils se barricadent dans l'édifice et télégraphient au Parti à Moscou pour demander des renforts immédiats. Ils ne les ont jamais vus aussi nombreux, aussi unis, bien qu'ils aient l'expérience de la lutte contre les paysans. Ils ont formé des groupes qui traversent les campagnes à la recherche de réserves enterrées dans les champs ou sous le plancher des *isbas*. L'imagination et la résistance déployées par les anciens des villages pour protéger les récoltes et leurs fils déserteurs les exaspèrent et les rendent cruels. Ils ne répondent pas, ils ne parlent pas. Des regards de haine les suivent alors qu'ils fouillent dans tous les coins.

Dans l'un des villages, Grigori est monté sur une charrette et a tenté de les convaincre du bien-fondé de leur action.

– Camarades, la Russie est encerclée, la révolution vous a donné la terre, si les Blancs l'emportent, les nobles reviendront dans leurs propriétés et il ne vous restera plus que des miettes. Dénikine, le général blanc, l'a dit. Nous avons besoin de nourrir nos soldats sur le front, nous avons besoin de chevaux. Lorsque la guerre sera terminée, vous serez libres de cultiver et de garder la récolte pour vous, vos fils iront à l'école, ils pourront décider de leur vie. Mon père est un ouvrier, je sais ce que sont la faim et le travail. Nous faisons tous des sacrifices pour l'avenir de nos enfants.

Ils le fixent d'un air imperturbable. Au premier rang, une femme tenant un bébé dans les bras et un autre par la main le dévisage, sérieuse, le visage fermé comme celui de son fils en bas âge. Appuyée à la charrette, sa maîtresse le regarde aussi. Brune, passionnée et sévère, elle n'est pas laide du tout. Contrairement à Sofia, elle vient du peuple, son père est cordonnier. Marina a travaillé dans l'une des usines de la région, elle a pris la tête des grèves avant de quitter la fabrique pour militer au parti. Elle ne peut pas avoir d'enfant, elle est mariée mais son mari est parti avec une autre. L'amour est libre désormais et les couples se défont rapidement. Les femmes restent seules pour élever les enfants. Grigori n'aurait pas fait ça à Sofia, même s'il redoute de faire l'amour avec elle et de la mettre enceinte à nouveau.

Parfois il rêve de ne plus rentrer à la maison, de partir avec l'autre femme, sans responsabilités, comme lorsqu'il travaillait au théâtre de Petrograd avec Sergueï. Il ressent la nostalgie de leur amitié, des soirées à parler d'art, de peinture, de scènes. Aujourd'hui, Sofia a toujours mille choses à faire, elle s'énerve pour un rien, puis elle s'en veut et le serre dans ses bras en lui demandant pardon. Son père n'est plus là, c'est lui sa famille. Micha l'attend et leur fille grandira et l'attendra à son tour. Grigori se rend compte que ce sont eux, les enfants, qui l'ont éloigné d'elle. Il ne la désire plus comme avant et elle le sent, c'est pourquoi elle le tourmente, elle est jalouse de l'autre. Elle a raison. Qu'est-ce qui tient désormais les hommes, les femmes et les enfants ensemble ? Il n'y a plus de Dieu ni même de popes. Son père ne les aurait jamais abandonnés, sa mère et eux. Ce n'était même pas envisageable à ses yeux. Mais c'est possible maintenant et tout le monde a envie de le faire. Il n'a aucune nouvelle de ses parents à Ekaterinbourg. Les Tchèques l'ont conquise en juillet et toutes les communications ont été interrompues. Quelques jours avant l'arrivée des troupes blanches, on a exécuté le tsar qui avait été conduit là, de crainte qu'il ne soit libéré. Au Parti, on raconte que toute la famille a été assassinée. Grigori n'y croit pas, la propagande contre eux fait rage. C'est pour cela qu'à chaque réquisition il tente en vain d'expliquer et de parler aux paysans. Mais il faut ensuite tirer, d'abord en l'air, puis contre le déserteur qui s'enfuit, déterrer les réserves et les réquisitionner. Les mères pleurent, les hommes âgés se rebellent et il faut les frapper pour les immobiliser. Grigori, sa camarade et les autres du groupe s'enivrent après le service. Les plus cruels sont d'extraction la plus humble. Ceux qui ont souffert la faim, les privations, ce sont souvent des paysans eux-mêmes, ils se sont enrôlés, ont tué pendant la guerre d'abord, puis au nom du Parti, ils sont parvenus à des postes de commandement et, à présent, ils ne savent plus vivre autrement. Il n'a jamais rien raconté de cela à Sofia.

Les insurgés sont en train de mettre le feu à la porte du bâtiment du Soviet de Toula. Après avoir télégraphié à Moscou, Grigori et les autres prennent la fuite par une sortie latérale, ils cherchent un abri dans les rues, frappent à des portes que personne n'ouvre. Où sont donc les foules qui les applaudissaient, les places remplies de femmes et d'hommes à Petrograd qui criaient : « Hourra ! Hourra ! » ? Grigori et sa camarade se sont retrouvés seuls au coin d'une rue, dans le froid glacial de novembre. Ils entendent les cris qui se rapprochent, frappent à grands coups sur une fenêtre basse aux volets fermés et murmurent, la voix étranglée par la peur :

– Ouvrez, camarades !

Comme tout ce qui venait de Russie, *Le Docteur Jivago* était aussi très apprécié chez mes parents. Une lecture obligatoire, suivie du film. La guerre civile : Youri, le merveilleux médecin poète, héros du roman, s'est réfugié dans l'Oural, comme Pasternak, et il va de sa femme Tonia, enceinte de leur second enfant, à Lara, la blonde aux yeux bleus rencontrée au front, sa maîtresse et sa muse. Cette situation, qui reprend le trio le plus banal qui soit – et dont Sergueï et son nouveau théâtre voulaient à tout prix s'écarter définitivement –, était aussi celle de l'auteur qui se partageait entre la mère de ses enfants et la femme qui lui avait inspiré le roman. Pasternak attribue à la révolution le bouleversement des vies individuelles, la perte de la famille, l'occasion de vivre son amour avec Lara au milieu de la tragédie de la guerre. En lisant le livre, petite, je rêvais sans hésitation d'être aimée comme elle. Tonia, l'épouse, avec sa douceur, ses grossesses, sa patience, les attentions dont elle entoure son mari, jusqu'à comprendre son amour pour l'autre, me mettait en colère. Mais aujourd'hui je me mets à sa place. Lara m'intéresse moins qu'autrefois. Avoir deux femmes permet en tout cas à Youri d'écrire des poèmes, de rêver, de faire l'amour. Comme le dit la cocotte, quelle que soit l'époque, les hommes désirent, en plus de leur épouse, une femme comme elle ou même comme Marina, la révolutionnaire libre et sans enfants.

Entre-temps, sous les tirs, la porte à côté de la fenêtre basse dans la ruelle de Toula s'est ouverte. Grigori et Marina se sont précipités à l'intérieur, la refermant derrière eux. Dans l'obscurité de la pièce, leurs yeux ne voient pas qui les a fait entrer. Puis des braises rouges éclairent peu à peu un poêle fixé à un mur décrépit. Apparaissent des formes assises sur des bancs, une dizaine de femmes, d'enfants, d'hommes âgés, ils se serrent, emmitouflés dans des vestes, des manteaux, des châles, des foulards et des bérets en laine. Ils se sont tournés pour regarder les deux arrivants. Un homme se hisse sur un lit au-dessus du poêle. Il a un chapeau sur la tête et un long manteau, il s'allonge en marmonnant quelque chose au sujet de l'enfer et de l'hiver qui n'en finissent pas. Deux femmes s'écartent en silence pour faire de la place à Grigori et Marina. Ils ont tous les mains sur le poêle, même les plus petits. De l'extérieur parviennent des cris, à l'intérieur le rythme des respirations, toutes différentes. Ils restent là de nombreuses heures. Dès qu'une femme murmure quelque chose et ou qu'un petit pleurniche, l'homme les réprimande depuis sa couche.

– Taisez-vous, sinon ils vont venir…

Les enfants sont muets de peur, ils s'endorment, puis c'est le tour des autres, à la chaîne, appuyés les uns contre les autres. Grigori est resté éveillé, la tête de sa camarade sur l'épaule, mort de fatigue. Il les regarde dormir, ils ronflent, toussent, crachent, se lamentent. Il est attiré par ces visages endormis, par le calme, la puanteur de leurs corps. La tête de sa camarade roule d'avant en arrière sur son épaule. Sofia va penser qu'il est mort, qu'il l'a abandonnée. Elle le dit souvent ces derniers temps, la révolution nous a unis, elle nous séparera.

Un violent désir de s'arrêter lui serre l'estomac. Depuis combien de temps ne dort-il plus une nuit entière ? Toujours courir, se dépêcher, aller d'un endroit à un autre. Se rendre à un point sur une carte, des kilomètres, des véhicules, des réunions, des décisions, des morts. Il voudrait être comme ces Russes endormis, sans la responsabilité du monde, seulement celle de sa femme, de ses deux enfants. Retourner au théâtre. Dessiner, jouer, c'est ce qu'il sait faire. Il se rappelle soudain sa dernière dispute avec Sergueï, ses mots : « On aura besoin du talent de chacun pour construire la nouvelle société. » Où peut-il bien être à présent ?

C'est à ce moment précis que Grigori prend la décision d'abandonner la guerre dès que ce sera possible, il lui a déjà donné les années de sa jeunesse, il a réussi à rester en vie. Les jours suivants, lorsque deux mille ouvriers et soldats de l'Armée rouge arrivent pour réprimer la révolte et qu'il assiste à la pendaison des paysans insurgés sur la place, il est écœuré, certain d'avoir pris la bonne décision, peu importe si les autres disent aussi de lui qu'il est un artiste irresponsable.

Grigori reste commissaire militaire toute l'année 1919, jusqu'en septembre, où ils triomphent des Blancs de Dénikine arrivés aux portes de Toula ; ces derniers ont conquis Orel, l'arsenal du pays, et sont prêts à marcher sur Moscou.

Un régiment des Rouges est arrivé chez eux, comme dans les autres exploitations agricoles de la région.

Ils défendent l'infirmerie que Sofia a créée avec son frère Nikolaï. Le soir, elle lui a appris à lire et à écrire, elle ne voulait pas que les enfants de la classe se moquent de lui. Leur relation dépasse les classes sociales et le mensonge dans lequel ils ont grandi. Elle lui a trouvé un gant pour couvrir son moignon, lui a procuré des livres simples à lire et ils en discutent ensemble. Elle a en partie accompli avec lui ce qu'elle n'a pas réussi à faire avec les orphelins. Comme si le fait d'avoir le même père qu'ils détestent tous les deux les unissait. Sofia s'est demandé si ce rapprochement n'était pas de l'ordre de ce qui échappe à une révolution et ne peut exister qu'entre individus. En revanche, l'entente est impossible avec la femme de son frère. Elle est jalouse, bien que Sofia ait reconnu qu'elle était meilleure pour cuire le pain, préparer les biscuits et tenir la maison. Elle n'arrive toujours pas à tomber enceinte, et regarde Micha et Alexandra avec hostilité. Leur affection pour son frère les divise.

Sofia n'a plus un instant libre. Les enfants grandissent au milieu des soldats blessés et jouent au médecin. Micha vole des bandages dont il enveloppe les mains et les pieds de sa petite sœur. Lorsque le régiment est arrivé, ils ont changé de jeu. Les soldats lui ont fabriqué un fusil avec deux morceaux de bois et Alexandra, qui joue l'Armée blanche, doit s'allonger plusieurs fois par terre, morte.

La plus grande menace contre la révolution arrive bel et bien à Toula, sur la route de Moscou, mais avec elle aussi le miracle de son salut. Le destin de tous dépend de sa défense. Le bruit court dans les villages que les Blancs sont à moins de deux cents kilomètres. S'ils gagnent, il se produira ce que Grigori prédisait debout sur la charrette : les paysans perdront les terres tout juste distribuées. Alors, des centaines de milliers de déserteurs sortent des bois, de leurs cachettes dans les villages. Ils retournent s'enrôler ; ils reprennent les armes contre l'armée des Blancs. Soldats et ouvriers arrivent de toute la Russie, la région entière se transforme en vaste front.

Des années plus tard, Grigori rentre à Toula de Moscou où il travaillait de nouveau avec Sergueï. Les quatre enfants, qui ont grandi, courent vers lui, il apporte un cadeau à chacun. Pour Micha, comme toujours, un petit soldat de l'Armée rouge pour sa collection, car il avait à peine deux ans, comme la révolution, lorsque, le 26 octobre 1919, le groupe d'assaut de cent mille hommes munis de drapeaux rouges, chantant *L'Internationale* à pleins poumons, avait attaqué par surprise l'artillerie blanche et marqué le début de la contre-offensive et de la reconquête de la Russie qui devait changer de nom trois ans plus tard.

8

Il est tard, Sofia et Grigori sont restés seuls dans la salle à manger. Il a démissionné de ses responsabilités au Parti et a demandé à reprendre son travail de décorateur et d'acteur au théâtre du Proletkult de Moscou où la nouvelle culture populaire est en pleine expérimentation. Sofia lui tend une liasse de lettres de Sergueï.

– Il va aller à Moscou lui aussi, il a beaucoup d'idées et veut les mettre en pratique.

Grigori la regarde, elle s'est alourdie mais a toujours l'air d'une petite fille. Elle s'est coupé les cheveux, elle les porte désormais sur le côté et les couvre d'un béret basque. Les femmes russes ont changé, elles mettent des cravates, des vêtements sombres comme les hommes, elles travaillent. Mais Sofia attend leur troisième enfant. Chaque fois qu'ils font l'amour, elle tombe enceinte.

– Et toi, que vas-tu faire ici ?

Elle sourit et verse le thé dans les tasses.

– Ce que j'ai toujours fait. Tout a changé, sauf mon rôle. Il vaut mieux que tu ailles à Moscou et que tu reviennes après, ou alors j'irai te retrouver. Tu reviendras, n'est-ce pas ?

Il s'est levé, l'a attirée vers lui et elle s'est laissé prendre dans ses bras.

– Tu voulais devenir actrice…

C'est la première fois qu'il le lui rappelle. Elle s'est mise à rire et s'est rassise.

– Actrice, j'avais oublié… Nous avons deux enfants et un autre qui va arriver, pourtant nous nous connaissons toujours peu, Grigori. Nous n'avons pas eu le temps, tu n'étais jamais là. Comme le disait Sergueï, les problèmes individuels doivent passer au second plan. Et puis, on n'a plus besoin d'actrices, il me l'a dit aussi. Vera est morte du typhus, tu sais, elle était si talentueuse, je l'imitais toujours. J'aimais la façon dont elle souffrait et pleurait sur scène. Mais ces drames n'intéressent plus personne aujourd'hui. Sergueï m'a écrit que lorsqu'il reviendra, il voudra mettre en scène des histoires qui racontent ce que nous avons vécu, des spectacles sur la réalité. Un jour, son régiment est entré dans une usine, il a vu les ouvriers au travail, leurs corps, leurs visages, les matrices de l'atelier, mais puisqu'il serait peut-être impossible de recréer cette vérité sur une scène, il a pensé aux actualités filmées et au cinéma, il n'y connaît pas grand-chose, il veut apprendre. Il a vu un film américain extraordinaire, grandiose, qui l'a beaucoup inspiré : des épisodes importants de l'Histoire – depuis la chute de Babylone à la crucifixion du Christ, et même une grève d'ouvriers. Entre deux épisodes, Griffith, le réalisateur, a inséré un plan où une femme berce un couffin sous un rayon de lumière bleue. Il m'a écrit que cette femme berce le temps et qu'en la voyant, il a pensé à moi. Peut-être qu'un jour je jouerai dans un film de ce genre, qui sait, mais pour le moment j'ai les enfants, mon frère, la maison, quelqu'un doit rester bercer le temps.

Six ans plus tard, Sofia regagne enfin sa chambre après avoir couché ses quatre aînés. Elle s'assied à côté du landau en osier où le dernier s'agite car il a faim, elle le prend, le met au sein ; elle s'apprête à lire la lettre de Grigori envoyée depuis le tournage à Odessa.

Lorsque ma mère est morte, j'ai trouvé un mot dans son portefeuille. Elle était le centre d'une famille nombreuse et animée, elle a élevé quatre filles, aimé et gardé autour d'elle de très nombreux petits-enfants. Avec mon père, ils sont restés ensemble toute leur vie. Il était en tournage surtout l'été et elle partait avec nous. Je n'ai véritablement compris ce qu'elle avait fait qu'après sa mort. Son absence a mis en évidence l'échec de nos mariages, la dispersion des familles. Chaque samedi, elle accueillait tous ses petits-enfants pour le déjeuner, la table était mise pour un nombre variable de grands et de petits. Ses filles n'étaient pas conviées ce jour-là.

– Ils doivent être libres de parler de ce qu'ils veulent. S'ils crient trop, j'éteindrai mon appareil auditif.

Je crois que Sofia, la mère russe, m'est apparue dans l'appartement blanc où je souffrais de ma seconde séparation parce que j'avais besoin de ma mère, du travail de toute sa vie dont la seule rétribution était l'amour. Lorsqu'elle est morte, mon fils a écrit à son sujet : « Chaque famille a son soleil. » Elle me paraît maintenant si proche de mon personnage.

Avant de faire lire à Sofia la lettre de Grigori depuis le tournage du *Cuirassé Potemkine*, je transcris ici le mot que ma mère avait laissé à mon père en partant. Il représente à mes yeux l'idée même du mariage d'un autre temps.

Mon amour,

Pardonne-moi si je t'abandonne quelque temps. Je reviendrai bientôt. En attendant, tu peux en profiter pour travailler, manger et dormir. Je t'aime, même si parfois nous nous disputons, nous sommes unis pour le meilleur et pour le pire, jusqu'à la mort. Ne sois pas triste. Je te laisse le livre sur Manzoni, tu pourras en lire quelques pages le soir avant de dormir. Bon travail, mon amour, bonne chance sur la route de ton nouveau film. Je t'embrasse fort, ta Giulia.

Et voici la lettre de Grigori :

Chère Sofia,

Voici des semaines que nous filmons autour de ce maudit escalier. Nous n'en pouvons plus, mais Sergueï a une idée à la minute. Des masses de figurants montent et descendent docilement les cent vingt marches, ils se jettent, tombent les uns sur les autres et, au signal, ils se relèvent et on recommence. J'ai mal aux genoux mais je sens que nous sommes en train de faire une grande œuvre. Peut-être même notre œuvre la plus grande. Nous avons fait construire une sorte de funiculaire avec des rails qui courent le long des marches, ainsi nous pouvons suivre en mouvement la fuite de la foule, la panique, la chute des corps face à l'avancée des soldats. Avec Sergueï, nous avons choisi les personnages un par un. Ils doivent correspondre à des types précis. Au cours de ces années, nous avons rencontré ces hommes, ces femmes, ces enfants dans les rues et sur les places. Leurs visages exaltés, enthousiastes, terrorisés. Les vivants et les morts. Nous les avons remis sur la scène. Il n'y a pas d'acteurs professionnels, certains sont ceux qui ont vécu en personne le massacre, ici, il y a vingt ans.

Sofia ma bien-aimée, tu nous manques à tous les deux, mais aujourd'hui nous t'avons rendu hommage en tournant une scène très émouvante, j'essaie de la décrire.

Une jeune mère est au sommet des escaliers avec son landau en osier, nous avons pris exactement le même que le nôtre. Sergueï a choisi une femme qui te ressemble. Dans le landau, il y a un nouveau-né de quelques mois comme notre petit. La mère a peur, elle couvre le landau de son corps pour protéger son fils ; terrorisée, elle fixe du regard les fusils des soldats en marche. Gros plan sur ses mains qui serrent les côtés du landau. Un coup de feu… La femme est touchée, elle desserre les mains, touche le sang qui coule sous la ceinture de la robe, s'effondre lentement, s'appuie sur les roues… Le landau roule jusqu'au bas des marches… Gros plan sur les roues qui oscillent avant de plonger… Sergueï a voulu attacher le landau au funiculaire pour l'assurer et que la caméra puisse suivre l'enfant abandonné par sa mère, qui sursaute à chaque marche et pleure… Ce soir, épuisé, je suis heureux que tu sois là-bas avec nos enfants, vivants et en bonne santé, serre-les dans tes bras l'un après l'autre de ma part, je t'embrasse fort, ma chérie, à bientôt.

Sofia a replié la lettre, couché le dernier-né, elle s'est allongée sur le lit blanc comme celui où j'ai perdu le sens de ma vie pour laisser place à la sienne. Nous restons là quelques instants, l'une à côté de l'autre, à presque cent ans d'écart.

Leur révolution est loin, des décennies de dictatures, de persécutions, de morts en ont terni la grandeur. Et pourtant Sofia y a cru, comme Grigori, Sergueï et tant d'autres ; le mythe de ce changement a perduré jusqu'aux années de notre jeunesse. Les œuvres de Sergueï sont des classiques inégalables, bien qu'un acteur comique de chez nous s'en soit moqué et les ait taxés de films idéologiques barbants. Alors que *Le Cuirassé Potemkine* résume avec génie l'effort inouï de ces années, l'accélération inévitable, le moment où tout change, tout ce qui était connu jusqu'alors, nourri par des idées nouvelles et des siècles de silence, d'injustices, de guerres.

Sur le lit blanc, allongée à côté de Sofia et du landau, je pense à la réalité modeste qu'elle a vécue et je me demande si elle pourra jamais devenir Histoire. Quant à elle, elle a envie de pleurer, elle se sent loin des deux hommes de sa vie, exclue, mais elle sèche vite ses larmes : mieux vaut s'endormir tout de suite pour profiter des heures de sommeil du bébé.

Troisième partie

L'étoile des neiges

« Si, par un matin, tu viens jusqu'au sommet des montagnes
Tu trouveras une étoile des neiges en fleur sur mon sang
Pour l'indiquer, il y a une croix, j'ignore qui l'y a mise. »

Francesco De Gregori, *Stelutis alpinis*

1

Un garçon brun, très beau, vient à ma rencontre dans le couloir de mon ancien appartement où je suis revenue vivre après ma séparation. Je lui demande :

– Qui es-tu ?

Il pâlit et me fixe en écarquillant les yeux.

– Maman…

Ça recommence.

Ces crises ne m'arrivent pas souvent. À dire vrai, elles se sont concentrées sur deux années critiques. Je n'en ai plus eu depuis. Le beau garçon me prend par la main, me conduit dans la chambre. Je m'allonge sur le lit, je le regarde.

– Mais quel beau garçon, mon fils ! lui dis-je pour dédramatiser.

Il est épouvanté.

– On va appeler le médecin et tu vas faire un électro-encéphalogramme.

J'en ferai un peu après, sous la pression familiale : on ne trouvera rien.

Enfant, on me disait : « Tu racontes des histoires. » Mais ce n'était que la partie émergée de l'iceberg, en moi bouillonnaient des intrigues, des inventions extravagantes, des liens invisibles que je ne pouvais raconter à personne.

L'enfance est remplie de scénarios fantaisistes, ils refont surface par fragments à l'âge adulte, mais jamais avec l'intensité des premières années. Des souvenirs pâlis d'une opulence passée. Lorsque nous jouons, nous sommes tous des romanciers.

Mon fils m'observe d'un air soucieux. Peu à peu, je reviens à moi, je le rassure.

– Je me repose un peu et ça va aller, vas-y, ne t'inquiète pas.

Il ferme les rideaux et la porte, soulagé.

Les pièces de ma vie se remboîtent avec difficulté, sauf une qui ne va pas avec le reste, elle fait partie d'un autre puzzle, quelqu'un les a mélangées. Mes enfants le faisaient toujours et il fallait de la patience pour les trier. C'est un fragment d'une histoire qui n'est pas la mienne et qui vient pourtant de moi. Je ferme les yeux en le tenant dans mes mains, je cherche lentement la scène à laquelle il appartient. Quand je l'aurai trouvée, je mènerai mon enquête et, comme d'habitude, je découvrirai que tout était vrai, plus précis encore que la réalité.

Un pan de robe couleur ciel, transparente et scintillante comme celle de Cendrillon. Telles sont les pensées d'une jeune femme de vingt ans, cachée sous le prie-Dieu d'une petite chapelle. Le film de Walt Disney n'a pas été encore produit, il faut attendre encore six ans, cinq après la fin de la guerre. La jeune fille a lu le conte dans un petit livre que son père lui avait laissé avant de partir. Toute son enfance, elle a cru qu'il allait revenir, tel le prince charmant, pour la sauver de la rude vie qui lui était échue. Dans les illustrations du livre, Cendrillon vit dans une pièce sombre et froide comme la leur, elle rêve pieds nus à côté du feu et de la cendre dont elle tire son nom. La fée sort des flammes, elle a le visage d'une sorcière ; à l'aide d'un long couteau, elle taille une citrouille pour en faire un carrosse.

Gustave Doré a illustré tous les contes de Perrault, ainsi que *La Divine Comédie* et *Don Quichotte*. Il a vécu la dure époque de la Commune. Ses illustrations sont gothiques et noires, les personnages sont petits, perdus dans des paysages obscurs et lunaires. Enfant, j'étais attirée par les contes, les illustrations en noir et blanc dramatiques et mystérieuses. Je ne lisais pas beaucoup, je regardais les images. Des seaux en zinc, des sols sales, des balais de paille, des fillettes terrorisées, des loups, des sorcières et des fées, de la cruauté et de la peur. J'aimais aussi le monde des petites filles modèles ou méchantes de la comtesse de Ségur, leurs robes à cerceaux, avec des guêtres noires si elles étaient riches, pieds nus si elles souffraient la faim, les évanouissements, le fouet, les larmes, les réconciliations. J'étais mystique, avec une fascination pour le XIXe siècle. J'attribue une part de mes sentiments à la jeune femme que je vois dans la chapelle.

Je commence à enquêter, étudier, où pouvait bien être cette chapelle ? Je la trouve dans le Frioul. Je lis des histoires de saintes, de petites filles pauvres. Et je finis par tomber sur sa photo, le visage souriant d'une fille de la guerre. Le personnage secondaire et oublié d'une intrigue bien plus grande qu'elle. Je sais désormais comment elle s'appelle et qu'elle a véritablement vécu cette histoire. Elle n'est pas un personnage comme les autres. C'est elle en personne, sous son vrai nom.

Elle s'appelle Elda et s'est toujours sentie comme Cendrillon : son père a disparu, elle vit seule avec une mère qui refuse de parler de lui, et un frère plus jeune. Elle est née dans un village du Frioul, puis ils se sont installés dans un autre, non loin du premier. Ils n'habitent pas une maison à proprement parler, mais un local à côté de l'église. Le prêtre a laissé sa mère s'y installer en échange du ménage de l'église et de la sacristie. Il y a juste la place pour le lit où ils dorment à trois, une table et un poêle délabré qui sert à chauffer l'eau et la nourriture.

À neuf ans, Elda s'occupe de son petit frère, le tient dans ses bras, le berce, lui donne son doigt à téter et le regarde pleurer. Elle, elle ne peut pas, elle est déjà une femme, elle doit être sérieuse et responsable, sa mère le lui répète tous les soirs avant de s'endormir.

– *Tu as de imparà a puartâsi pel dovè.* Tu dois apprendre à te comporter comme il faut.

Cette phrase résonne encore dans sa tête, cachée sous le banc du sanctuaire de la Vierge apparue à une petite fille qui était dans la misère comme elle, mais en 1855.

Dehors, on entend des coups de feu isolés.

Depuis l'armistice du 8 septembre, le Frioul est sous administration civile et militaire allemande. À la fin de l'été 1944, après de nombreux combats, les brigades Garibaldi communistes, avec les Osoppo laïques, socialistes et catholiques, ainsi qu'un bataillon slovène – sous un commandement unique – ont reconquis sur soixante-dix kilomètres un territoire dans la province d'Udine : pendant quelques semaines, les habitants ont vécu en zone libre. La victoire du front uni des partisans est aussi due à la démobilisation des forces allemandes dans le nord du pays afin de contrer l'avancée des Alliés qui ont percé le front et libéré Rome.

Mais fin septembre, tout change, l'armée nazie, les fascistes et des troupes de cosaques reprennent le contrôle de la zone, voie de communication cruciale entre les frontières méridionales du Reich et le front des Alliés qui progresse. Ce sont les mêmes cosaques ou leurs fils, enrôlés par les Allemands, qui ont combattu aux côtés des Blancs pendant la guerre civile russe vingt-sept ans plus tôt. Depuis le retrait des Allemands de l'Union soviétique, les cosaques collaborationnistes se déplacent avec leurs familles, femmes, enfants et parents, par crainte des représailles russes, ils arrivent dans le Frioul derrière l'armée allemande qui les utilise contre les partisans et leur promet de les installer dans les territoires nettoyés.

Après la répression et les rétorsions sanguinaires contre les populations de la zone libre, l'incendie de villages entiers et la mort de milliers de partisans, les brigades restantes se sont séparées de nouveau. À l'automne, ce qui restait des brigades vertes s'est réfugié dans les alpages, tandis que la division des brigades rouges Garibaldi s'est arrêtée dans un village voisin et acceptera, en octobre de la même année, de passer directement sous le commandement de l'armée de libération yougoslave. Un ordre refusé par les brigades vertes qui veulent rester sous commandement italien. Le rêve d'une union entre des forces différentes ayant le même but aura duré deux mois. Tout comme l'utopie d'un territoire libéré du nazifascisme, disputé entre l'Italie et la Slovénie. Mais entre juillet et septembre, durant cet été de liberté, personne n'imaginait qu'il y aurait un autre hiver de guerre. Et pourtant il est arrivé, terrible, glacial. Dans la chapelle, Elda a les dents qui claquent de froid et de peur. Nous sommes le 11 décembre 1944 et c'est dans l'ivresse de l'été précédent, le dernier de la guerre, que se sont jouées sa jeunesse et celle de tant d'autres.

2

Six ans plus tôt, à quinze ans, Elda a commencé à travailler au repassage dans une filature de coton. Celle-ci se trouve à quelques kilomètres d'Udine et les mineures qui sont loin de leur maison habitent dans l'usine. Seuls quelques kilomètres séparent son village de la ville, mais elle a préféré rester dormir sur place. Sa mère est toujours dure avec elle et indulgente avec son petit frère. Dans la chambrée, il n'y a que des femmes, des lits blancs côte à côte comme dans un pensionnat. Elda travaille dix heures par jour ; elle donne tout son salaire à sa mère. Il ne suffit jamais et, avec la guerre, la nourriture est toujours plus chère. La filature est une véritable ville, les ouvrières vivent d'un côté, les ouvriers de l'autre. Elle travaille dans la salle de repassage, passe les rubans de fibres dans les cylindres. Un beau matin, elle a pris le bus et quitté le local à côté de l'église du village, avec un sac fabriqué dans une vieille robe de prêtre qui lui servait de drap. Elle l'a cousu, reprisé, y a empilé deux chemisiers, deux jupes, trois culottes, un soutien-gorge, une médaille d'or remportée au concours de gymnastique. Les chaussures sont celles qu'elle a aux pieds, basses, à lacets. Elle en voudrait à talons, mais elle n'en a jamais eu. Sa mère a glissé un chapelet dans son sac.

Sur la première photographie, Elda est radieuse, le visage rond, les joues pleines, les cheveux noués en chignon sur la tête. Les yeux en amande, la bouche entrouverte souriante. Sur une autre, prise avant la guerre, elle est plus sérieuse, vêtue de sombre, un chemisier blanc, prête pour l'usine. On sait toujours très peu d'elle aujourd'hui, et je n'ai pas peur d'avoir recours à mon imagination pour la faire revivre. Rares sont ceux qui se sont intéressés à son existence, on a beaucoup débattu à son sujet. Nous n'avons que quelques jalons du chemin escarpé sur lequel elle s'est aventurée dans l'inconscience de ses vingt ans. L'Histoire l'a ignorée, mais elle est venue à moi avec son rêve enfantin de robe couleur ciel. J'écris dans les vides de sa vie, je relie les points, elle est ma jeune Frioulane, l'étoile des neiges de la chanson.

Peut-être Elda regardait-elle les chaussures à talons dans toutes les vitrines d'Udine, comme le personnage de Mara à Volterra, dans le roman *La Ragazza* de Carlo Cassola dont mon père avait tiré un film. Elles sont pauvres toutes les deux. L'histoire de la *ragazza* de Bube se déroule juste après la Libération, les blessures et les vengeances sont encore à vif. Le rêve le plus fou d'Elda est une paire de chaussures à talons pour aller danser. Ces filles de la guerre ont un point commun : l'aspiration à leur vie de femme, malgré ce qu'elles ont vu et vécu. Même les partisanes les plus déterminées, celles qui ont utilisé une arme et n'ont pas été de simples agentes de liaison, n'adhèrent pas toujours à l'action, elles écrivent des lettres d'amour, racontent leurs sentiments, leur impression d'être parfois extérieures à la situation, elles voudraient avoir leur mot à dire. Mais c'est difficile, l'ennemi à abattre est la priorité, les différences ne doivent pas être prises en considération.

Je suis allée voir mon père sur le tournage du film dans la campagne toscane. J'étais enfant, je ne connaissais pas Claudia Cardinale. Pour interpréter Mara, elle portait une perruque courte ébouriffée, une petite jupe, un chemisier blanc près du corps et des mules. Je la regardais, fascinée. Dans l'histoire, le partisan communiste, un ami de son frère, tombe amoureux d'elle et elle de lui. Il décide de l'emmener en ville pour lui acheter un cadeau. La scène de l'achat des chaussures à talons – « en peau de serpent », murmure Mara, un peu effrayée – est formidable, à l'image de leur relation : lui, bourru, timide et brusque, amoureux mais incapable de le dire, son unique centre d'intérêt est le Parti ; elle, souriante mais tempétueuse, pleine de désirs et de mots. Le réalisateur met toujours une part de lui-même dans tous ses films : la relation entre Mara et Bube ressemble à celle entre mon père et ma mère, peut-être était-ce aussi ce qui l'avait poussé à faire celui-ci.

Elda a toujours vécu sous le fascisme. La première année où elle travaillait à l'usine, elle est allée avec une amie écouter le Duce de passage à Udine. Le chef d'atelier a réuni toutes les ouvrières et les a poussées à y aller.

– Il vient le jour anniversaire de son allocution il y a seize ans, avant de marcher sur Rome et fonder l'Empire.

– Je suis née l'année suivante, a murmuré Elda.

1938, Mussolini est un minuscule point sur un balcon, la place comble l'empêche de parler. Les gens hurlent, applaudissent à chaque pause. On ne comprend rien. Elda, écrasée contre des hommes et des femmes exaltés, parvient à reconstituer quelques phrases avec l'aide d'Ana, sa meilleure amie. Que dit-il ? Que dit-il ?

– Il dit que l'Italie est aujourd'hui un peuple fièrement debout…

Ana le lui a dit en riant, en couvrant sa bouche de la main.

– Effectivement, il n'y a pas l'ombre d'une chaise, ici… a-t-elle ajouté.

Un homme muni d'un drapeau l'a fusillée du regard. Ana a l'habitude, sa famille est slovène, elle habite dans un hameau d'Attimis qu'elle appelle Ahten et qui comptera beaucoup dans notre histoire, à vingt kilomètres d'Udine en direction des montagnes. À la maison, avec sa grand-mère, elles parlent leur langue en cachette, mais à l'extérieur c'est impossible, tout le monde doit devenir italien. Son père a changé leur nom de famille car personne ne voulait acheter son raisin au marché.

– Il dit que l'âme italienne est un bloc de métal trempé… et si nous sommes prêts à obéir et à croire comme alors…

Elles n'ont pas entendu la fin, la foule a rugi un « ouiii » pendant de très longues minutes. Elda a eu l'impression de s'élever dans les airs et de s'envoler, portée par les voix, comme lorsqu'elle suivait la procession pour la bénédiction des récoltes aux côtés de sa mère, et que son frère, vêtu d'une tunique blanche bordée de rouge, marchait à côté du prêtre avec les autres enfants du village. Les filles n'avaient pas le droit d'accéder à l'autel et d'aider le prêtre durant la messe, même celles qui n'avaient pas encore leurs règles ni de fiancé. Elles pouvaient chanter comme elle le faisait, s'unir aux voix lentes et monotones des femmes. Elle retenait son souffle entre deux airs, pendant les silences remplis par la prière du prêtre, et lorsque le chœur repartait, la tête lui tournait, son regard se perdait dans les nuages, elle avait l'impression de les rejoindre. Sa mère avait accès à l'autel pour nettoyer l'église, Elda était allée l'aider une fois, lorsqu'elle ne se sentait pas bien ; elle avait pris froid et respirait avec difficulté. Dehors, il neigeait et elle ne changeait pas ses bas pour pouvoir donner les plus chauds à sa fille. Elle aimait sa fille avec dureté, elle pensait ainsi la protéger des hommes, elle le lui répétait sans cesse. Elda passait la serpillière par terre et fixait du regard le tabernacle en or, avec ses petites portes fermées sur les hosties qui étaient le corps de Jésus. Comment était-ce possible ? Sa mère avait fait le signe de croix sans lui répondre. Le curé qui les hébergeait et l'avait préparée à la première communion lui avait raconté la multiplication des pains et des poissons, et la cène où Jésus avait donné son corps pour les sauver tous de la mort.

– Lorsque nous prenons l'hostie, Il entre en nous, lui avait-il dit, et nous sauve.

C'était pour cette raison qu'une petite lumière rouge était toujours allumée sur l'autel, parce que dans le tabernacle Il était vivant.

Dans la chambrée de l'usine, Elda s'est fabriqué un petit autel avec le chapelet et une minuscule pierre rose trouvée lors d'un séjour des Petites Italiennes à la pinède de Lignano Sabbiadoro. Sa mère l'y avait inscrite à ses neuf ans, lorsqu'elle était enceinte de son frère et que son père était déjà parti, afin de l'occuper et aussi pour l'uniforme. Elda voulait le porter à l'école : petit béret noir, chemisier blanc, jupe et ceinture, chaussures en cuir, de précieux gants blancs et une pèlerine en laine noire. Lorsqu'elle avait reçu le paquet, elle était devenue toute rouge et s'était mise à pleurer.

– Est-ce qu'ils vont vouloir le récupérer ? avait demandé sa mère.

Pendant le voyage avec les Petites Italiennes, elles dormaient dans de grandes chambrées comme à l'usine, elles se lavaient ensemble, mangeaient au réfectoire, saluaient le drapeau toutes en rang. Elda a toujours vécu ainsi, avec d'autres enfants, d'autres filles, d'autres ouvrières. Des hommes, elle n'en a pas vu beaucoup. Le prêtre de l'église, son frère, les garçons qui passaient en bande et se retournaient sur elle lorsque, à quatorze ans, elle était devenue grande, bien faite, les cheveux blonds attachés sur le côté avec une barrette. Elle était première en gymnastique et aussi en saut en longueur, elle était même allée à Rome pour le concours national de course d'obstacles, au stade du forum Mussolini. Des hommes de marbre blanc, nus, musclés, la regardaient depuis le haut des gradins. Elle s'était laissé distraire à les observer et était restée en arrière, l'enseignante l'avait grondée.

Pendant la messe, au milieu du stade, elle les avait observés du coin de l'œil. Ils lui paraissaient très beaux, mais elle avait peur de le penser, les recommandations de sa mère étaient des signaux d'alarme : reste dans le groupe, ne te fais pas remarquer, *comporte-toi comme il faut*, c'est même mieux si tu ne gagnes pas, comme ça on ne te regardera pas de travers.

Comme beaucoup de filles de son âge, Elda avait une idole : Ondina Valla, championne italienne de saut en hauteur et de course d'obstacles, première médaille d'or féminine italienne aux Jeux olympiques de Berlin, ceux de 1936 immortalisés par la talentueuse réalisatrice nazie Leni Riefenstahl. Ondina et sa rivale, sa camarade de classe et meilleure amie Claudia Testoni, elle aussi championne de saut en longueur et de course d'obstacles. Elda suit toutes leurs compétitions, collectionne leurs photographies en train de courir, de se disputer un titre ou de s'embrasser pour montrer que leur complicité est plus forte que la concurrence. Elle rêve de leurs victoires et d'une amitié semblable. Elle sent qu'elle est plus proche de Claudia, moins sûre d'elle, timide et peu bavarde, mais elle voudrait être comme Ondina, exubérante et toujours souriante. Au coup de pistolet, elle a fixé devant elle un point invisible où se trouvent tous les objectifs de sa vie à venir. Son visage fend l'air et, propulsée vers l'avant sans penser à rien d'autre, elle a décroché la deuxième place. Elle a posé la médaille à côté du chapelet et de la pierre rose trouvée sur la plage de Lignano.

Ma mère aussi a fait partie des Petites Italiennes.

– J'étais bonne en saut et à la course.

Elle se justifiait de cette manière, même si, pour ma part, je n'y voyais rien de mal. Elle aimait le sport, elle était grande et élancée comme Elda, et il n'y avait pas d'autres organisations sportives à l'époque. Elle était née en 1928 et, comme elle, elle n'avait connu que le fascisme, jusqu'à l'après-guerre où, à vingt et un ans, elle avait rencontré mon père et s'était mariée. Qui étaient ces filles nées et élevées sous la dictature puis pendant la guerre ? Elda était une ouvrière, ma mère une aristocrate déchue, à la vie compliquée, avec de nombreux frères et sœurs, une fortune fluctuante. La mère de ma mère était une femme extraordinaire qui a aimé toute sa vie un marquis déjà marié avec lequel elle a eu huit enfants dont sept ont survécu. Elle dessinait et fabriquait des vêtements, un talent inné. Princesse de rang, elle s'était mise à travailler pour une maison de couture afin de subvenir aux besoins de ses enfants, un conte de Cendrillon à l'envers. Ma mère et ses sœurs ont hérité d'elle le don de s'habiller d'un rien, le goût des étoffes et du style. Sur toutes les photographies de l'époque, elles sont simples et élégantes, les cheveux ondulés, souples sur les épaules, un soupçon de maquillage, un sourire.

Si je mets côte à côte les deux photographies, celle d'Elda et celle de ma mère au même âge, malgré la différence de classe, elles ont quelque chose en commun : l'attention portée à soi, au détail, aux gestes, une beauté qui ne se laisse briser ni par la pauvreté, ni par la guerre, ni par l'infériorité de leur condition sous la dictature. Un langage féminin qui traverse les siècles en silence, il lie les femmes de ces histoires et d'innombrables autres dans une intrigue cachée, dont la trame est si serrée qu'il paraît impossible de raconter le travail de tissage nécessaire, le temps utile, la persévérance, la volonté. La mienne pour parvenir à mettre au centre de la toile leurs histoires toujours reléguées à la marge, la leur pour avoir conservé, malgré leur place négligeable dans la société, la force de leur différence. Comment comprendre sinon ces gestes qui dépassent toute logique militaire, même de la part des plus engagées dans la Résistance ? Ada Gobetti qui, au péril de sa vie, porte en cachette, la nuit, un petit bouquet de fleurs à un pendu, victime des nazis, et lui caresse la main raidie ; ou bien qui regarde un enfant endormi dans le fauteuil d'une maison et pense au sien qui risque chaque jour sa vie ; elle voudrait qu'il soit de nouveau petit et en sécurité. Des sentiments qui n'ont pas leur place, comme ceux de Maria Antonietta Moro qui, dans le Frioul d'Elda, au milieu de la furie des combats, tient, dans une ferme où elle se cache, un journal de bataille mais aussi d'amour, comme les filles de toutes les époques, et souffre de l'éloignement du partisan qui deviendra son mari. Rien ne peut faire oublier les principes avec lesquels elles ont été élevées par des mères plus sévères que douces, ni les rêves qui façonnent leurs vies et leur identité, toujours en opposition à la vie dite sérieuse, à la logique de la politique, de la guerre, de la révolution.

Dans le dortoir, Elda occupe le lit voisin de celui d'Ana. Des murs dénudés, seuls un petit miroir – devant lequel, tôt le matin, les filles se bousculent pour se coiffer avant d'aller à l'usine – et une longue étagère où elles exposent leurs trésors. Pour Ana, la photographie de sa famille réunie devant la ferme : les enfants assis par terre dans la cour, la grand-mère vêtue de noir au milieu. Elda les connaît tous. Ana lui a raconté leurs histoires, elle n'a jamais eu de famille comme ça. Elle n'a même pas de photographie de sa mère et de son frère.

– Moi je suis celle à côté de la grand-mère, avec le ruban dans les cheveux. Elle me tient par la main parce que je suis sa préférée. Elle me parle en slovène, ma mère la gronde et lui dit qu'il ne faut pas, que cela peut détruire la famille, que la maison sera brûlée comme le Narodni dom à Trieste, et que les enfants slovènes reçoivent des gifles à l'école. Mais ma grand-mère ne connaît que cette langue, même si j'en doute, parce que quand l'armée italienne est entrée à Ljubljana, je l'ai entendue murmurer : « Italiens assassins. » Sa famille était originaire de là-bas…

Ana baisse la voix pour ne pas être entendue des autres qui bavardent allongées sur les lits, il y a toujours quelqu'un pour cafter au chef d'atelier afin de se faire bien voir.

– Dans la province de Ljubljana, l'armée italienne a déporté et tué des hommes, des femmes et des enfants…

C'est ainsi qu'Elda apprend l'invasion italienne de la Yougoslavie, l'année précédente, au printemps 1941. À l'usine, les nouvelles de la guerre arrivent avec les cartes postales envoyées par les frères et les fiancés. Des soldats italiens dans la poussière de l'Afrique du Nord, à côté de chameaux et de jeunes Africaines à la poitrine dénudée. Une fille de l'atelier pleurait en les regardant et les autres la consolent en lui disant que les soldats italiens ne frayaient pas avec les filles noires. Et puis d'autres des Alpes où les doigts des pieds et des mains gèlent et tombent. Les morts sont déclarés disparus, les mères et les épouses sont convaincues qu'ils reviendront.

Ana lui indique un jeune homme sur la photo.

– Ce beau garçon, c'est mon grand frère Gasper, à côté de sa femme et de ses enfants. Ils aident mon père aux champs, mais ils ont fait des études, contrairement à moi que ça n'intéressait pas trop. Avant, ils enseignaient à l'école de Nimis, mais ils ont été remplacés par des maîtres italiens, et maintenant, la lettre de l'armée est arrivée et Gasper doit partir en Grèce, mon père dit que s'il s'agit de combattre, même les Slovènes font l'affaire.

Elda écoute et découvre que la famille d'Ana appelle Benecia la région qui est le Frioul pour elle. Dans son village, il n'y a pas beaucoup de Slovènes – sa mère les appelle *Slavis* –, mais dans les campagnes, aux environs d'Attimis où a grandi Ana, à quelques kilomètres de là, ils sont plus nombreux, comme s'ils se serraient les uns contre les autres.

Un dimanche, Elda a amené son amie chez elle, au village, sa mère lui avait préparé à déjeuner, elle était contente de la voir et l'avait même embrassée. Lorsqu'elle lui a présenté Ana, elle a répété :

– Anna ?

Elda a rougi et Ana a secoué la tête en riant.

– Avec un seul *n*, même si l'employé de l'état civil m'en a ajouté un de force.

Alors qu'elles débarrassaient, sa mère lui a glissé :

– Il y a tellement de filles italiennes…

Il s'est passé presque la même chose dans le village d'Ana. Elles sont descendues de l'autobus sur la petite place d'Attimis, de dimensions modestes mais avec un clocher si haut qu'il domine la campagne. Des enfants jouent au ballon, ils se sont arrêtés pour les regarder.

C'est la fin de l'été, elles ont quelques jours de vacances, Ana l'a amenée rencontrer sa famille, faire les vendanges avec eux, et elle veut aussi l'emmener en montagne. Elles attendent à côté d'un arbre et Ana est fâchée contre son frère.

– Toujours en retard, depuis que je suis petite !

Mais c'est son père qui est arrivé dans le camion, il a embrassé sa fille. Elda a été présentée et ils se sont installés tous les trois à l'avant. Elle tient sur ses genoux le sac avec ses affaires, elle ne le quitte jamais. Elle a rougi devant le père de son amie et a pensé au sien. Peut-être ne le reconnaîtrait-elle plus s'il revenait. Elle voit les mains usées sur le volant, la manière dont elles se sont posées sur les épaules de sa fille lorsqu'il l'a embrassée. Pour la première fois de sa vie, elle voudrait un homme pour la protéger, peut-être en rencontrera-t-elle un. Maintenant, avec la guerre, il y en a de moins en moins : dans les ateliers, au réfectoire, que des femmes. Avant les vacances, sur l'esplanade de l'usine, deux jeunes ouvriers réparaient des gouttières torse nu. Les filles riaient en passant et les garçons, intimidés, ne les regardaient pas. Elda a pensé aux statues du stade des Marbres, au Duce sans chemise ramassant les épis pour les nouer en gerbes. Les hommes incarnent le danger, la peur de sa mère, c'est peut-être pour cette raison qu'elle en voudrait un. Comme lorsque, enfant, elle a volé l'hostie dans le tabernacle et s'est cachée dans la sacristie, au milieu des robes du curé. Elle l'a fait fondre sous sa langue, les yeux fermés, elle espérait sentir à côté d'elle le corps de Jésus, le meilleur d'entre les hommes, qui avait donné sa vie pour la nôtre. Elle a senti une caresse sur sa joue, mais peut-être était-ce un pan de vêtement sacré.

Elda rêve, comme moi enfant : les nuages s'effilochent dans le ciel, je pensais que Dieu était derrière. Je lisais des histoires de saintes enfants comme Maria Goretti, morte à onze ans en se défendant contre une tentative de viol et qui, avant de mourir, avait pardonné à son agresseur. J'ignore pourquoi j'étais comme ça. Ma mère était catholique mais non pratiquante. Étaient alors en vogue des livres pour enfants racontant des histoires exemplaires de petites filles sages, blondes et mignonnes. Je m'identifiais à elles ou peut-être rêvais-je de transgresser les règles et de rencontrer un homme car, comme Elda, je vivais dans un monde de femmes.

Dans le camion, Ana demande des nouvelles de la famille et son père répond par monosyllabes. Son frère Gasper est parti au front, la grand-mère refuse de parler, sa mère pleure, la femme du frère aide aux champs avec ses enfants et sa sœur, il n'y a plus que des vieux, des femmes et des enfants. Il a lancé un regard à Elda.

– Elle s'appelle comme la fille du Duce ?

Ana l'a devancée.

– Elda, papa, pas Edda.

– Tant mieux, a-t-il répondu.

Ils ont déjeuné tous ensemble, la femme du frère a un gros ventre, elle est enceinte de son troisième enfant. Ils l'ont dévisagée sans dire un mot, Elda n'osait pas porter la cuillère à sa bouche. Même les enfants se taisaient. Seule Ana posait des questions, parlait de l'usine. Qui sait comment une personne aussi vive a pu naître dans une famille muette ? a-t-elle pensé. Elle le lui dit, le soir, dans le lit qu'elles partagent. Lorsque la grand-mère l'a embrassée pour lui souhaiter bonne nuit, elle a dit quelque chose en slovène qu'Elda n'a pas compris, mais elle a eu l'impression qu'elle parlait d'elle.

– Ils sont toujours comme ça, dans ta famille ? Toi, tu es différente.

Ana a ri.

– Ils sont malheureux, et moi je ne veux pas l'être. Mon grand-père qui est mort a épousé ma grand-mère originaire de Ljubljana et l'a amenée ici où sa famille était déjà installée, et elle ne le lui a pas pardonné. Au début, elle voulait partir et rentrer chez ses parents. Mon grand-père répétait que, lorsque l'Italie s'était formée, c'étaient les Slovènes qui avaient décidé de rester avec les Italiens et non avec les Autrichiens, et que c'était important de bien s'entendre. Et puis le Duce est arrivé ; à ses yeux, nous sommes des barbares. Mon grand-père est mort aussi pour cette raison, il était encore jeune, il se sentait coupable de l'avoir amenée ici. Mais ça aurait été pire s'ils étaient restés là-bas : les Italiens ont envahi Ljubljana, ils tuent tous ceux qui se révoltent, des familles entières par représailles, même les enfants. Ils ont déporté beaucoup de gens que ma grand-mère connaît, et maintenant ils ont même pris mon frère. Alors mieux vaut devenir italienne et vivre.

Elda lui avait serré la main.

– Tu es une enthousiaste comme Ondina Valla et moi je suis comme Claudia Testoni, nous sommes amies comme elles. Tout le monde pense qu'elles sont ennemies parce qu'elles courent toutes les deux pour la victoire, mais elles se serrent dans les bras à la fin de chaque compétition. Jure-moi que ce sera pareil pour nous, toujours. Tu es ma seule amie.

Ana avait juré en souriant, Elda est toujours trop romantique.

Elles s'étaient levées à l'aube pour aller en montagne. Ana portait un sac à dos avec du pain et quelques tranches de saucisson. Elles devaient rentrer le soir même, à temps pour prêter main-forte à la récolte du raisin le lendemain.

Qu'il est beau le raisin fogarina
Que c'est beau de savoir le vendanger,
Et de faire l'amour avec ma belle,
Et de faire l'amour au milieu du pré !
Diridin din din !
Diridin din din !
Diridin din din !

Je la chantais avec mes enfants sur le chemin de l'école, Laura Betti l'entonne aussi dans *Allonsanfàn* des frères Taviani. J'ai vu le film dans les années 1970. La scène du chœur de tous les habitants de la ville, maîtres de maison et domestiques, était émouvante, elle laissait penser qu'une cause commune était possible, contrairement à l'histoire du film qui est celle d'une espionne et d'un traître pendant la Restauration. Elda, à une autre époque, sera injustement victime de la même accusation.

Mais nous sommes à la fin de l'été 1942, elle a dix-neuf ans et tout doit encore advenir.

3

Dans la chapelle de la Sainte-Enfant où elle passe la nuit tremblante de froid et de peur, Elda se remémore sa visite avec Ana cet été-là, deux ans auparavant.

Elles sont parties de l'église d'Attimis, ont marché en file indienne dans le bois qui monte jusqu'aux ruines du premier château, puis encore plus haut jusqu'aux ruines du second. Assises sur un muret à côté de la tour, elles mangent du pain et du saucisson. De là, elles surplombent la vallée et le village.

– Les deux châteaux appartenaient à deux branches d'une même famille, ils se disputaient tellement dans le premier qu'ils en ont construit un autre, et puis ils les ont détruits tous les deux.

À cet instant précis, sur le muret, elle était parfaitement heureuse, elle le sait à présent qu'elle est dans la chapelle glaciale. Le souvenir fait cesser ses pleurs et ses tremblements. Elle voit le visage de son amie, ses joues rouges à cause de la chaleur, son sourire en mangeant le pain et en lui passant la gourde d'eau tout juste remplie à la rivière. Je n'ai plus jamais été aussi heureuse, pense-t-elle. Nous avons mis dans le sac le reste des vivres et nous avons continué à marcher jusqu'ici, avant de monter vers les alpages. La chapelle était fermée et Ana m'a raconté l'histoire de la Sainte-Enfant, Teresa Dush, pour qui elle a été construite.

– C'était une petite fille slovène, même si les prêtres disent maintenant qu'elle était italienne et que la Sainte Vierge ne peut pas lui avoir parlé dans notre langue. Comme si la Sainte Vierge ne les connaissait pas toutes. Elle était très pauvre et très bonne. Un dimanche, sa mère lui ordonna d'aller faucher l'herbe…

Non, Elda, je vais te la raconter moi-même, à la manière d'un conte, pour te tenir compagnie alors que tu as peur et que tu penses qu'ils vont te tuer.

Vivait dans le village de Porzûs au milieu du XIXe siècle, une belle petite fille avec des tresses blondes nouées sur la tête. Elle était pauvre, très pauvre. Elle emmenait paître leurs quelques bêtes pieds nus, elle allait à l'église et obéissait à ses parents. À cette époque, le choléra faisait des ravages, Teresa priait la Sainte Vierge de ne pas prendre ses parents aussi, par pitié, elle ne voulait pas rester seule. Qui lui dirait alors quoi faire, qui la borderait dans son lit en l'embrassant pour lui souhaiter bonne nuit ? Teresa faisait tout ce que lui disait sa mère, ainsi, ce dimanche 8 septembre 1855 au matin, elle était allée faucher l'herbe pour les bêtes, même si elle savait qu'il ne fallait pas travailler les jours de fête. Elle coupait l'herbe avec une petite faux lorsqu'une main blanche l'avait arrêtée. Une dame très belle était apparue devant elle, la peau translucide, les yeux clairs. Elle était drapée d'un manteau couleur ciel et ses pieds nus ne reposaient pas sur le sol. Teresa la reconnut aussitôt et se mit à genoux. La dame parlait sa langue, mais personne sauf elle ne pouvait la comprendre. Elle lui dit : « Je te donnerai assez de foin pour plusieurs jours, mais tu dois dire à tes parents que le jour du Seigneur est *sacré. » La petite fille répondit à la belle dame en tremblant : « Mais ils ne me croiront pas. » Elle devint alors toujours plus transparente et s'évapora en lui disant : « Je reviendrai et je t'enverrai un signe. » Teresa rapporta le foin à la maison et raconta son histoire. Celle-ci était sur toutes les lèvres et le village entier la suivait quand elle parlait avec la Sainte Vierge, dans les champs et devant l'autel, dans une langue que personne ne parlait, et tous lui demandaient un signe pour pouvoir la croire. Ainsi, un matin, une petite croix apparut au dos de sa main, brillante comme l'or. Tous s'escrimaient à essayer de la laver, de la frotter, mais pas moyen de la faire partir.*

La voix d'Ana résonne dans les oreilles d'Elda.

– Teresa Dush est morte jeune, elle avait à peine plus de vingt ans, elle était entrée au couvent, mais même morte, la croix était toujours là, devenue rouge sur sa main froide…

Dans la chapelle, Elda regarde le tableau qui s'assombrit à mesure que la lumière décline dehors. La dame à la robe parsemée d'étoiles, la petite faux à la main, la petite Teresa à genoux devant elle, les mains jointes. Elda tient ses mains dans la même position.

– Teresa, Vierge Marie, aidez-moi… Je ne veux pas mourir jeune moi aussi, je n'ai que vingt et un ans et je me suis comportée comme il faut, je n'ai rien fait de mal… Faites que cet homme ne me tue pas à son retour…

Elle se rendit soudain compte que pour elle aussi, tout avait commencé un 8 septembre, celui de 1943.

Mais en novembre 1942, Elda est encore à l'usine avec Ana. Un samedi soir, elles se sont habillées et maquillées, elles sortent avec des amis. Elles sont déjà allées au cinéma à Udine, le dimanche, pour voir le grand succès de l'année : *Nous, les vivants*, tiré du roman de l'écrivaine russe Ayn Rand, avec Alida Valli, Rossano Brazzi et Fosco Giachetti.

Ce film avait beaucoup plu à ma mère aussi. Ayn Rand s'appelle en réalité Alissa Zinovievna Rosenbaum ; elle a traversé la révolution, comme mes trois Russes. Née elle aussi à Saint-Pétersbourg, elle s'est inscrite à l'Institut national de la cinématographie de Moscou précisément l'année où Sergueï réalise son grand film. Mais, durant un voyage en Amérique, Alissa décide de ne plus rentrer dans sa patrie et reste là-bas en changeant de nom, en écrivant des scénarios et son roman antisoviétique qui plaît aux fascistes, surtout au moment où la huitième armée italienne combat les Russes sur le Don.

Elda n'a pas saisi le sens politique du film, mais elle a été très touchée par l'histoire d'amour des trois personnages. Je pense que c'était pareil pour ma mère. Kira, l'héroïne, interprétée par Alida Valli, porte un petit béret comme Greta Garbo dans *Ninotchka* : au cinéma, les révolutionnaires portent tous un béret. Les trois acteurs italiens, habillés à la russe, vivent dans une Petrograd reconstituée dans les studios de Rome, et parlent naturellement italien. Kira aime Leo, un aristocrate malade, comme le sont souvent les aristocrates. Pour le soigner, elle est contrainte de céder aux avances d'Andreï, un commissaire politique avec une cicatrice sur la tempe (comme le révolutionnaire Antipov dans *Le Docteur Jivago*) et la mine patibulaire. Des manteaux épais, des fourrures parsemées de blanc sur les épaules, des chapkas, des fenêtres ourlées de neige et recouvertes de givre cachant les décors de studio, des atmosphères sombres. Le tournage se déroulait en été, on imagine la chaleur. À la fin, Kira reste seule parce que

Leo ne comprend pas son sacrifice et la quitte, tandis qu'Andreï, qui se révèle moins cynique que prévu, se suicide pour elle et ses idéaux déçus.

Elda a pleuré aux dernières répliques du film :

Leo : *Et toi, que vas-tu faire, Kira ?*

Kira : *Je vais partir, toute seule…*

Leo : *Est-ce que je peux t'embrasser ?*

Ana la regardait.

– Qu'est-ce que tu as, tu pleures ?

Ana, elle, avait les yeux secs, comme les amis de son frère avec lesquels ils étaient sortis, des Slovènes tous les deux. Celui qui lui faisait la cour était un ouvrier du chantier naval de Monfalcone. L'autre, un alpin, électricien par temps de paix, était en permission lui aussi et, comme l'acteur, il avait une cicatrice au visage.

À la fin du film, dans le froid, cachés dans un coin de rue pour éviter d'être entendus, la discussion s'était animée. Ana reprochait à Elda son romantisme.

– C'est un film de propagande contre les communistes, tu ne le vois pas ?

Elda ne savait pas quoi répondre, elle n'avait pas les idées très claires ni sur la politique ni sur le communisme.

– Mais l'histoire est belle… avait-elle murmuré, les yeux encore rougis.

Enrico, l'alpin, fumait une cigarette et fulminait contre Ana.

– Tu n'avais rien de mieux à nous montrer qu'un film sur la Russie, je dois y retourner dans six jours ! On n'arrive même pas à parler quand il fait moins trente, la bouche gèle. Ceux-là discutent et s'embrassent comme si de rien n'était.

Giovanni, l'ouvrier de Monfalcone, qui n'était pas allé en Russie, tenait étroitement Ana par la taille et s'était mis à rire.

– Quand on est amoureux, on ne sent même pas le froid.

Ils avançaient dans la rue obscure, Ana et Giovanni enlacés s'embrassaient, et eux parlaient derrière en soufflant de petits nuages de buée.

– Tu es d'Attimis, toi aussi ? Je ne t'ai jamais vue.

Elda rougissait facilement, heureusement il faisait nuit.

– Non, de Povoletto, mais avec ma mère et mon frère nous habitons à Pagnacco, enfin eux vivent là-bas, moi j'y vais le dimanche.

Enrico lui avait raconté d'une traite sa vie au front. On les avait transportés en train militaire de Gorizia vers la Hongrie, en direction du Caucase, puis, à l'improviste, on les avait conduits sur le front du Don, un fleuve immense, tu ne peux pas savoir, plus grand que tous ceux du Frioul. On les avait emmenés dans la plaine, eux, des alpins habitués à se déplacer en montagne. J'ai traversé à pied de nombreux villages dont je ne me souviens même pas des noms, des mules portaient tout l'attirail, et puis ils nous ont fait monter dans des camions. Un jour, une chèvre décharnée était apparue à côté d'une *isba* abandonnée et nous l'avons rôtie. Pour ne pas nous sentir trop loin de la maison, nous donnions les noms de nos villages aux zones que nous défendions le long du fleuve. Il y avait des fossés et des grottes où nous avions construit des tranchées, nous dormions là. Ils me faisaient toujours réparer les véhicules, les camions, les motocyclettes, les armes, comme si j'étais mécanicien et pas électricien. Depuis l'autre rive, les Russes nous faisaient entendre des airs italiens pour nous faire pleurer et nous pousser à nous rendre. C'était la fin de l'été mais il faisait froid. Ceux qui avaient déjà passé un hiver disaient que la glace gelait l'huile des fusils, les grenades et qu'on ne pouvait pas parler. Nous avions construit un four, nous ramassions le blé aux alentours et l'écrasions pour en faire des petits pains. Et puis les Russes ont traversé le fleuve et attaqué. Dans notre secteur, nous les avons arrêtés mais j'ai été touché par un projectile. On m'a renvoyé à la maison en convalescence et maintenant il faut que je retourne au front, mais je suis sûr de ne pas mourir, car si on a été blessé une fois et que l'on survit, on ne peut plus mourir. Puis il avait changé de sujet pour parler de sa mère et de son nom de famille, Vodopivec, que l'état civil avait transformé en Bevilacqua, et pour dire qu'il avait déjà eu une fiancée, mais rien de sérieux. Elda avait la tête qui tournait, elle pensait au fleuve, à la Russie, aux villages, à la bataille, à la chèvre, à la mère et à la fiancée, c'était la première fois qu'elle était aussi proche de la guerre et d'un homme. Elle avait l'impression d'être Kira, elle ne fut donc pas trop surprise lorsqu'il lui demanda :

– Est-ce que je peux t'embrasser ? Comme dans le film.

Elle en avait envie et avait acquiescé, elle avait pensé un instant à sa mère, puis à rien, à ses lèvres, à la chaleur de sa salive. Il y avait donc quand même du vrai dans le film.

Enrico était le premier homme qu'elle avait embrassé, à dix-neuf ans. Ils s'étaient vus d'autres fois le soir, après son service, les derniers jours de sa permission. Lui venait d'Attimis avec la camionnette de son père, ils s'arrêtaient sur le parking de la filature, à côté des quais, cachés par les wagons transportant les balles de coton. Elda lui parlait de son travail, Enrico s'amusait à déboutonner son tablier, mais elle le reboutonnait aussitôt et lui expliquait les différentes étapes du repassage : les cylindres qui tournaient et tiraient le ruban pour le rendre fin et parfait, la manière dont il fallait s'assurer qu'il s'enroule correctement avant de l'envoyer au peignage. Il était émerveillé par son habileté, la complexité de la filature et elle, par sa connaissance parfaite des circuits d'une radio et sa capacité à monter n'importe quelle machine électrique les yeux fermés ; peut-être pourrait-il lui aussi travailler à l'usine à la fin de la guerre. Elle se voyait dans une maison où il pourrait tout réparer et lui l'imaginait repasser les draps de son lit sans un faux pli. Cinq jours, une vie, presque entièrement passée dans la camionnette à s'embrasser, à parler. Un soir qu'il faisait moins froid, ils sont allés se promener vers la rivière qui coulait près de l'usine et servait à laver les étoffes.

– C'est celle qui passe à côté de mon village, même si ici, elle change parfois de couleur à cause des teintures qu'ils y versent. J'y emmenais mon frère, à Pagnacco.

Enrico regarde l'eau du ruisseau qui coulait encore vite.

– Lorsque j'arriverai au front, le fleuve sera déjà gelé. Les Allemands nous détestent, tu sais, comme si nous étions ennemis et non alliés.

Cette phrase lui est restée en tête lorsqu'il est parti ; on n'a plus entendu parler de lui, porté disparu. Elda s'est rendue avec Ana chez les parents d'Enrico. Sa mère ne lui a pas adressé la parole, elle n'était rien pour son fils, comme la première fiancée, ils n'avaient même pas fait l'amour.

Au printemps, un soldat revenu du front leur avait appris que les Russes avaient attaqué le front, d'abord en décembre, un mois après le départ d'Enrico, puis de nouveau en janvier. Les Italiens avaient dû battre en retraite sur des traîneaux de fortune, les pieds enveloppés dans des chaussettes découpées dans des couvertures, parce que leurs chaussures n'étaient pas adaptées et prenaient l'eau. Il y avait eu une bataille dans un village au nom qu'Elda ne savait pas prononcer. De nombreux alpins étaient morts, d'abord sur le Don, encerclés par l'ennemi, et plus encore dans ce village qu'ils avaient attaqué pour rompre le siège et permettre aux autres de passer et de se mettre à l'abri. Ils avaient été des héros, ils hurlaient *Vive l'Italie !* en mourant. On les avait laissés là, dans la neige.

Elda ne parvenait pas à imaginer Enrico mort. Elle se souvenait de lui en train de regarder le cours d'eau puis elle ne le voyait plus, comme lorsqu'elle fermait les yeux et qu'il lui entrouvrait la bouche pour l'embrasser. Le soldat avait dit que les Allemands les traitaient pire que des ennemis, que dans la débâcle, par moins trente degrés, ils se moquaient d'eux, les chassaient des traîneaux, des *isbas*, des trains, en les menaçant de leurs armes pour sauver leur propre peau.

Elle l'avait perdu avant même de l'avoir.

Le 21 décembre 1942, Elda avait eu dix-neuf ans, au moment même où Enrico, persuadé qu'il n'allait pas mourir, et son bataillon résistaient à la première attaque russe. Le jour de son anniversaire, elle en avait parlé à sa mère.

– Nous venons tout juste de nous rencontrer, il a un métier, c'est un ami d'Ana.

Sa mère n'avait pas souri.

– C'est un Slovène alors ?

Elda avait secoué la tête.

– Non, non, il s'appelle Enrico Bevilacqua.

– On verra à son retour.

Et au printemps de l'année suivante, elle avait perdu son amie aussi. En juin, il faisait chaud, Ana disparaissait pour aller retrouver Giovanni. Un soir, elle lui avait tout dit. Elle avait allumé une cigarette à l'extérieur du dortoir.

– Je vais à Gorizia avec Giovanni.

– Pour quoi faire ?

Ana avait baissé la voix.

– Pour combattre.

Elda était restée silencieuse, elle essayait de comprendre.

– Combattre qui ?

– Les Italiens et les Allemands.

Elle était de plus en plus confuse, elle se rappelait les propos du soldat rescapé sur l'héroïsme des alpins et la cruauté des Allemands à leur égard, elle ne parvenait pas à connecter les deux.

– Les Italiens et les Allemands sont différents, lui avait-elle murmuré, sans conviction.

Ana avait soufflé sur la fumée pour la disperser.

– Ils sont alliés, Elda, tu ne le sais pas ?

Elle avait rougi.

– Bien sûr que je le sais…

– Ils ont envahi mon pays…

– Ton pays ? Tu ne voulais pas être italienne ?

– Mon frère et Enrico sont morts dans une guerre italienne… lui avait-elle répondu d'un ton véhément.

– Ils sont portés disparus, pas morts.

Ana avait tiré une bouffée rageuse de sa cigarette.

– C'est ce qu'ils disent… Les fascistes les ont envoyés à la mort et ont envahi notre terre, ils nous ont tués, déportés et torturés. Moi je suis slovène, ma grand-mère avait raison, je suis slovène et communiste, et je veux me battre pour mon pays et pas le vôtre.

Et elle avait fougueusement écrasé sa cigarette sous sa grosse chaussure de montagne.

Le dimanche, devant le bus qui la ramenait à Attimis d'où Ana partirait, avec Giovanni, sur les chemins et à travers les bois jusqu'aux montagnes aux environs de Gorizia, elles s'étaient serrées dans les bras l'une de l'autre pour la dernière fois. Elda pleurait, Ana n'y arrivait pas. Elda lui avait glissé dans la main sa médaille remportée à Rome.

– Quand la guerre sera finie, tu me la rendras et plus personne ne pourra nous séparer.

Ana s'était attendrie.

– Comme Ondina et Claudia ?

Elda avait acquiescé et séché ses larmes sur la manche de son tablier.

4

Au printemps 1943, Elda se sent seule à l'usine.

Au printemps 1960, mon père tourne le film *La Grande Pagaille*, sur les mésaventures d'un sous-lieutenant de l'armée royale après l'annonce de l'armistice du 8 septembre. Sont restés célèbres la scène du désarroi d'Alberto Sordi, qui interprète le sous-lieutenant Innocenzi, face aux tirs des Allemands contre les soldats italiens, leurs ex-alliés, et son appel téléphonique au poste de commandement pour tâcher de comprendre la situation. « Mon colonel, c'est invraisemblable ce qui se passe, les Allemands se sont alliés aux Américains ! » Et son cri de désespoir pour réclamer, en vain, une consigne militaire : « Quels sont les ordres ? »

J'étais allée voir mon père sur le plateau lors du tournage de l'une des scènes au poste de commandement, je savais qu'il devait bientôt y avoir les tirs et le bombardement, et je lui avais demandé l'autorisation de rester. Il m'avait enfermée dans une armoire de scène en me disant de ne bouger sous aucun prétexte. Depuis ma cachette, j'avais d'abord entendu son « action », puis les répliques des acteurs incompréhensibles pour moi, les tirs, les explosions, les cris.

Je crois qu'Elda aussi avait l'impression d'être enfermée dans une armoire, à travailler à l'usine dix heures par jour sans comprendre ce qui se passait à l'extérieur. Elle était désormais sûre que son amoureux de cinq jours était mort sous la neige, gelé comme les rivières de ce coin du Frioul où elle était née et qu'Ana appelait Benecia.

Dans le dortoir, le soir, son esprit s'égarait, comme cela lui arrivait pendant les processions, elle suivait les bruits, les respirations et les lamentations des autres. Enrico était sous une plaque de glace, il ne pouvait pas parler, mort, la bouche et les yeux ouverts. Ana courait sur un sentier de montagne derrière Giovanni, toujours le même trajet dont elle ne voyait pas l'arrivée. Le monde où elle avait vécu, d'abord avec sa mère et son frère, puis seule et avec Ana, n'était pas celui dont elle entendait parler à la radio. Il manquait toujours quelque chose pour les réunir sous une même dimension du temps. Elle était née sous Mussolini, puis la guerre au loin, la faim, les morts toujours plus proches. Ce qu'elle gagnait ne suffisait pas à les nourrir tous les trois. Sa mère allait chez le prêtre pour obtenir une ou deux pommes de terre, un morceau de savon.

Voici ce qu'Elda avait compris du monde : les Allemands n'aiment pas les Italiens bien qu'ils soient alliés. Les Slovènes sont communistes et combattent Allemands et Italiens à la fois en Yougoslavie. Les Italiens ont été très cruels à leur égard. Le prêtre avait peur des communistes, il les appelait les bolcheviks. En Russie où Enrico est mort, les Russes font la guerre contre les Italiens et les Allemands. Et elle, qu'en pensait-elle ? Une seule chose était claire : mieux valait ne pas avoir affaire aux Allemands. Elle n'avait pas oublié le récit du soldat revenu du front.

Le chef d'atelier avait autorisé une radio dans le dortoir. Les filles dansaient le swing entre elles sur les notes entraînantes de Natalino Otto.

J'ai un petit caillou dans la chaussure, aïe,
Qui me fait très, très mal, aïe !

Elda dansait au bras d'une fille brune aux cheveux courts, fraîchement arrivée à l'usine, fiancée à un carabinier. Elle était parfois sortie avec eux, mais elle n'aimait pas tenir la chandelle. Cependant elle adorait le swing, un jour ou l'autre elle le danserait avec un homme.

Fin juin était arrivé un cousin qu'elle connaissait à peine, le fils d'un frère de sa mère. Le visage large, des yeux en amande comme les siens, il avait dix ans de plus qu'elle. L'air de famille lui avait fait penser à son père, bien qu'il n'eût aucun lien avec lui. Il était maçon à la journée, là où on l'appelait, il n'était pas au front parce qu'un rocher lui était tombé sur le pied et qu'il boitait. Tous des crève-la-faim, dans la famille.

– Ma mère t'a envoyé pour me surveiller ? lui avait-elle demandé.

Il s'était mis à rire.

– Elle dit que tu ne rentres plus au village le dimanche.

Elle avait haussé les épaules.

– Quand je ne travaille pas, je veux me reposer. Je lui donne déjà tout l'argent, je n'ai pas envie de trimer à la maison en plus, mais ne lui dis pas, ça lui ferait de la peine.

Ils avaient pris un bus depuis la filature jusqu'au centre-ville d'Udine, il l'avait emmenée danser dans une petite cour, un garçon jouait de l'harmonica. C'était mieux que rien. Il y avait de rares couples, des femmes plus âgées qu'elle qui dansaient aussi entre elles. Mais, cette fois-ci elle avait un homme. Elle aimait l'odeur de sa peau dans le cou. Ils étaient en sueur, il la serrait, elle se laissait faire, elle repensait aux baisers d'Enrico. Si elle ressentait ces désirs, elle était certainement une mauvaise fille. Des enfants assis par terre les regardaient, mais peu lui importait.

Ils s'étaient introduits dans l'usine par une porte à côté des entrepôts, d'autres avaient l'habitude de le faire. Mais pas elle, elle s'était toujours comportée *comme il fallait*. Elle était gentille avec les autres, elle n'était pas querelleuse et s'il y avait besoin d'aide, elle se portait toujours volontaire.

– Pourquoi es-tu toujours aussi gentille ? lui demandait Ana. Tu ne te fâches jamais.

Elle, elle savait bien pourquoi, mais ne le disait à personne. Parfois, elle rêvait d'hommes, d'abord d'un fiancé ou d'un prince, puis d'un corps à côté du sien. Elle fermait les yeux et se laissait faire les choses qu'Ana lui avait racontées.

– Il touche ma poitrine sous le chemisier, mon ventre, entre les jambes et puis… je ne suis pas allée plus loin parce que je ne veux pas tomber enceinte.

Maintenant, dans les montagnes, elle était certainement allée plus loin avec Giovanni, à côté d'un arbre, derrière un buisson ou dans un refuge. Et elle ?

Cela faisait longtemps qu'il n'y avait plus de matière première, ni laine ni coton. Elle était envoyée de manière sporadique et stockée, réservée à l'armée. Dans l'entrepôt, avec son cousin, ils avaient entassé des restes de laine sombre dans un coin, ils s'étaient assis puis allongés, ils n'avaient pas grand-chose à se dire. Ce n'était pas Enrico à qui elle s'était confiée, avec qui elle avait partagé, sans qu'ils se l'avouent, le rêve de se marier. Mais celui-là ne parlait pas beaucoup, il voulait conclure. Sa cousine était une fille facile, il s'en était rendu compte en dansant, sa mère avait raison de s'inquiéter. Ce ne serait pas sa faute.

Elda ne savait rien, ni comment ça commençait ni comment ça finissait. Les discussions au dortoir étaient contradictoires. On se touchait et puis il y avait la mystérieuse pénétration. Dans tous les cas, toujours après le mariage. Mais qui voudrait bien l'épouser ? Elle avait vingt ans, elle était pauvre, combien de temps durerait encore la guerre ? Les autres le faisaient désormais sans y penser, elles disaient que les hommes étaient là un jour et disparaissaient le lendemain, il fallait en profiter. Pour Elda ce ne fut pas une expérience désastreuse, contrairement à ce qui est souvent décrit.

Pour moi non plus. Être embrassée, caressée dans les parties les plus secrètes de son corps est une telle nouveauté, le désir de l'homme nous ébranle et légitime à la fois le nôtre. Elda l'a toujours vécu seule, en imagination et sous le drap du lit étroit où elle a découvert le plaisir. Elle sait maintenant qu'il est comme elle, ils sont coupables tous les deux.

C'est pourquoi, ce soir-là, elle se glissa satisfaite dans le lit du dortoir, bien qu'elle n'eût rien senti ; elle était devenue adulte. Elle l'avait fait.

Le Duce ne s'était pas exprimé à la radio depuis un certain temps, ce devait être un discours important. Les filles l'écoutaient en travaillant, comme trois ans auparavant, lorsque l'Italie avait déclaré la guerre à la Grande-Bretagne et à la France. Cette fois-là, Mussolini n'avait pas réussi à parler, continuellement interrompu par les grondements de la foule. Pendant presque une minute entière, la foule avait hurlé après la phrase « La déclaration de guerre a été faite à... », avant qu'il pût ajouter à qui il l'avait déclarée et contre qui on allait en guerre.

Sa voix n'était plus aussi forte à présent, entre les pauses étudiées régnait le silence, pas d'applaudissements, pas de cris. Les ouvrières s'étaient arrêtées. Elles ne comprenaient pas pourquoi il parlait du Christ, des douze apôtres et de celui qui l'avait trahi, bien qu'elles fussent allées au catéchisme et connaissent l'histoire. Le Duce disait que l'ennemi voulait envahir la patrie, qu'il y avait une différence importante entre débarquement, pénétration et invasion, et que c'était une question de vie ou de mort. Sur ce, les ouvrières s'étaient remises au travail, parce qu'il n'y avait là rien de nouveau. Il fallait, selon ses mots, « congeler l'ennemi sur le rivage » et « le mettre à terre » tout de suite. Elda avait pensé à son voyage à Lignano avec les Petites Italiennes, lorsqu'elles jouaient à s'enterrer dans le sable.

À la fin, le Duce avait déclaré sa haine des Anglo-Américains. Ces derniers s'étaient ajoutés au panorama politique d'Elda, à ceux qui s'aimaient et se détestaient. Allemands, Slaves, Anglo-Américains et les Italiens qui se diviseraient bientôt en deux peuples distincts.

– Qu'est-ce qu'il a dit finalement ? avait-elle demandé à l'ouvrière qui travaillait aux cylindres à côté d'elle, le langage du Duce lui était incompréhensible. La femme avait un mari au front et deux enfants en bas âge.

– Que si l'ennemi débarque, il faut résister…

Elle s'était remise au travail avec un haussement d'épaules. Où débarqueraient-ils ? Elda avait obtenu le certificat d'études avec succès. Elle connaissait l'Italie, elle savait par cœur les régions et leurs chefs-lieux. Il y a trois mers. Laquelle l'ennemi traverserait-il ? Elle se souvint des cartes postales des soldats en Afrique, celles avec les filles noires à la poitrine dénudée qui faisaient pleurer les fiancées. Elle pensa qu'ils arriveraient de là. Elle ne lisait pas les journaux, elle ignorait que les Italiens et les Allemands avaient rendu les armes deux mois plus tôt en Tunisie, que quelques jours après le discours halluciné de Mussolini aurait lieu le débarquement en Sicile, mais elle avait deviné. Elle avait l'esprit vif.

En juillet, les événements extérieurs allaient entrer en collision avec sa vie, marquant le départ d'une autre course d'obstacles à laquelle personne ne l'avait préparée.

5

Entre le 25 juillet 1943 et septembre 1944, Elda alla danser trois fois. Les deux premières, la radio donna le signal de l'ouverture de la danse. Un dimanche soir, il était tard, les quelques filles qui ne rentraient pas chez elles s'apprêtaient à l'éteindre dans le dortoir. Elda s'était lavé les cheveux, elle les séchait à la fenêtre en écoutant la fin d'une chanson. Dehors, il faisait plus de trente degrés. L'usine tournait au ralenti. De nombreuses filles étaient rentrées à la campagne pour aider leurs familles restées sans hommes, et après les grèves de mars et les répressions, les ouvrières avaient peur aussi. Elda avait entendu le mot « grève » pour la première fois. Une fille du moulinage avait apporté un tract froissé, elles l'avaient lu dans les toilettes. Les ouvrières de Turin et de Milan demandaient le doublement de la ration alimentaire, la distribution de riz, de sucre, d'huile, de pâtes, de chaussures. Le frère d'Elda avait douze ans, il grandissait chétif et malnutri, son salaire était insuffisant. Sa mère était toujours plus maigre. Elle ne pleurait pas, elle s'asseyait à la table, se frottait les mains l'une contre l'autre et lui demandait de les aider. Ils avaient de la chance, pour le moment, les bombardements qui pleuvaient sur les villes avaient épargné Udine. La chanson s'était interrompue.

« Votre attention, s'il vous plaît ! »

Certaines s'étaient redressées, elle s'était retournée. La voix familière du présentateur égrenait, en articulant bien chaque mot, une cascade de titres : Sa Majesté, Altesse royale, Empereur, Premier ministre, chef du gouvernement, secrétaire d'État, Excellence, *Cavaliere*, Maréchal. Au milieu, un mot : « démission ». Elles s'étaient regardées. Par la fenêtre ouverte sur la cour de l'usine entraient des voix et des cris. Elda s'était rhabillée, elle courait avec les autres dans la nuit chaude vers les gardiens regroupés devant l'entrée. Qui a démissionné ? Les gardes n'osaient pas prononcer le nom. Et si ce n'était pas vrai ? S'ils avaient mal compris ? Et puis comment pouvait-il démissionner ? Son travail n'était pas comme les autres, comment le chef de l'Italie pouvait-il démissionner ? Derrière le portail, des petits groupes de femmes et d'hommes (d'où étaient-ils sortis ?) couraient vers le centre-ville. Ouvrières et gardiens sortirent et se mirent à courir eux aussi. Elda les devançait tous, c'était une athlète ! Elle avait l'impression de voler, dans la furie, la semelle de l'une de ses chaussures, déjà à demi ouverte, s'était cassée. Elle les ôta. Des tracts voltigeaient depuis une maison, elle s'arrêta pour en ramasser un.

La guerre, ça suffit, les Allemands en Allemagne !

Elle leva les yeux vers la fenêtre éclairée. Qui avait bien pu l'écrire ? Il exprimait son vœu le plus cher, elle s'en rendit compte en le lisant. Elle pensa alors à Enrico, Ana, Giovanni, son cousin, sa mère et son frère. Peut-être une autre vie était-elle possible, elle n'arrivait pas à la concevoir, elle ne la connaissait pas, mais elle la sentait à présent effleurer sa peau moite. Elle ferma les yeux, respira l'air chaud et, comme lorsqu'elles étaient en montagne en train de manger du pain et du saucisson en regardant Attimis étendue à leurs pieds, elle se sentit heureuse.

Le jour suivant, il y eut des célébrations partout dans la ville. Les cloches sonnaient bien que ce fût lundi. Elda courait avec les autres, d'une rue à l'autre, elle monta dans un bus bondé de garçons, de filles, de drapeaux, de portraits du roi. Un inconnu l'embrassa sur les joues. Ils chantaient des airs militaires, un orchestre improvisé jouait la marche royale. Des bureaux, des chaises, des papiers volaient depuis les fenêtres de la maison du Faisceau. Un cortège se forma en direction des prisons pour libérer les détenus politiques. Les manifestants brandissaient des panneaux où l'on pouvait lire : « Vive l'armée ! Vive l'Italie libre ! » « Libre », un mot inconnu. Elda posait des questions, essayait de comprendre, chantait des chansons dont elle ne connaissait pas les paroles. On dansait sur la place des comices d'autrefois. Adossée au mur, elle regardait les couples, remuait la pointe des pieds dans ses chaussures rigides, recollées au mastic à enduire les citernes. Un garçon la saisit par la taille et lui fit faire le tour de la place en dansant, la fit passer dans les bras d'un autre puis d'un autre encore. Elle s'imaginait en robe bleu ciel avec des pantoufles de verre.

Le matin suivant, minuit sonna et tout redevint comme avant l'annonce à la radio, du moins c'est ce qu'il semblait. Il y eut deux nouvelles annonces, encore des mots : forces armées, patrie, foi, combat, sol sacré, guerre, ordre public. Chacun devait rester à sa place. Les soldats au front, elle à l'usine. On ne pouvait pas sortir, même le soir, les cinémas étaient fermés, et si l'on se rencontrait la journée, il ne fallait pas se rassembler à plus de trois. L'armée occupait les rues, on entendait des tirs. Personne ne savait exactement ce qui se passait. Elda décida de rentrer dans son village, elle espérait voir son cousin et l'interroger.

Les volets de la maison à côté de l'église étaient fermés. Elle ouvrit la porte, sa mère se précipita vers elle, en larmes. À l'intérieur, la chaleur était insupportable.

– Ils ne nous donnent plus rien avec la carte de rationnement, voilà deux jours que nous n'avons pas mangé.

Elda essaya d'ouvrir les fenêtres. Sa mère la suivait comme une somnambule pour les fermer.

– Il ne faut pas, c'est dangereux. Il y a des soldats, ils tirent s'ils voient la lumière allumée.

Elda la fit asseoir, toucha ses épaules maigres, lui caressa le visage, elle semblait déjà vieille, elle était terrorisée. Le jeune garçon s'était levé, il souriait de la voir. Elle le fit venir à côté d'elle. Ses jambes étaient comme des baguettes sortant de ses sous-vêtements troués. Ils avaient neuf ans de différence, elle s'était trop occupée de lui pour l'aimer, mais elle ressentait à présent de la tendresse à son égard. La colère de leur mère avait creusé un sillon entre eux. Lui n'avait aucun souvenir de leur père. Elle lui demanda comment se passait l'école, mais leur mère répondit à sa place :

– Elles sont fermées, tu n'es pas au courant ?

Elda serrait la main de son frère entre les siennes.

– J'irai chercher du pain…

La mère s'était remise à pleurer.

– Le moulin est fermé, il n'y a pas de lait…

Lui avait murmuré :

– Mon ballon s'est troué…

Elle l'avait serré dans ses bras.

– Je travaille à l'usine depuis que j'ai quinze ans et nous n'avons jamais eu assez, jamais. Maintenant je vais tout faire pour vous donner à manger, tout.

On dirait le serment de Scarlett O'Hara dans *Autant en emporte le vent*. Elle sort de sa maison détruite par la guerre : des ruines, des arbres brûlés, rien à manger. Elle se jette à terre, arrache une racine et la croque à pleines dents. Puis elle se relève, sa silhouette se découpe dans un ciel strié de rouge, le poing levé, elle jure devant Dieu qu'elle ne souffrira jamais plus de la faim, ni elle ni les siens, dût-elle mentir, tromper, voler, tuer. C'est ainsi que je veux imaginer Elda à cet instant, dans la pièce misérable où elle a grandi, devant sa mère et son frère affamés. Les pâles descriptions que nous avons d'elle en ont fait un personnage de second plan, une figurante dans une histoire bien plus importante. Je veux lui donner la grandeur épique de mon personnage de cinéma préféré, bien qu'elle n'en eût ni la beauté ni la force.

La guerre des femmes a toujours été une lutte contre la faim et la mort de leurs êtres chers. Elles n'en connaissent pas d'autres. Elles combattent, sont capables de tuer pour la liberté, mais elles ne vont pas à la guerre. Même aujourd'hui où nous faisons presque tout, la guerre reste une affaire d'hommes. Les rares femmes qui deviennent soldates sont les exploratrices d'une planète lointaine. Ce sont ses effets qui nous atteignent : la douleur, la faim, la perte. Ce n'est pas un récit secondaire, c'est le plus grand de tous, négligé, raconté surtout dans des romans comme *La Storia* d'Elsa Morante – qui n'est pas « mièvre » contrairement à ce que l'on a pu dire de ce livre exceptionnel. C'est un point de vue fondateur d'un autre monde. Comme celui construit par l'écrivaine Agota Kristof autour de ses jumeaux dans l'horreur de la Hongrie, d'où elle s'est exilée après l'invasion soviétique. Ses mots sont des pierres sèches. Elle écrit en français, abandonne sa langue maternelle, traverse le silence, l'analphabétisme premier, l'isolement, balbutie et débarque sur une île inconnue où chaque paysage, chaque personne, chaque chose doivent être renommés. Il me faudrait à présent son regard pour chercher Elda.

Dans mon lit, le soir, je n'arrive pas à dormir. Je suis arrivée au mitan de sa courte vie. J'ai rencontré des gens à qui je parle de ce que je suis en train d'écrire. Les historiens connaissent bien ces faits, ils disent deux mots d'elle mais passent aussitôt à la situation confuse sur la frontière orientale pendant la Seconde Guerre mondiale, au rôle du Parti communiste, aux partisans slaves, à l'anticommunisme des brigades catholiques, à la lutte entre les formations partisanes, aux Anglais, aux Allemands, aux fascistes. Tandis qu'à mes yeux, c'est bel et bien le rôle d'Elda qui raconte la vérité, car elle les « incarne » toutes. C'est-à-dire, selon le dictionnaire, qu'elle les « matérialise », leur « donne corps et vie humaine ». La vie humaine est ambiguë, contradictoire. Nous essayons de la saisir et elle échappe toujours aux mots. La vie d'Elda échappe à mes mots. Elle est morte, on sait peu de choses d'elle, arrêtée dans son élan à vingt et un ans, ignorée, jugée sans pitié, utilisée, son nom n'a jamais été inscrit sur une stèle. Et pourtant elle est là, depuis le jour où sa mémoire est arrivée dans le vide de la mienne, et je n'ai plus réussi à m'en détacher, il vaudrait pourtant mieux la laisser là où elle est, dans le cimetière à côté de son village, peut-être n'y est-elle même plus. Personne n'est allé sur sa tombe, sa mère et son frère ont fui en France. Après la faim, ils ont subi la honte. Son histoire brûle toujours.

Cette nuit-là et les jours suivants, elle n'est pas retournée à l'usine, elle a erré, sous une chaleur écrasante, à la recherche de quoi nourrir sa famille. Le prêtre faisait sonner les cloches, appelait les croyants à prier pour la fin de la sécheresse. Elle est partie à pied vers le village de son cousin, avant d'y être déposée par une femme au volant d'un camion délabré appartenant à son mari décédé. Son cousin avait disparu, personne ne savait où il était. Une cousine de sa mère lui a donné du pain dur, un sachet de polenta, des pommes de terre. Chaque jour, elle se levait, commençait sa tournée. Elle n'avait pas honte de demander l'aumône, il ne fallait pas qu'elle rentre les mains vides. À la maison, elle racontait qu'elle faisait de menus travaux, qu'elle aidait aux récoltes – sa mère était fière, elle l'aurait grondée.

Août, les écoles étaient fermées, l'usine aussi peut-être, elle n'avait pas de nouvelles. Son frère l'attendait sur la place, il jouait à lancer des pierres avec d'autres petits garçons. Il courait vers elle, tout pâle, jetait un œil dans le panier avec lequel elle était sortie le matin. Il avait constamment faim.

Elda rentrait désormais plus tard, elle fréquentait un homme du village. Ils s'étaient croisés devant l'auberge où se réunissaient les travailleurs agricoles. Les vendanges approchaient et elle s'était portée volontaire avec d'autres filles. Elle était sortie avec eux un dimanche, une promenade que sa mère lui avait reprochée.

– Les hommes sérieux sont tous au front, personne ne va t'épouser.

Sa mère avait toujours eu le sens du tragique, même avant la guerre. Elle lui avait demandé des nouvelles du fiancé de cinq jours, Elda n'avait pas répondu, elle ne voulait pas lui donner satisfaction.

Deux carabiniers contrôlaient la circulation dans les rues, demandaient les papiers d'identité, dispersaient les groupes. On savait que dans d'autres villes les soldats avaient tiré sur la foule. Un homme discutait avec eux, il était toujours avec sa bicyclette, il ne la lâchait jamais.

Elda avait d'abord remarqué la bicyclette. Ah, si elle en avait une ! Elle n'aurait pas à demander à des inconnus de la déposer… Beaucoup la regardaient et lui faisaient des avances.

Ils s'étaient retrouvés l'un à côté de l'autre et il l'avait observée en coin pendant un moment.

– Tu vas faire les vendanges ?

Elle lui avait souri.

– J'aimerais bien, s'ils ne nous bombardent pas.

– S'ils nous bombardent, la sirène se déclenchera. Pour le moment, ils ont seulement lancé des ballons incendiaires.

Il était bien renseigné, elle pouvait lui poser des questions, à lui. Et il était capable de répondre : Mussolini avait été arrêté, mais la guerre continuait, les Allemands avaient déjà occupé les frontières, prêts à entrer en Italie.

– Et pourquoi donc ? lui demanda-t-elle.

L'homme à la bicyclette avait un beau sourire.

– Ils sont inquiets, le fascisme c'est fini, jeune fille, tu t'en es rendu compte ?

Bien sûr qu'elle s'en était rendu compte, elle était même allée danser sur la place du village. Elle lui parla de sa mère et de son frère, de l'usine qui était fermée, de sa meilleure amie Ana partie combattre en Yougoslavie avec son fiancé. Il la regardait d'un air sérieux.

– Mussolini nous tenait unis sous la menace du fouet, tu vas voir maintenant ce qui va se passer.

Elda était perdue.

– Si les Allemands arrivent, je m'enfuis.

L'homme se mit à rire.

– Où donc ? En Yougoslavie avec ton amie ?

Elle transpirait, le visage rouge.

– Je voudrais bien, mais je ne sais pas où c'est, et puis je ne peux pas abandonner ma mère et mon frère.

– Monte, je t'emmène.

Elle lui sourit, taquine.

– Où ça, en Yougoslavie ?

La bicyclette filait sur la route puis à travers champs. Ils descendirent et s'assirent à côté du fleuve sans eau. L'homme sortit du pain et du saucisson. Elda pensa à Ana, mais il faisait chaud à présent et les arbres avaient jauni. Elle mit le pain et le saucisson dans son panier.

– Mange, je t'en donnerai pour eux aussi.

Il sortit une bouteille de vin et la lui tendit. Elle avala le liquide chaud, s'allongea. Il embrassait mieux que le cousin, doucement. Qui était cet homme ? Que faisait-il ? Où était sa famille ? Elle ne sentit pas grand-chose cette fois non plus. Elle fermait les yeux, elle voyait toujours Enrico.

L'homme l'attendait à l'auberge, il la faisait monter sur sa bicyclette sous les yeux des autres. Le paysage défilait. Elle n'avait plus à mendier, il lui portait du lait, du pain, des saucisses, de la farine, enveloppés dans du papier journal. Où les trouvait-il ? Et puis, assise dans l'herbe sèche, elle se passait les mains dans les cheveux pour les remettre en ordre, attachait sa barrette sur le côté.

– Où travailles-tu ? lui demanda-t-elle.

– À l'école, à Tavagnacco, j'enseigne. Elle est fermée maintenant.

Un maître, quelqu'un d'instruit. Elle se souvint du frère et de la belle-sœur d'Ana, enseignants eux aussi, ils avaient été renvoyés parce qu'ils étaient slovènes. Elle garda cette information pour elle.

Après quelques jours de rendez-vous, elle lui demanda :

– Tu as une fiancée ?

Il hocha la tête sans la regarder.

– Elle habite à Reana, mais nous n'avons pas assez d'argent pour nous marier et elle n'est pas comme toi, on ne la laisse pas sortir.

Sa mère avait toujours raison, c'était bien ce qui l'agaçait chez elle. L'homme rangea la bouteille et glissa dans son panier le paquet à rapporter chez elle.

– Et où est-ce que tu trouves tout ça ?

– J'ai des amis.

– Les carabiniers ?

Il leva un regard sérieux sur elle, comme lorsqu'elle lui avait parlé d'Ana.

– Entre autres, bien sûr, je suis un type loyal, moi.

Il lui dit qu'en juillet, dans sa classe, il n'avait pas jeté par la fenêtre le portrait de Mussolini contrairement à tous les autres.

– Ça te semble juste, à toi ? Avant, personne ne disait rien contre lui.

Elle pensa de nouveau à Ana.

– Peut-être qu'ils avaient peur...

– Tu les as déjà vus sur la place quand il parlait ?

Elle lui répondit aussitôt, contente d'avoir quelque chose à dire.

– Ils hurlaient comme des fous, à mon avis ils ne comprenaient rien, comme moi quand je récite le chapelet.

Elle s'était mise à rire en se levant.

Un soir, fin août, le prêtre était venu. Assis à table avec eux, en silence, il regardait les assiettes, la mère en avait ajouté une, il ne l'avait pas refusée. Il scrutait Elda, il lui dit que tout le monde était prié de rester à son poste et de soutenir l'effort de guerre, en septembre, il faudrait qu'elle retourne à l'usine.

– La paie ne suffit pas, nous ne pouvons pas vivre sur la carte de rationnement.

– Tu ne peux pas vivre non plus comme tu le fais maintenant.

De toute façon, elle avait déjà décidé de rentrer à Udine. Elle n'était pas tombée enceinte de l'homme à la bicyclette, mais cela pouvait arriver, il était fiancé, elle ne voulait pas d'un enfant sans père, et puis il ne lui plaisait pas. Sa mère la regardait, le soir elle la tourmenterait de questions, de malédictions, de pleurs. À l'aube, elle mit ses affaires dans son sac, promena son regard sur eux, laissa un mot promettant de venir les voir tous les dimanches.

De retour à l'usine, son salaire avait été réduit. Le chef d'atelier l'avait appelée.

– Tu étais en vacances, Elda ?

Elle ne cilla pas.

– Ma mère et mon frère ne s'en sortent pas sans moi, et puis l'usine était fermée.

– Nous avons rouvert, il y a une autre fille à ta place. Si tu veux, tu feras les remplacements, pour la moitié de la paie.

Au mur du bureau, on voyait la trace du portrait qui avait été enlevé, elle se rappela quand le chef d'atelier les réunissait toutes pour la carte de rationnement et les rassemblements. Il avait suivi son regard.

– Le roi et le maréchal nous feront sortir de la guerre, lui répondit-il à voix basse.

Elda réfléchit avant d'acquiescer. Elle ignorait à qui elle avait affaire, ce qu'il pensait, ce qu'il fallait dire – elle était en terrain miné. Ana, Enrico, le cousin disparu, l'homme à la bicyclette, le prêtre et maintenant le chef d'atelier. Avant, il y en avait un qui commandait et les autres obéissaient. Croire, obéir, combattre, comme il était écrit sur les murs. Et aussi dans son livre de troisième année de l'école élémentaire : « Obéissez parce que vous devez obéir ! » Ou comme dans la fable qu'elle avait récitée à l'école dans son uniforme de Petite Italienne. « On demanda au sage : "Quelle doit être la vertu première de l'enfant ?" Il répondit : "L'obéissance." "Et la seconde ?" "L'obéissance." "Et la troisième ?" "L'obéissance." »

Mais à qui devait-elle obéir à présent ? Les portraits avaient été jetés par les fenêtres, et même le chef d'atelier avait peur. Elda s'en était aperçu. Elle ne connaissait rien à la démocratie ni à la liberté, mais elle décida qu'elle choisirait désormais seule son avenir.

En septembre, elle dansa pour la troisième fois à l'usine. Des ouvrières folles de joie : la guerre est finie ! La paix ! Le monde recommence et peut-être les garçons rentreront-ils, on pourra se marier, avoir des enfants, une maison, comme celle dont elle parlait avec Enrico. L'armistice, lui avait-on répondu, signifiait que l'on ne tirait plus.

Et pourtant le matin suivant, les Allemands arrivèrent avec leurs mitrailleuses et leurs chars blindés. Ils se tenaient prêts à la frontière, comme le lui avait dit l'homme à la bicyclette. Le Frioul devint l'Allemagne, Udine, une ville allemande. Ils libérèrent le Duce, et ceux qui avaient jeté son portrait commencèrent à en chercher frénétiquement un autre pour le remplacer, mais ceux qui l'avaient gardé ne pardonneraient pas leur geste.

6

Sur la route d'Udine, en chemin vers la gare pour être transférés en Allemagne, des soldats italiens passaient, escortés par des Allemands, ainsi que des troupes de cosaques avec des charrettes, des chevaux, des chameaux et des familles, se dirigeant vers le nord afin d'occuper les terres que les Allemands leur avaient promises en échange de leur aide militaire. Des hommes s'enfuyaient des casernes et cherchaient des vêtements civils, comme Sordi et ses compagnons dans le film de mon père. D'autres avaient gardé l'uniforme et les armes, surtout des alpins, de tout grade, ils se dirigeaient vers les montagnes autour d'Attimis.

À l'usine, un petit groupe de soldats allemands occupait les ateliers, ils donnaient des ordres aux chefs et même aux patrons. Une nuit, la fille du moulinage avait fait entrer dans la chambrée un homme affamé, un Slovène. Il venait de la gare, il avait sauté du wagon qui le déportait et s'était fait passer pour un cheminot, le conducteur du train l'avait sauvé. Les ouvrières avaient trouvé de quoi le nourrir.

– Je vais à Benecia, avait-il dit.

Le cœur d'Elda s'était mis à battre plus fort. Les autres n'avaient pas compris.

– Où ça ?
– Après le Torre, avait murmuré Elda.
L'homme avait acquiescé.
– Oui, vers le Natisone ; dans les brigades Garibaldi, Italiens et Slovènes ont combattu les Allemands ensemble.
Il raconta comment ils avaient résisté à Gorizia et à Cividale, comment des ouvrières des chantiers de Monfalcone étaient allées combattre l'armée allemande en blouse de travail, aux côtés des partisans slovènes, et avaient occupé l'aéroport, les gares. Beaucoup étaient morts, lui avait été fait prisonnier et mis dans un train dont il avait réussi à s'échapper.
Elda balbutia :
– Je connais une fille slovène, elle s'appelle Ana, et un ouvrier des chantiers de Monfalcone, ils sont partis à Gorizia…
L'homme avait fini de manger, il s'endormait en parlant.
– Il y avait une fille qui combattait avec nous, une ouvrière, on l'appelait Natalia mais son vrai nom est Ondina, je la connaissais d'avant, lorsqu'elle était agente de liaison et distribuait des tracts…
Ondina… comme l'autre, mais ce ne pouvait pas être la même. Ondina Valla n'était pas une ouvrière mais une athlète. Sur son lit, les yeux ouverts, Elda pensait aux deux filles du même nom. La première avait remporté la médaille d'or et adressé le salut fasciste au public berlinois. L'autre combattait les Allemands. Elle s'imaginait courir avec elles le long d'une piste interminable, elle était au milieu et cherchait à les rejoindre, mais les deux autres, côte à côte, beaucoup plus rapides, la distançaient. À bout de souffle, elle était obligée de s'arrêter et les regardait disparaître à l'horizon.
Elles allaient vivre beaucoup plus longtemps qu'elle.

En essayant de raconter les vides dans l'histoire d'Elda, je suis entrée dans celle de la seconde Ondina. Peteani de son nom de famille, Triestine, héroïne antifasciste, communiste, partisane, la première agente de liaison d'Italie, combattante dans la bataille de Gorizia. À seize ans elle est déjà engagée contre le régime, elle travaille à l'usine comme Elda, sur les chantiers de Monfalcone, le pilier de la résistance ouvrière au fascisme. Voici ce qu'elle écrit, dans un témoignage recueilli par son fils :

« Il y avait alors dans cette région (surtout sur le Karst) quelques groupes partisans slovènes déjà opérationnels et bon nombre de jeunes gens du coin se joignirent à ces formations. Leurs familles disaient qu'ils ne savaient rien, que leurs enfants avaient été enlevés (évidemment pour essayer d'éviter les représailles fascistes contre eux). Et nous, nous étions enthousiastes et disions à ceux qui nous rapportaient ces histoires de leur donner notre adresse aussi pour nous faire "enlever"[1]. »

Capturée et déportée à Ravensbrück en 1944, elle parvient à s'enfuir l'année suivante et rentre chez elle.

Ondina grandit dans un milieu très différent de celui d'Elda, sa mère est proche des cercles antifascistes et communistes de Ronchi, elle-même les fréquente, lit et s'informe ; elle rejoint la Résistance slovène.

J'entre alors dans les replis intimes de son existence. Ondina est la fille d'une relation extraconjugale entre sa mère et un officier autrichien, elle est reconnue par le mari et grandit dans une famille avec de nombreux frères et sœurs. Une tragédie familiale est liée à l'un d'entre eux. En juillet 1943, Ondina est arrêtée pour diffusion de tracts puis accusée injustement par les partisans d'être

1. https://www.annasantoro.it/2018/01/19/da-dominae-ondina-peteani/.

une espionne. Pour la sauver, sa mère se trouve contrainte de dénoncer son autre fille, Santina, qui était tombée amoureuse d'un soldat allemand et avait trahi. Les partisans l'exécutent. Une fille au prix de l'autre. Des destins opposés, la même mère. Je cite les mots d'Anna Santoro à ce sujet, car ils me paraissent limpides :

« C'est une génération qui fut précipitée dans la politique, souvent sans y être préparée, et qui dut affronter la terrible répression fasciste puis nazie dans ces territoires et qui parfois céda, parla, ne résista pas aux tortures ; une génération qui dut choisir son camp rapidement, en l'espace de quelques mois, et dut le faire dans une situation extrême, au milieu d'une guerre qui redoublait de cruauté contre les partisans et les populations civiles. »

Tout peut arriver aux jeunes qui traversent une telle époque.

À l'aube, le Slovène qui avait sauté du train était déjà parti. Ils disparaissaient tous, changeaient de nom. Ceux qui étaient au front étaient portés disparus depuis longtemps, les nouveaux combattants étaient « enlevés », comme l'écrivait Ondina Peteani. Elda est toujours plus seule, travaille peu, son salaire est réduit au minimum. Elle n'a pas envie de s'habiller ni de prendre soin d'elle. Avant, elle sortait toujours les cheveux propres, le chemisier repassé ; maintenant elle se couche sans se déshabiller, à cause du froid et des alertes. Elle pense parfois qu'elle devrait partir elle aussi, mais sa mère et son frère ont faim.

En octobre, les alertes aériennes se multiplient, les filles sortent des ateliers, scrutent le ciel et lorsqu'elles ne voient rien et doivent se remettre au travail, elles sont presque déçues. N'importe quoi, pourvu qu'on les tire du néant.

Novembre, midi, elles sont au réfectoire, bien qu'il n'y ait presque rien à manger, elles entendent les avions approcher, elles devraient aller se réfugier, mais n'en ont pas envie. Elles se précipitent dans la cour, le visage tourné vers le ciel. Une centaine d'avions américains volent au-dessus de leurs têtes. Les soldats allemands leur crient de se mettre à l'abri, mais Elda est transportée par le vrombissement des moteurs, son esprit s'égare très loin, elle vole dans le ciel clair, traverse les nuages. Elle ferme les yeux, une main lui saisit le bras, la tire en arrière, elle perd l'équilibre et tombe face aux bottes d'un soldat qui lui hurle dessus. Elle se relève. Le soldat a les yeux noirs, des lèvres minces, de courtes mèches de cheveux sombres sortent de son couvre-chef. Elda recule, les avions s'éloignent comme si cela n'avait été qu'une plaisanterie.

– Je ne comprends pas l'allemand, balbutie-t-elle.

Il la regarde.

– *Ich spreche nicht italiano.*

Elle les a toujours évités, elle les regarde fumer à l'entrée de l'usine, parler avec les Italiens de la milice, avec les chefs. Lui rit de sa peur. Il sort de sa poche un petit dictionnaire, lui fait signe d'attendre. Il le feuillette, parcourt les pages avec le doigt, articule quelques mots.

– Italien beau langue.

Elda acquiesce, continue à reculer, elle pense soudain qu'elle ne s'est pas lavé les cheveux, que son tablier est sale, mais lui n'a pas l'air très propre non plus.

Dans le froid glacial, ils se retrouvent le soir avec le dictionnaire, elle lui apprend la prononciation. C'est lui qui l'a interpellée de loin quelques jours plus tard, il avait préparé sa phrase.

– Apprendre italien.

Elle a accepté, par crainte et aussi pour occuper les soirées de couvre-feu. Il lui a donné des cigarettes, elle fume pour la première fois et ça lui plaît.

Le soldat raconte en trois mots son histoire : il est né dans un village imprononçable, un fils de paysans.

– Terminer guerre.

Elda hoche la tête, sourit, elle a les cheveux coiffés, mais son vieux manteau est trop court pour elle. Lui vient de Naples, ils ont laissé la ville aux Alliés.

– Là-bas, bombes, terre et ciel, dit-il en indiquant du doigt le haut et le bas, ici, terre.

Elle le regarde d'un air interrogateur. Le soldat s'aide de ses mains et des mots du dictionnaire, il mime un arc et *tchou-tchou* train passe dedans.

– Un tunnel, murmure Elda.

Le soldat continue le jeu. Il se désigne lui-même, *boum*, bombe.

– Ils ont mis une bombe dans le tunnel.

– *Ja*.

Puis il lui prend le bras et fait un tour de valse.

– Danser…

Il désigne un espace et *boum*, fait mine de tomber à terre.

– Une bombe lors d'un bal ?

Le soldat acquiesce.

– *Banditen*.

Elda l'avait déjà compris avec le récit de l'homme qui allait à Benecia : une autre guerre avait commencé contre de nouveaux combattants qu'il appelait bandits.

La fille du moulinage et une autre ouvrière lui avaient dit de laisser tomber l'Allemand.

– S'ils veulent des filles, il y en a à Udine, qu'ils y aillent, mieux vaut qu'ils nous laissent tranquilles.

Lorsqu'il avait essuyé la vitre blanchie par la buée pour la faire venir dehors, elle n'était pas sortie. Mieux vaut ne parler à personne, rester enfermée dans l'usine, rentrer au village le dimanche. Le 21 décembre, elle a eu vingt ans.

Elle a passé Noël dans la sacristie de l'église avec d'autres démunis. Son frère a eu une orange en cadeau, il la tient fermement, hume son parfum ; elle n'a rien eu. Avec sa mère, elles ont cuisiné un gâteau sans sucre ni levain, plat et sans saveur.

Depuis janvier, à Udine, les bombes pleuvent aussi du ciel. Des colonnes de fumée autour de la ville, depuis les aéroports militaires. Tarvisio bombardée le Vendredi saint. De sa chaire, le prêtre a dit de prier pour ceux qui n'ont plus d'églises pour le faire. Les mères et les filles racontaient des scènes d'horreur, les détails restaient gravés dans leur mémoire, à chacune le sien. Pour Elda, c'était ce récit de l'une des ouvrières : à Latisana, bombardée en mai, une femme était allée chercher ses enfants qui jouaient dans la rue et les avaient retrouvés morts, le corps en miettes. Elle imagine sa mère ramasser les morceaux du corps de son frère. À Udine, Nimis, Tarcento, Cividale, Gemona, Attimis, des dizaines de nouveaux combattants sont pendus ou fusillés. Elda pense : ils ont dû poser des bombes dans les tunnels, sur les quais ou sur les ponts. Mais dans un village au-dessus de Cividale, les Allemands ont brûlé vingt personnes, même des femmes et des enfants. Ils n'avaient pourtant pas pu en poser, eux.

– Maintenant ils laissent les Italiens exercer des représailles, avait dit la fille du moulinage.

– Les Italiens ? avait demandé Elda.

– Des fascistes, des militaires et la milice. Mais ce sera bientôt terminé, les Alliés ont libéré Rome.

La jeune fille avait démissionné et préparé sa valise ; c'était sa dernière nuit à l'usine, elle voulait rentrer au village aider sa famille. Elda devrait partir elle aussi, chercher un autre travail, quitter cet endroit aux mains des Allemands.

Un dimanche de la mi-juin, elle croisa au village l'homme à la bicyclette. Elle lui sourit.

– Je t'ai cherchée, je voulais savoir comment vous alliez, toi, ta mère et ton frère. Si vous aviez besoin de quelque chose.

– Tu as repris l'école ?

– Non, maintenant je donne un coup de main à la préfecture de Gemona. Après septembre, ils ont dû se réorganiser, de nombreux militaires ont déserté, se sont enfuis, ils ont trahi la patrie et nos alliés allemands. Mais d'autres sont restés à leur poste dans les casernes et ont refusé de tirer contre les Allemands, surtout ceux qui avaient déjà combattu contre les rebelles yougoslaves.

– Les rebelles yougoslaves… avait répété Elda.

– Des communistes, ils veulent prendre notre terre et la rendre soviétique, ils ont tué des milliers d'Italiens en Istrie, les amis de ton amie Ana.

– Tu te souviens encore de son nom ?

L'homme avait frotté la barre de sa bicyclette avec la manche de sa veste.

– Il y a des listes, Elda. Mais tu ne dois pas avoir peur, toi, tu es du bon côté, celui des Italiens.

Elda avait acquiescé, même si elle se souvenait parfaitement de ce que lui avait raconté Ana sur sa famille et sur la manière dont les Slovènes étaient traités à Attimis. Mais l'homme avait raison : elle était du côté des Italiens, les Allemands devaient partir, comme elle l'avait lu sur le tract du 25 juillet. Elle avait alors courageusement répliqué :

– Les Allemands n'aiment pas les Italiens.

Il l'avait fixée du regard.

– Ils ont raison, nous les avons trahis.

Ils s'étaient salués.

– Si tu as besoin de quelque chose, préviens-moi.

Il s'était éloigné et là, elle n'avait pas pu se retenir. Elle n'en pouvait plus de la solitude, de la faim, de l'usine, des autres, des soldats. Elle lui avait couru après.

– Je voudrais partir de la filature, ils ne me paient pas beaucoup, je suis bonne pour les travaux ménagers, je peux tout faire. À l'occasion, si tu peux…

Il s'était retourné, elle avait rougi. Il lui avait fait une caresse, avec la même main qui écartait sa culotte avant de la pénétrer.

– Bien sûr, si je peux.

Cela avait été rapide, quelques semaines plus tard il lui avait obtenu un rendez-vous à la préfecture de Gemona. Elle devait nettoyer les bureaux, les escaliers, elle gagnait plus et avait une journée libre pour aider sa mère. Elle prenait le bus le matin tôt, son travail prenait fin à l'heure où arrivaient les gardes de la police républicaine et les Allemands. Ils étaient là aussi. Elda avait remarqué qu'ils occupaient les meilleurs bureaux et donnaient les ordres, comme le lui avait dit l'ouvrière du moulinage. De temps en temps, elle croisait l'homme à la bicyclette qui lui faisait un signe et un sourire. Il y avait toujours des voitures et des véhicules devant la préfecture. Un va-et-vient continu. Un matin, des policiers en Jeep avaient intercepté le bus pour arrêter un homme assis trois places devant elle. L'autobus était reparti, on avait entendu un coup de feu au loin. Un vieil homme derrière elle avait murmuré :

– Ils leur feront payer…

Un jour, on l'avait appelée. Un alpin en uniforme était sorti de la pièce. L'homme à la bicyclette était appuyé contre le bureau, et un jeune homme était assis face à l'officier de police. Elle avait été présentée aux deux hommes. Le policier écoutait.

– Elda est consciencieuse et fiable, avait dit l'homme à la bicyclette.

Elle se mit à rougir, à son grand désespoir, mais cela lui arrivait souvent, ses mains devenaient moites et elle s'embrouillait. Voulait-elle gagner un peu plus d'argent ? Si c'était le cas, ils la dispenseraient du ménage. Ils lui donnèrent un montant, c'est tout ce qui lui resta à l'esprit. Elle devrait suivre des voleurs, des suspects et faire un rapport à la préfecture, aider au maintien de l'ordre public. Rien de plus.

Elle se retrouva au coin d'une rue avec le jeune homme qui était de son village, un maçon comme son cousin. Vingt-trois ans, deux de plus qu'elle, il avait déjà travaillé pour la préfecture. Ils devaient marcher en se tenant par le bras, échanger un baiser de temps en temps, sans perdre de vue un homme qui arrivait à la gare, traversait les mêmes rues, entrait dans une maison et qui, quelques heures plus tard, faisait le trajet inverse pour s'en aller. À la gare, des groupes de cosaques s'étaient installés avec leurs familles, des tentes, des chevaux et des chameaux, des marmites fumantes.

– Des Mongols, dit le jeune homme, ils viennent de Russie avec les Allemands, ils vont vers Tolmezzo, dans les montagnes.

Une mère essuyait vigoureusement le nez d'un enfant, elle le grondait, comme le faisait sa mère avec son frère. D'autres pelaient des pommes de terre et les jetaient dans des marmites. Des hommes coiffés de chapkas, assis en petits groupes, fumaient, nettoyaient leurs fusils. Si elle était née en Russie, là où Enrico était mort, elle aurait été comme eux. L'idée qu'elle aurait pu être n'importe quelle femme, dans n'importe quel endroit du monde, lui traversa l'esprit. Elle n'aurait pas su l'exprimer.

Je vais essayer de le faire à sa place. Même les hommes dans des tranchées adverses se sont parfois reconnus frères avant de recommencer à s'entretuer. Mais si l'on mène une vie faite de gestes intimes et universels, la probabilité de se reconnaître entre différents camps est bien plus élevée. On lave les enfants de la même manière, on les nourrit, on les gronde, on les berce. On accomplit les mêmes gestes pour s'occuper de la maison, des hommes, des personnes âgées. Un sujet délicat et pourtant essentiel. Il ne justifie rien, mais il dit que pour une femme comme Elda, et comme moi, il est difficile de comprendre la guerre et impossible de ne pas ressentir une appartenance qui va au-delà de celles définies par l'Histoire et la politique. Le genre humain trouve son unité dans des gestes similaires. Mais voir les similitudes peut être une faiblesse à certaines époques comme celle qu'elle est en train de traverser. On s'arrête pour regarder l'enfant d'un ennemi et l'on est fichue, ou bien on aime un homme prêt à nous tirer dessus. On porte des lunettes qui agrandissent les détails du quotidien et ceux-ci parfois nous aveuglent. Une contradiction inhérente à notre vie, ou peut-être est-ce une qualité qui n'a pas encore été exploitée.

Le garçon à côté d'elle fume et regarde les Mongols, comme il appelait les cosaques.

– Ils cuisinent des choses dégoûtantes et boivent du bouillon de mouton. Ils combattent les partisans.

C'était la première fois qu'elle entendait ce terme.

– Où sont les partisans ?

– Dans les refuges, les cabanes en montagne, les villages isolés difficiles d'accès, mais maintenant, avec l'arrivée du printemps, ils vont descendre dans la vallée pour créer des problèmes.

Il l'avait prise par le bras : l'homme qu'ils devaient suivre était descendu du train.

– Comme lui.

Il la tirait mais Elda ne bougeait pas, elle murmurait, terrorisée :

– C'est un partisan ?

– Viens !

Elle se laissait entraîner, mais ne quittait pas du regard le jeune homme qui marchait rapidement devant eux.

– Je ne veux pas...

Elle s'était arrêtée au milieu de la rue. L'autre était furieux.

– Dépêche-toi, tu vas nous faire remarquer !

– Vas-y toi, moi je ne viens pas.

Le garçon poussa un juron et la laissa sur le trottoir.

Elda retourna à la préfecture, frappa à la porte de l'homme à la bicyclette.

– L'argent ne m'intéresse pas, lui dit-elle en rougissant.

Ses mains tremblaient. Il lui désigna la chaise.

– J'ai dit à l'officier de police que tu étais digne de confiance.

– Je peux faire n'importe quoi, mais pas ça. Je retourne faire le ménage, je préfère.

Il se taisait, il prenait plaisir à la voir confuse et apeurée.

– Ce n'est pas possible, Elda, si tu ne veux pas suivre les suspects, nous te confierons des tâches plus simples, mais je ne veux pas que tu fasses mauvaise impression au chef. Il n'en faut pas beaucoup pour changer de camp, tu sais. Les Allemands ont tiré contre des policiers parce qu'ils ne portaient pas leur uniforme et étaient armés, ils ont pensé que c'étaient des rebelles. Il suffit d'une erreur, je le fais pour toi.

Elle se rendait dorénavant à la préfecture le matin un peu plus tard. Une fille terminait le ménage à sa place. Elle l'avait vu embrasser un Allemand au coin du bâtiment. On lui donnait des paquets, des enveloppes à transporter. Que contenaient-ils ? Elle essayait de ne pas y penser. Elle repensait à la deuxième Ondina qui distribuait les tracts des partisans. C'est ainsi qu'elle les appelait désormais. Elle n'en avait pas croisé sur sa route, ou peut-être était-ce sa faute, elle n'avait pas suivi les hommes qu'il fallait, mais ne s'était pas trompée sur les femmes. Sur sa couchette, à côté du lit de sa mère et de son frère, elle pensait à Ana. Dans les montagnes, avec Giovanni, elle grimpait de son pas décidé, le fusil en bandoulière, ou bien elle fumait avec les autres. Qu'aurait-elle dit si elle l'avait vue, si elle avait su pour l'homme à la bicyclette, pour l'officier, pour l'Allemand, pour son travail ? Le rouge lui brûlait les joues, elle le cachait sous son drap.

Juillet, la chaleur commençait à monter. Chaque jour, à Gemona et dans toute la région, les partisans mettaient le feu à des trains, à des convois entiers à la gare, faisaient sauter des ponts. Dans les rues du centre-ville, elle s'était retrouvée au beau milieu d'une fusillade. Un jour, le bus avait été arrêté, on les avait fait continuer à pied. Les partisans avaient mis le feu à une poudrière et volé les armes. Elda s'informait à présent, elle posait des questions, elle voulait cesser de travailler à la préfecture.

Un dimanche, elle alla rendre visite à la fille du moulinage qui habitait un village voisin de celui d'Ana, au pied des montagnes, une bourgade comptant une poignée de maisons. Dans la cour de la ferme était disposée une grande tablée, les femmes assises d'un côté, les hommes de l'autre. Vieux, jeunes, parents, enfants. À son arrivée, un cousin de la jeune fille se leva d'un bond, prêt à tirer.

Le grand-père lui hurla de rester calme et de s'asseoir. Ils lui offrirent du pain et un verre de vin, une chaise à côté des plus jeunes. Là aussi, comme chez Ana, il y avait une famille, ils parlaient du raisin, de la fin de la guerre et de la zone libérée par les partisans en Carnie, des listes d'appel brûlées dans les communes. Le père de la jeune fille, un homme très maigre, une pipe éteinte à la bouche, avait déclaré :

– Chez nous aussi, ils nous libèrent, à condition qu'ils se mettent d'accord entre eux.

Le cousin qui avait pointé son fusil contre elle avait désigné le frère de son amie assis en face.

– Eux, ils ne veulent pas d'accord !

L'autre s'était levé, il le regardait les yeux pleins de haine.

– Vous êtes les esclaves des Slovènes…

– Et vous, des fascistes… Combien de militaires parmi vous combattaient, avant, au front pour les fascistes ?

– Tous les soldats italiens étaient au front.

La voix de la mère s'éleva depuis le côté des femmes :

– Ne dites pas ça, Sandro est un héros…

Elda ne comprenait pas, elle ne savait pas de qui elle parlait. Son amie lui avait glissé à l'oreille :

– Sandro, c'est mon frère aîné, les Anglais l'ont fait prisonnier en Somalie, il ne sait pas que mon cousin et mon autre frère sont devenus des partisans, l'un avec les Rouges et l'autre avec les Verts. Il est encore fasciste, lui.

Les deux cousins continuaient à se disputer, bien que le grand-père ait tapé du poing sur la table pour les faire taire.

– En septembre, les alpins sont partis dans les montagnes avec leurs armes…

– Pas tous… certains travaillent pour les fascistes.

Elda s'était souvenue de celui qu'elle avait vu sortir du bureau de l'officier.

– Au moins ils savent se servir d'une arme, alors que vous, vous enrôlez n'importe qui.

Le frère au fusil s'était levé.

– Nous enrôlons le peuple, je n'ai pas confiance en tes militaires, ils reçoivent leurs ordres des Anglais.

– Et tu fais confiance aux partisans yougoslaves ?

– Oui, ils sont forts, ils luttent contre les fascistes et les Allemands depuis trois ans, ils veulent libérer notre terre aussi.

– Pour la prendre et la rendre communiste.

– Tant mieux ! C'est toujours mieux que fasciste.

Sur ce, l'autre aussi s'était levé. Ils se ressemblaient beaucoup, mais l'un portait un foulard rouge autour du cou, l'autre un vert.

Elda et son amie avaient aidé les femmes à débarrasser puis elles s'étaient dirigées vers la montagne avec un panier de vivres, derrière le cousin au foulard rouge. La fille lui avait glissé :

– Dans cette zone, il y a des groupes différents. Mon père dit que s'ils ne se mettent pas d'accord, ils n'arriveront à rien, mais tu les as bien vus, ils se détestent.

Il avait alors répliqué, sans même se retourner.

– Depuis le centre, ils nous ont écrit que les Verts doivent s'unir à nous et ils le feront, sinon il faudra qu'ils partent d'ici.

Dans le bois, devant la maison de pierre, des jeunes gens se reposaient au soleil, certains dormaient, d'autres fumaient, croquaient une pomme, plaisantaient. Ils n'avaient pas l'air de combattants mais de garçons en excursion. Ils les accueillirent avec des hourras. Les deux filles vidèrent leur panier à l'intérieur. C'était sale, nauséabond, il y avait des couvertures abandonnées dans les coins, des restes de nourriture, des casseroles pas lavées, des gamelles, des fusils, des mitraillettes. Un garçon souriant préparait une soupe, il accueillit d'un joyeux baiser le morceau de fromage et le raisin. Ils les invitèrent à rester, mais elles devaient redescendre avant la tombée de la nuit.

Sur le chemin du retour, la fille portait le panier vide à l'envers sur sa tête comme un chapeau, elles couraient en riant. La soirée estivale laissait rêver à la fin de la guerre.

– Ma cousine travaille dans une blanchisserie à Udine, ils cherchent une repasseuse, je ne sais pas si ça t'intéresse, vu que tu veux partir de l'usine, lui avait-elle dit.

Elda ne lui avait pas avoué qu'elle avait travaillé un mois à la préfecture.

Début septembre, Elda dansa pour la quatrième et dernière fois de sa vie. À la blanchisserie, elle repassait des chemises trouées, des jupes élimées, des draps en lambeaux. Elle reprisait des pantalons. La cousine de la fille du moulinage lui disait qu'elle était la plus douée, la patronne aussi. Très maigre, toujours à la recherche d'une cigarette, elle crachait sur les affaires que lui portait à laver un officier allemand.

L'homme à la bicyclette l'avait laissée libre de s'en aller, il avait ajouté avec un sourire qu'à la préfecture on la considérait comme une fille bien. Elda n'avait pas compris exactement ce qu'il entendait par ces mots, mais ils ne lui avaient pas plu. Ils lui rappelaient la devise de sa mère : Tu dois apprendre à te comporter comme il faut. Et comment fallait-il donc se comporter ? Debout devant la planche à repasser, assise à coudre dans un coin, elle se sentait bien et en sécurité. Le savon manquait, on lui disait parfois de faire bouillir l'eau et de s'en passer. Mais on ne pouvait pas tout faire bouillir. Elle aimait l'odeur du propre, lisser les plis avec le fer chaud. Au début du mois, les Américains avaient bombardé Udine, une cinquantaine de bombes, disait la patronne. L'alerte ne s'était pas déclenchée, elles avaient levé la tête au bruit des avions et s'étaient toutes les trois jetées à terre en entendant les explosions, elles se tenaient par la main. La patronne les rassurait :

– Ils sont de l'autre côté de la ville...

Maigre comme elle était, étendue sur le sol, on aurait dit qu'elle était morte.

– Son mari a été tué au front, lui avait raconté la cousine, elle va de l'avant uniquement pour son fils.

Elle avait ajouté en baissant la voix :

– Il est parti, lui aussi...

Elle avait pointé le doigt vers le haut. Elda avait d'abord pensé « au ciel », avant de comprendre que la cousine voulait dire « en montagne ». Après le bombardement, elles aidaient à transporter les blessés et les morts. Elda avait de la force et les soulevait avec énergie, elle voulait être utile. Elle ne pouvait pas aller « là-haut » avec les garçons, sa mère et son frère dépendaient d'elle, mais si elle avait été seule, elle l'aurait fait, comme Ana, comme la deuxième Ondina. La situation était très claire à ses yeux : aucun homme ne l'épouserait jamais, aucun ne reviendrait. Les garçons comme Enrico étaient soit morts soit cachés, et on ne pourrait les compter qu'à la fin, comme les vraies amies. Les hommes de la préfecture combattaient pour remonter le temps, pour continuer la guerre et se venger. Ils espionnaient les partisans, les fusillaient ou les pendaient. Elle avait aussi découvert qu'on pouvait choisir de qui recevoir ses ordres.

Début septembre, la fille du moulinage était descendue de son village, elles étaient allées se promener avec la cousine. Elle avait raconté à mi-voix que les groupes s'étaient mis d'accord, ils avaient combattu ensemble et conquis toute la région. En plus de la Carnie, Attimis, Nimis, Faedis, Tarcento avaient été libérées, jusqu'à quelques kilomètres d'Udine.

– Dans les villages libérés, on vote pour la municipalité.

– On vote ? avait demandé Elda, surprise.

– Oui, ils ont appelé les chefs de famille, s'il n'y a pas d'homme, ce sont les femmes qui y vont.

C'était la première fois de sa vie qu'elle entendait parler d'élections.

– Il va y avoir des assemblées et une fête, il faut que vous veniez. Les partisans ont construit des barrières dans les rues pour les sécuriser, prenez le bus et faites-vous déposer le long du Torre à la hauteur de Povoletto.

Elda l'avait interrompue.

– C'est là que je suis née.

– Tu connais le chemin alors. Traversez le Torre et en une heure vous serez à Attimis. À l'entrée du village, donnez le nom de mon frère.

Elles avaient obtenu un jour de congé.

– Si j'étais plus jeune, je viendrais avec vous, avait dit la patronne.

Elle lui avait prêté sa robe de mariage, bleu ciel comme celle du conte, et des chaussures à talons de la même couleur. À l'évocation de son mariage, elle s'était mise à pleurer.

Ce jour resterait inoubliable, Elda avait recours à ce souvenir dans les moments difficiles. Elle marchait sur les sentiers détrempés avec les chaussures de sa patronne à la main, les siennes aux pieds. La cousine la suivait. Elle connaissait l'endroit où le Torre était calme, on arrivait à la petite église puis on traversait les sentiers et les bois jusqu'au village. Au milieu des arbres, elles avaient rencontré les premiers partisans. Le frère de la fille du moulinage était connu, ils les avaient laissées passer, ils regardaient Elda, stupéfaits. Elle était trop élégante, mais peu lui importait. De toute son existence, elle n'était jamais allée à une fête et n'avait jamais mis de robe, à l'exception de l'uniforme de Petite Italienne.

Les partisans portaient un foulard rouge autour du cou, mais ils étaient nombreux dans le village à en avoir un vert. Sur la place où elle était arrivée avec Ana deux ans auparavant, des paysans distribuaient du vin, du pain, du saucisson, des biscuits, des gâteaux. Les Alliés avaient envoyé du ravitaillement en zone libre. Des jeunes hommes en pantalon court avec fusil et mitraillette en bandoulière, chargeurs dans des cartouchières à la taille et grenades à la ceinture, buvaient et se faisaient photographier en groupes. Les garçons étaient réapparus, beaux, les cheveux en bataille ou avec des coupes rudimentaires, des couvre-chefs militaires ou alpins, des bérets et casquettes de l'armée avec l'étoile rouge ou l'edelweiss – l'étoile des neiges –, des tenues de camouflage, des chapkas. À chacun son uniforme, on aurait dit une fête de carnaval. Les filles plus sérieuses, en pantalon ou en jupe, le fusil à l'épaule elles aussi, étaient regardées de travers par les femmes du village. Dans un coin de la place, elles confectionnaient des foulards en taillant dans le rouge et le vert des drapeaux. Les groupes, chacun de leur côté, ne se mélangeaient pas. Les Slovènes restaient à l'écart : le même uniforme, le même béret à l'étoile rouge, la faucille et le marteau. Elda les observait et pensait à Ana, peut-être était-elle habillée pareil.

La fille du moulinage était avec son frère dans le groupe des Verts. Son cousin avec les Rouges. Elda s'était retrouvée à côté de lui.

– Tu es élégante, lui avait-il dit d'un air sérieux.

Elda avait rougi.

– La robe n'est pas à moi, c'est la patronne de la blanchisserie où je travaille qui me l'a prêtée.

Elle hésitait à le regarder, il l'intimidait. Cela ne lui était jamais arrivé, ni avec son cousin ni avec l'homme à la bicyclette. Elle posa la mauvaise question :

– Où êtes-vous maintenant ?

Il la dévisagea.

– Pourquoi veux-tu le savoir ?

Elda avait haussé les épaules, son cou et ses joues se couvraient de taches rouges.

– Comme ça, histoire de parler.

– C'est dangereux de parler de ça, tu n'es pas au courant ?

– Désolée.

Il ne la quittait pas des yeux.

– Je t'ai vue avec ma cousine chez mon oncle, vous êtes amies ?

Le changement de sujet la fit soupirer de soulagement.

– Nous avons travaillé ensemble à la filature de coton.

Sa réponse l'avait adouci.

Un homme maigre, élégant, avec un pantalon court, la chemise ouverte, un béret militaire et des moustaches, était monté tout sourire sur une estrade improvisée, il avait commencé à parler avec un accent anglais. À ses côtés, deux autres militaires. Le jeune homme se pencha vers elle.

– C'est le chef de la mission anglaise, il a été largué ici en juin.

– Largué ? avait-elle répété, surprise.

– En parachute, en Slovénie… Puis ils sont venus ici. Avec les deux autres, ils nous ont appris à fabriquer des explosifs, ils ont décidé des attaques avec nous…

Elle découvrait que certaines personnes étaient venues de loin. D'un lieu encore plus « haut » que celui où vivaient les jeunes gens aux foulards. Cette fois, elle comprenait chaque mot prononcé par l'Anglais, contrairement aux rassemblements de Mussolini.

– Je suis ici depuis juin, j'ai vécu avec vous les bons moments comme les plus difficiles. Je n'ai pas voulu entrer dans les débats qui vous divisent, j'ai œuvré pour l'accord, nous avons établi le commandement unique de toutes les formations et le résultat est là. Beaucoup des nôtres sont morts, mais beaucoup d'ennemis aussi, et nous avons conquis un vaste territoire, libéré vingt mille habitants du nazifascisme. Les Alliés avancent, la guerre ne durera plus longtemps, nous avons toutes les raisons de l'espérer, si vous êtes unis, vous pourrez devenir la nouvelle armée d'Italie.

Ils hurlèrent tous de joie, combattants, femmes, enfants, et Elda aussi cette fois. Beaucoup avaient les larmes aux yeux. Les partisans au foulard vert avaient fait le salut militaire, les autres tenaient le bras levé et le poing fermé. Des vagues différentes ondoyant la même mer. Prirent ensuite la parole un commandant des Verts et un des Rouges. Celui des Verts était un alpin sérieux et trapu, avec des moustaches et un visage large.

– Nous combattons pour la patrie, pour notre terre, pour les humiliations que nous avons subies, pour une nation démocratique, ouverte à tous, non violente, pour sauver l'armée italienne. Vive l'Italie libre !

Des saluts militaires, les Verts entonnèrent doucement un chant alpin :

Là-haut sur les montagnes
Au milieu des bois et des vallées d'or
Au milieu des falaises abruptes
Résonne un chant d'amour.

Le reste de la place s'agitait nerveusement. Les Slovènes étaient impassibles.

Le jeune homme murmura à Elda :

– Celui-là a combattu avec les nazis en Espagne, en Grèce, et maintenant il défend la liberté ! Quelle liberté ? La leur, celle des classes qui nous ont conduits au fascisme et à la guerre.

Mais à ses oreilles, ce qu'avait dit l'alpin moustachu sonnait juste et le chant la faisait pleurer, elle pensait à Enrico, à son corps dans la neige.

Un commandant des Rouges monta sur l'estrade, en uniforme militaire, regard incandescent, sourcils épais, visage allongé, cheveux plaqués en arrière, une mèche retombant sur le côté.

– Celui qui vous parle est un communiste qui a fait seize ans de prison sous le fascisme...

Hurlements des foulards rouges. Le commandant fit un geste pour les calmer, il parlait lentement en pesant ses mots.

– Nous sommes des antifascistes de la première heure, nous combattons pour chasser l'ennemi, les fascistes, les réactionnaires où qu'ils soient, mais aussi pour construire un pays démocratique et populaire. Nous saluons les partisans yougoslaves qui combattent l'ennemi commun depuis des années et sont à nos côtés. Vive l'Italie libre ! À mort le fascisme ! Liberté aux peuples ! Vive la lutte des partisans italiens et slovènes !

Les poings se levèrent tandis que montait un air qu'Elda ne connaissait pas, un chant de bataille mais non de guerre. Elle avait la chair de poule, sans savoir pourquoi. Le garçon à côté d'elle chantait à gorge déployée, une larme figée sur la joue. Elle aurait voulu connaître les paroles.

Depuis les camps jusqu'à la mer, depuis la mine,
Depuis l'usine, que celui qui souffre et espère
Se tienne prêt, c'est l'heure de la révolte
Le drapeau rouge triomphera.

Puis les haut-parleurs se mirent à diffuser de la musique dansante, la même musique pour tous. Le jeune homme la saisit par la taille et ils virevoltèrent parmi les couples de tous âges qui se formaient. Sa robe gonflait et tournoyait. Elle changea souvent de cavalier, passant rapidement devant les gens amassés autour de la place. Il lui sembla un instant reconnaître la jeune femme de ménage qui travaillait à la préfecture, celle qui embrassait un Allemand, elle se retourna mais elle était déjà partie. Elle n'y pensa plus.

7

J'ai du mal à parvenir à sa fin. J'ai beau me dire que tant de femmes et d'hommes sont morts avec elle, son histoire est plus cruelle. On lui a ôté tout héroïsme en faisant d'elle une figurante dans une histoire qui ne l'inclut pas ni ne la prend en considération. Des livres ont été écrits, des procès se sont tenus, la vérité a été maintes fois occultée. On a trouvé le procès-verbal de son acquittement, mais il n'a pas suffi. Aujourd'hui encore, les personnes avec lesquelles j'en parle font glisser la conversation vers d'autres sujets. Dans un tel contexte, que peuvent bien valoir l'histoire d'Elda, sa vie, les choses qu'elle ignorait et qu'elle a comprises petit à petit, sa clairvoyance à la fin, sa mort dans un champ jonché de morts ? Son apparente neutralité nous permet pourtant de voir la grandeur et les limites de l'époque qu'elle a traversée, les ruines sur lesquelles il sera difficile de reconstruire. Son point de vue éclaire la scène de bataille d'une autre manière.

Fin septembre 1944, les Alliés s'arrêtent sur la ligne gothique, le front italien perd de l'importance face au front français. L'espoir d'une fin prochaine de la guerre s'évanouit. Le 27 septembre, les Allemands attaquent en force la zone libre du Frioul.

Deux mois et demi plus tard, le 12 décembre, Elda, transie de froid dans la chapelle de la Sainte-Enfant, attend le partisan qui l'a amenée là ; tremblante, elle essaie de retracer ce qui lui est arrivé.

Quelques semaines après la fête, la fille du moulinage est venue à la blanchisserie, elle pleurait, elle avait des bleus sur les jambes et les bras. Les Allemands et les cosaques avaient attaqué la zone libre. Sa famille, comme tous les habitants des villages, s'était cachée dans les bois. Les cosaques s'étaient emparés de leur maison. Les partisans avaient résisté, beaucoup étaient morts. Les Allemands incendiaient les habitations, détruisaient, tuaient. Le prêtre les avait mises dans un fourgon pour Udine afin d'empêcher les cosaques de les violer. Son frère était mort, son cousin s'était enfui avec d'autres vers le Natisone. Depuis le bus pour rentrer chez moi, je voyais des files de prisonniers de la zone libre. Ils les emmènent en Allemagne, m'avait dit la patronne. La guerre ne finira jamais. Ma mère était malade et refusait que mon frère sorte, il n'a que douze ans mais les Allemands cherchent des garçons pour travailler en Allemagne. Il devenait fou enfermé dans la maison, je trouvais ses draps souillés, je ne lui disais rien, à ma mère non plus. Il me faisait de la peine. Le dimanche soir, je sortais fumer sur la place. Des filles que je connaissais allaient boire avec des soldats de la garnison allemande. L'un d'eux m'a offert une cigarette, il m'a demandé de l'accompagner, j'ai répondu que je ne pouvais pas. Il était beau parleur, j'ai vite fumé ma cigarette, j'avais peur qu'on nous voie ensemble. Je ne me rappelle plus rien jusqu'en novembre, seulement le froid et la faim, la toux de ma patronne, les alertes, la radio. Nous l'écoutions parfois mais nous ne comprenions rien à ce qui était en train de se passer. D'Udine à Pagnacco, aller-retour en bus. Un soir, nous étions en train de baisser le rideau lorsque j'ai vu arriver mon cousin. J'ai failli ne pas le reconnaître, il avait disparu. Il m'a saisie violemment par le bras, il faut que je te parle. Je n'ai même pas eu le temps de le présenter à ma patronne. Au coin de la rue, il m'a dit qu'on me recherchait – la radio anglaise avait donné mon nom –, que j'étais une espionne et que j'allais être exécutée. J'écoutais mais je ne comprenais pas les mots, cela m'arrive lorsque j'ai peur. Il me secouait, tu n'as pas honte, tu n'as pas honte, répétait-il. Je me suis mise à pleurer, je lui ai dit que je n'avais rien fait, que lorsque je travaillais à la préfecture, j'avais refusé d'espionner le partisan. Il me jetait des regards fous, alors c'est vrai, c'est vrai, tu as travaillé pour la préfecture ! Moi je ne te connais pas, je ne veux rien avoir à faire avec toi, ils te tueront et ils auront bien raison. Je suis restée au milieu de la rue, il pleuvait, je marchais en regardant autour de moi, je ne pleurais plus, j'avais trop peur, j'ai pris le dernier bus. Ma mère m'attendait. Je n'arrivais pas à parler à cause du froid, elle m'a séchée comme lorsque j'étais enfant, je lui ai tout raconté. Elle savait que j'avais travaillé à la préfecture, que je faisais le ménage, je lui apportais l'argent, mais je ne lui avais pas parlé de l'homme que nous avions suivi, ni des paquets et des lettres. Va chez le prêtre, m'a-t-elle dit, cache-toi. Mais moi je ne voulais pas, je n'avais rien fait. Le lendemain matin, j'ai rempli un sac avec mes affaires et j'ai serré ma mère et mon frère dans mes bras. De toute façon, je n'avais pas l'intention de revenir, je voulais tout expliquer aux partisans et rester avec eux. Les chemins étaient toujours les mêmes, ceux que j'avais parcourus avec Ana, ceux de la fête. J'ai traversé le Torre, il y avait beaucoup d'eau à cause de la pluie. Puis Povoletto, où je suis née et où j'ai passé mon enfance avant la naissance de mon frère.

La famille de mon cousin habite au bout du village. Je l'ai attendu cachée derrière un arbre, je suis allée à sa rencontre, j'avais une peur terrible, à partir de cet instant je n'ai pas cessé d'avoir peur. Je voulais savoir où étaient les partisans. Il s'est mis à rire. Comme ça tu vas aller le dire à la préfecture. J'ai dit le nom du frère de la fille du moulinage, et aussi de son cousin avec lequel j'avais dansé. Ce sont des amis, je ne suis pas une espionne, je veux aller les retrouver pour leur expliquer. Il a fini par me croire et m'a dit qu'après la prise de la zone libre, les Rouges avaient abandonné le territoire et s'étaient unis à l'armée yougoslave, les Verts et les communistes des groupes d'action étaient restés dans la montagne. Il m'a dit d'aller à Siacco, de leur demander, mais que j'étais fichue, ils me tueraient tout de suite, la radio avait dit ces mots : une dangereuse espionne. J'ai marché sur les sentiers, je ne voulais pas rencontrer d'Allemands. À l'entrée du pays, je me suis assise sur une pierre, je n'étais plus très sûre. J'ai entendu des pas et je me suis retournée, deux hommes pointaient leurs mitraillettes sur moi, mon cousin les avait peut-être prévenus, ils portaient un foulard rouge autour du cou. J'ai levé les bras. Ne tirez pas, je peux tout vous expliquer. Ils m'ont poussée : Avance. J'ai laissé là mon sac avec toutes mes affaires, je pleurais doucement pour ne pas les provoquer. Nous sommes arrivés devant une maison en ruines, des hommes armés à la porte. Ils m'ont laissée attendre toute la nuit dans une pièce sale et froide. Je me suis endormie, puis des voix d'hommes m'ont réveillée. L'une était plus forte que les autres. Je ne comprenais pas ce qu'ils disaient : révolution, partisans ennemis, décisions, victoires, espions, traîtres. Parlaient-ils de moi ? D'autres personnes ? J'ai pensé : Ils vont me tuer, et j'ai récité une prière. Mais ils m'ont conduite devant trois autres hommes, ils avaient l'accent de notre région.

Je peux vous expliquer, je n'ai rien fait. Va raconter ça à ceux de ton espèce, tu vas voir qu'ils vont te comprendre. Il faisait encore nuit, l'un d'entre eux m'a fait monter dans un fourgon, il s'est mis au volant. Je ne savais pas où nous allions, mais je ne voulais pas le lui demander. Nous sommes descendus devant une maison de pierre à deux étages, il m'a poussée dans un escalier de bois vers un grenier. Il y avait deux hommes en uniforme d'alpin. Celui qui m'a accompagnée m'a présentée : La radio a dit que c'est une espionne, nous ne pouvons pas la juger, faites-le, vous. Ils se sont mis à parler de moi. Je sanglotais. Ceux qui étaient là m'ont donné une chaise, l'autre est parti. Ils m'ont interrogée, mais je n'arrivais pas à parler. Ils m'ont fait allonger sur un matelas, je me suis endormie sans même m'en rendre compte. Le matin, ils m'ont apporté de l'eau et un morceau de pain. J'ai dit tout ce qui m'était arrivé. Ils sont restés silencieux, puis celui des deux qui était le chef a dit à l'autre : Emmène-la au poste de commandement. À pied, puis le long des sentiers sur la barre d'une bicyclette stationnée dans un bois, la neige. À pied de nouveau jusqu'à la chapelle de la Sainte-Enfant où l'homme m'a dit de l'attendre. J'ai eu mes règles, j'ai fait comme j'ai pu avec des feuilles que j'ai trouvées, il m'a laissée là à l'attendre. Il fait nuit.

Elle écoutait, les yeux grands ouverts, les bruits du dehors : des oiseaux, des moteurs lointains, le vent. Elle ne sentait plus le froid, elle regardait la Sainte Enfant à genoux devant la Vierge, son esprit s'égarait. Elle était dans un coin du tableau, cachée derrière un arbre. La petite faux de la Sainte Vierge brillait au soleil, dorée comme les tresses de Teresa. Elle avait fermé les yeux.

Il faisait encore nuit lorsque le partisan était revenu et la secouait, il lui avait tendu une couverture.

– Mets-la sur tes épaules. Allons-y.

De nouveau sur les sentiers escarpés dans les bois, les chaussures dans la neige, ils étaient arrivés devant le paysage des montagnes, tout blanc, le soleil se levait. Trop beau pour être vrai. L'homme lui avait tendu une gourde remplie de vin.

– Merci.

Au milieu des arbres décharnés, deux maisons en pierre côte à côte, la première plus petite. Des hommes étaient sortis de la plus grande, ils avaient, comme elle, des couvertures sur les épaules et sur la tête, des tasses fumantes à la main. Pâles et tristes. Les vestiges d'une armée décimée par la dernière bataille et le gel.

– Le commandant ? avait demandé celui qui l'accompagnait.

– En haut, lui avaient-ils répondu.

Elle l'avait encore suivi jusqu'à un autre chalet plus haut. Un militaire maigre, en uniforme, et deux garçons très jeunes étaient assis autour d'une table recouverte de documents et de cartes. L'un portait une petite veste d'été et une écharpe autour du cou, et l'autre un pantalon de golf, une chemise, un pull et des lunettes, on aurait dit des étudiants. L'homme parlait d'elle au militaire qui ne la regardait pas ; il avait ensuite levé les yeux.

– Comment t'appelles-tu ?

Elda rougit, comme d'habitude.

– Elda… Je n'ai rien fait, avait-elle murmuré.

Elle n'arrivait pas à articuler, elle avait la langue et les lèvres gelées.

– Je ne t'ai pas posé la question, nous allons vérifier ce que tu as fait. Le commandant est absent, c'est lui qui décidera à son retour. En attendant, installe-toi dans l'entrepôt, il n'y a pas de femmes ici, tu dois te débrouiller. N'essaie pas de t'enfuir.

Et qui pouvait bien vouloir s'enfuir ? Elle essayait de retenir ses larmes.

– Vous ne me tuez pas ?

Les deux garçons la regardaient d'un air sérieux. Le militaire répondit sans hésiter.

– Beaucoup des nôtres sont morts, si tu es une espionne, nous t'exécuterons.

Ils lui avaient donné un pantalon, des chaussettes en laine, des chaussures de montagne. Elle avait lavé dans l'eau glacée son unique culotte, son visage, l'entrejambe. Il fallait qu'elle s'occupe, qu'elle se rende utile. Dans l'entrepôt, elle s'était fabriqué un coin pour dormir avec la toile des parachutes largués et des couvertures. Le matin suivant, elle était descendue au premier refuge. La cuisine se trouvait dans le grand chalet, elle l'avait rangée : les casseroles d'un côté, les vivres de l'autre. Elle avait lavé les tasses, les gamelles, les assiettes et les verres dans la bassine. Elle avait demandé l'autorisation de préparer la soupe et avait réussi à faire un pesto avec les herbes qu'elle avait trouvées. Personne ne lui adressait la parole, ils savaient qui elle était et se méfiaient, mais la soupe était bonne. Elle ne les avait pas comptés, ils étaient nombreux, dispersés dans les chalets. Ils s'appelaient par des noms qu'elle n'avait jamais entendus : Hermès, Porthos, Guidon, Énée… La nuit, avant de s'endormir, elle remerciait la Vierge de Teresa, convaincue que c'était elle qui l'avait protégée.

Trois jours plus tard, le commandant était arrivé, elle l'avait aussitôt reconnu, c'était lui qui avait pris la parole le jour de la fête. Amaigri, petite moustache, les yeux cernés, mais les cheveux et l'uniforme d'alpin toujours en ordre.

Qui repasse sa chemise ? s'était-elle demandé.

Le soir même, il l'avait appelée au poste de commandement, il y avait aussi le militaire maigre du premier jour.

– Pourquoi as-tu travaillé à la préfecture ?
– Ma mère et mon frère avaient faim.
– Qui était l'homme avec lequel tu as suivi le partisan ?
Elle hésitait, elle donna les noms à contrecœur, même celui de l'homme à la bicyclette. Elle ne connaissait pas tous les noms de famille, mais il semblait être au courant. Il prenait des notes ; à la fin, il lui avait dit d'un ton sec :
– On m'a dit que tu avais cuisiné pour tout le monde et fait le ménage. Nous allons mener une enquête sur toi.
Il n'était pas bavard.
– Est-ce que je peux poser une question ? avait-elle murmuré.
Il avait acquiescé.
– Pourquoi est-ce que la radio a parlé de moi ?
Il la fixait du regard.
– Je ne sais pas, c'est ce que nous essayons de comprendre.

Le matin du 21 décembre, dix degrés au-dessous de zéro, l'alerte avait été donnée : les cosaques approchaient, un groupe était descendu les affronter, mais ils ne les avaient pas croisés. C'était son anniversaire, elle n'y avait pas pensé de toute la journée. Seulement le soir venu, tout habillée, enroulée dans la couverture, elle avait pensé à sa mère, au gâteau qu'elle lui préparait lorsqu'elle était enfant.

Elle ne mangeait jamais avec les autres, elle restait debout. Personne ne lui proposait de s'asseoir, sa situation n'avait pas encore été clarifiée. Elle grignotait une pomme de terre, les écoutait raconter leurs exploits : des lignes ferroviaires coupées, des pylônes sectionnés, les alertes aux attaques des cosaques, les combats. Les noms des compagnons morts. Parfois, ils se tournaient vers elle et se taisaient. Puis ils l'oubliaient et reprenaient leurs conversations. Ils parlaient des brigades rouges parties en

Yougoslavie et qui étaient désormais sous les ordres de l'armée slovène. Le garçon à la petite veste était furieux, il était toujours avec celui qui portait des petites lunettes, on aurait dit des camarades d'école.

– On nous traite de réactionnaires et de fascistes parce que nous ne sommes pas communistes et que nous collaborons avec les Anglais ! Fascistes, nous ! Combien de morts parmi les nôtres, nous avons combattu plus qu'eux en septembre lorsque les Allemands nous ont attaqués ! Les Slovènes devaient protéger nos arrières, ils sont partis sans tirer un seul coup de feu et nous avons dû résister seuls !

L'autre :

– On dit que dans les zones libérées les Anglais désarment les partisans, alors que si nous étions avec les brigades rouges, nous pourrions garder nos armes…

Le garçon à la petite veste l'avait interrompu avec fougue :

– Et alors ? Une fois que nous serons libres, peu importe si nous gardons nos armes… La vérité est qu'ils veulent que nous partions d'ici nous aussi, que nous nous mettions sous leur commandement et qu'ils puissent prendre toutes nos terres jusqu'au fleuve Tagliamento ! Ils font de la propagande et interdisent aux maîtres d'école de parler italien… Mais le commandant leur a dit clair et net en novembre, pas vrai, commandant ?

Ce dernier les écoutait parler, il intervenait de temps en temps.

– Beaucoup d'entre eux ne voulaient pas aller en Yougoslavie, ils sont italiens, mais ils ont été forcés, certains sont venus chez nous. Nous ne nous soumettrons jamais à leur commandement et nous ne bougerons pas d'ici.

Un jour, elle était descendue au village sous le refuge avec un groupe. Elle devait aider à transporter là-haut le matériel parachuté. Ils s'étaient arrêtés chez une vieille paysanne qui leur avait préparé à manger. Une exception : après les représailles de septembre, les habitants du coin leur fermaient la porte au nez, certains les avaient même dénoncés. Elda l'aidait en cuisine.

– C'est vrai qu'ils te font un procès ? Tu es une espionne ?

Elle lui avait raconté toute son histoire.

– Je n'ai rien fait, et s'ils me font un procès, ils le comprendront.

Et elle avait ajouté :

– Si tu connais quelqu'un qui va du côté de Pagnacco, est-ce qu'il pourra dire à ma mère que je vais bien ? Mon frère et elle vivent à côté de l'église.

La vieille femme la regardait avec compassion, les Allemands avaient tué son fils.

Le 24 décembre, ils s'étaient tous rassemblés dans le grand chalet, un prêtre partisan était venu de la vallée pour la messe. Chœurs alpins et chants de Noël, le soir, ils avaient sorti les photographies de leurs mères, quelques-uns celles de leurs femmes. Ils avaient tous une vingtaine d'années, le plus vieux avait trente-cinq ans. Elda n'osait ni s'unir au chœur ni s'asseoir, elle servait le vin chaud, distribuait la polenta. Dans sa tête, elle entonnait *tu descends des étoiles, ô roi du ciel, et tu viens dans une grotte dans le froid et le gel*, mais elle ne voulait pas pleurer. Un garçon aux cheveux clairs coupés court, le nez pointu, les yeux bienveillants, avait croisé son regard, il lui avait fait une place à côté de lui.

– Assieds-toi…

– Non, non.

Il insistait. Au milieu du silence, le commandant l'avait regardée.

– Assieds-toi à côté de Porthos, Elda.

Elle avait obéi, elle était avec eux mais elle n'était pas des leurs, la seule femme et une suspecte. Le garçon lui posait des questions sur sa famille, elle lui demandait la signification de son nom. Pendant un an, il avait étudié la littérature étrangère à l'université, il s'était passionné pour les romans français.

– Les mousquetaires étaient les gardes du roi, un pour tous, tous pour un !

Elda n'en avait jamais entendu parler.

– Eux aussi avaient des noms de guerre, j'ai pris celui du plus fort, pour me donner du courage. Et toi, si tu étais avec nous, quel nom choisirais-tu ?

Elle pensa aussitôt à Ondina, mais comment lui expliquer ? Elle avait souri sans répondre.

Début janvier, un autre commandant dénommé Livio était monté, il parlait d'un ton animé en se lissant la barbe, il rapportait au commandant une rencontre avec les Slovènes.

– Ils m'ont dit que nous devions partir, qu'ils ne peuvent pas tolérer la présence d'autres partisans et qu'après la guerre ils feront un référendum et que le val Resia deviendra yougoslave, les Alliés seront d'accord. J'ai répondu que s'ils avaient décidé de nous désarmer, nous résisterions jusqu'au bout.

Tous avaient applaudi. Le commandant regardait devant lui, inquiet, il avait ajouté :

– Et nous n'avons même pas de nouvelles du caporal anglais qui allait chez eux, il a disparu…

Quelques jours plus tard, il l'avait appelée :

– Nous avons arrêté l'espion avec lequel tu as filé le partisan. On l'a interrogé et il a parlé de toi. Il dit que tu es allée avec lui plus d'une fois.

Sa bouche tremblait.

– Non, une seule fois. Les autres fois, nous avons attendu dans la rue et personne n'est arrivé.

Il s'était fâché.

– Tu dois tout dire, Elda, tu m'as compris ?

– Oui…

Un silence.

– L'homme de la préfecture, celui à la bicyclette, je suis sortie avec lui quelques fois avant… et j'ai fumé des cigarettes avec un soldat allemand, quand je travaillais à l'usine, et une autre, une seule, avec un Allemand de la garnison au village. Maintenant j'ai vraiment tout dit.

Le commandant la fixait du regard.

– Si tu n'as rien fait, personne ne te fera de mal, je te le garantis.

Il ne fallait pas que quelqu'un se montre gentil avec elle, elle n'aurait pas tenu. Elle baissa les yeux.

– Ton père et ta mère, où sont-ils ?

– À Pagnacco, ma mère et mon frère…

– Dès que nous aurons tiré tout ça au clair, nous t'escorterons chez toi, Elda. Tu ne t'es pas compromise avec nous, tu n'as pas participé à des actions, j'expliquerai moi-même au commandant anglais, ils devront retirer la dénonciation.

Elle lui avait répondu avec une fougue qu'elle ne se connaissait pas.

– Je ne rentre pas à la maison, je reste ici avec vous.

Le commandant s'était attendri, ce n'était pas son genre.

– Nous verrons.

Janvier s'écoule, l'horloge de sa vie ralentit, les aiguilles se préparent à l'accélération finale. Il neige, les conduits sont gelés, il n'y a ni pain ni eau. Les Alliés ont arrêté les largages, le front italien est oublié. Les rafles cosaques déciment les garnisons dans la vallée. Les partisans slovènes ont arrêté et fait prisonniers trois des leurs, ils les ont insultés et déclarés fascistes. Ils sont seuls et isolés au milieu des ennemis, face à l'hostilité de la population, des brigades Garibaldi, des Slovènes. C'est ce qu'a dit le commandant aux hommes rassemblés avant de démobiliser tous ceux qui avaient un lieu sûr où retourner. Une fois les armes et le matériel cachés, une vingtaine d'hommes sont restés dans les chalets, certains à demeure, d'autres vont et viennent. L'espion dont Elda a donné le nom a été exécuté. C'était ce qui n'allait pas tarder à lui arriver aussi, ils allaient l'emmener sur un chemin les mains en l'air et lui tirer dessus, elle y avait pensé toute la nuit.

Premier février, son procès. Debout au milieu de la pièce, son cœur explose dans sa poitrine, elle a des taches rouges sur les joues, le cou. Tout le monde est là. Le commandant lit le verdict, mais elle ne l'a pas entendu ; elle s'imagine sortir par la fenêtre au milieu des arbres recouverts de neige, jusqu'aux montagnes, légère, libre. Ils sont soudain tous autour d'elle à la fêter.

– Tu es acquittée !

Elle cache son visage dans ses mains, sanglote et répète tout bas :

– Merci, Sainte Vierge.

Le chef demande le silence.

– Ton nom a probablement été confondu avec celui d'une autre femme de ton village, les Anglais enquêtent sur elle maintenant.

Peut-être était-ce l'une des filles qui sortaient boire avec les soldats de la garnison. *Allez, viens, on va s'amuser un peu, on ne fait rien de mal, de quoi as-tu peur ?* Elle n'y était pas allée.

Le commandant poursuit.

– Elda veut rester et nous l'accueillons. Depuis son arrivée, elle s'est rendue utile et elle le sera encore plus à présent. Lis et signe cette déclaration, désormais tu t'appelles Livia, comme le grand commandant qui a tenu tête aux Slovènes, tu as le matricule 1755.

Elle a pris la feuille dans ses mains, balbutie la déclaration devant tout le monde, elle se rappelle la comptine sur l'obéissance qu'elle avait dû réciter à l'école. Désormais, c'est à elle de défendre les intérêts supérieurs de la Patrie dans le corps des volontaires de la liberté. La *Patrie*, un terme qu'utilisait aussi Enrico avant de partir, et Ana parlait de la sienne qui n'était plus l'Italie depuis qu'on les avait persécutés. Ils parlaient tous de *Patrie*, Mussolini à son balcon, le chef d'atelier qui avait décroché et remis son portrait, l'homme à la bicyclette resté fasciste, sans compter Sandro, le frère de la fille du moulinage, prisonnier des Anglais, les partisans rouges qui voulaient la libérer et les verts dont elle faisait désormais partie. Qu'était la Patrie pour Elda ? Elle n'y avait jamais pensé. Elle se sentait italienne, elle voulait que les Allemands partent du Frioul, mais elle n'avait jamais repris ce mot à son compte. Si on lui avait demandé de l'expliquer, elle aurait dit que c'était le lieu où elle se trouvait à présent : les chalets, la cuisine commune qu'elle tenait propre comme si c'était chez elle, les garçons restants, le commandant taciturne qu'elle aurait voulu pour père. Elle se réveillait pleine de joie le matin, même si chaque jour était plus pénible que le précédent et qu'ils pouvaient mourir.

Pendant sept jours, du 1er au 7 février 1945, Livia a été des leurs, enfin maîtresse de sa propre vie.

Il m'est arrivé au cours de ma vie, moins héroïque que la sienne, de ressentir une appartenance politique. Je ne suis plus aussi radicale que je l'étais jeune fille, je ne rêve plus de bouleversements rapides et illusoires, j'appartiens à l'histoire plus ou moins heureuse de la gauche réformiste, mais il m'a toujours manqué quelque chose. Les femmes qui me sont apparues lors de mes pertes de mémoire ont vécu des époques de bouleversement complet et dramatique. Des moments historiques auxquels elles ont participé avant d'être rejetées par l'Histoire.

Dans mon roman *Lucy*, le personnage principal est paléoanthropologue. Dans la solitude de la mi-août, elle réfléchit à sa vie et écrit l'histoire d'un australopithèque féminin, ayant vécu il y a trois millions d'années, pendant une gigantesque éruption volcanique en Afrique. Elle cherche la place de l'hominidée poilue, son ancêtre, dans le contexte d'une Histoire qui se termine et d'une autre qui commence, la répartition des rôles permettant la spécialisation et l'évolution. Je suis peut-être un brin mégalomane dans le choix des points de bascule.

Moi aussi j'ai cherché la place de Livia au sein du moment historique dramatique que le destin lui a fait vivre, et vous allez voir qu'elle n'est pas secondaire. Le silence presque total à son sujet est assourdissant. Le caractère approximatif des informations sur sa vie, les contradictions, les falsifications, les mensonges, sont autant de manières d'admettre l'impossibilité de reconnaître qui elle était. L'absence de son nom sur la stèle commémorant l'action criminelle qui a interrompu sa brève existence en est la preuve. Alors qu'à mes yeux, chaque instant de ses vingt et une années est empli de sens : le désir de connaître l'amour, les faiblesses, l'accès difficile à la conscience de la situation, sa fin.

En début d'après-midi, elle s'accordait une brève pause. Elle avait préparé à manger, remis en ordre la cuisine avec l'aide du mousquetaire, fumé une cigarette avec lui et discuté de la gale qui tourmentait l'un des trois partisans carabiniers et que l'étudiant en médecine ne parvenait pas à soigner. Ils l'avaient isolé près de l'entrepôt où elle dormait.

– Ça se voit qu'il n'avait pas encore étudié les maladies de la peau ! avait-il plaisanté.

– Il s'est gratté toute la nuit en se lamentant, le pauvre.

Ils s'étaient salués, Livia était montée au second chalet, celui du commandant. Elle avait croisé en passant un groupe qui déposait des vivres. Elle était entrée dans l'entrepôt, s'était assise dans son recoin. Parfois, elle s'amusait à essayer d'imaginer l'un d'entre eux en fiancé, mais elle n'y arrivait pas, peut-être si elle les croisait après, qui sait. Le soir, ils parlaient de l'avenir, tous avaient interrompu leurs études ou quitté un travail qu'ils souhaitaient reprendre. Les deux garçons qui avaient l'air de camarades d'école avaient beaucoup de projets, celui avec la petite veste parlait de son frère aîné : un poète, un génie. Il avait choisi son nom de guerre d'après un ami de son frère, disparu en Russie. Livia lui avait parlé d'Enrico, peut-être s'étaient-ils rencontrés. Pour l'heure, les deux inséparables étaient partis en mission, ils rentreraient bientôt.

Elle s'était procuré du fil et une aiguille au village, elle taillait et cousait des chemises dans la toile de parachute, peut-être qu'après elle pourrait étudier la couture et travailler dans un atelier. Qui sait si la patronne de la blanchisserie la reprendrait, qui sait si elle était en vie. Udine avait été bombardée à plusieurs reprises.

Soudain, des cris s'étaient fait entendre. Livia avait laissé son ouvrage et était sortie voir. Une quarantaine d'hommes armés se dirigeaient vers eux en hurlant.

À côté des paquets qu'ils avaient laissé tomber à terre, ses compagnons avaient les mains levées, les fusils au sol.

– Les mains en l'air, traîtres ! Fascistes !

Ils étaient italiens. Deux hommes l'avaient empoignée et poussée avec leurs fusils vers les autres. Elle avait distinctement entendu le mot espionne. D'autres donnaient l'ordre de vider les entrepôts. Bousculés par les fusils, ils dévalaient la pente vers la première cabane. L'un d'eux avait essayé de parler, il avait reçu des gifles. Les deux hommes la tenaient par le bras, ils l'entraînaient en bas.

Qui étaient-ils ?

Un garçon s'était enfui, ils lui avaient tiré dessus. Il était tombé au milieu des arbres.

Qui étaient-ils ?

De retour de leur mission, les deux camarades d'école couraient vers eux, ils avaient entendu les coups de feu. On les avait pris et jetés dans le groupe. Devant le premier chalet, il y avait d'autres hommes armés qui les attendaient. Ils sortirent de la cuisine le commandant et l'autre militaire. Ils avaient des blessures au visage, du sang. Livia essaya de les rejoindre mais ils l'en empêchèrent. Trois hommes se tenaient devant tout le monde. Elle reconnut soudain l'un d'entre eux : il faisait partie du groupe d'action de Siacco, ceux qui l'avaient arrêtée dans le bois puis livrée aux Verts. Elle en était certaine. Ils ne portaient pas le foulard rouge, mais c'étaient eux. Ils lui avaient dit : *Va le raconter à ceux de ton espèce, tu vas voir qu'ils vont te comprendre.*

Leur chef braillait, la mitraillette pointée sur le commandant et l'autre militaire, il avait l'air saoul.

– Ils ont une espionne avec eux. Les Anglais l'ont dénoncée ! La voilà la preuve, vous protégez une espionne à la solde des nazis ! Vous êtes des traîtres vendus aux nazis !

Le commandant avait répondu de sa voix sèche, il chancelait.

– Nous lui avons fait un procès, elle est lavée de tout soupçon.

Livia avait tout compris. Ils savaient qu'elle était là, c'est eux qui l'avaient envoyée, elle avait servi à l'action qu'ils étaient en train de mener, elle était le prétexte pour les massacrer. Étrangement, le fait d'avoir compris lui ôta la peur, elle avait fait un serment, elle pouvait mourir. Être là avec eux était si important, elle n'avait jamais eu de famille.

Le chef avait hurlé à ses hommes :

– À mort les traîtres !

Poussée contre les deux hommes, les fusils braqués. Le commandant et le militaire avaient fait leur salut, ils avaient crié ensemble :

– Vive l'Italie !

Elle voulait se joindre à eux, mais elle n'en eut pas le temps, ils avaient tiré sur elle en premier. L'instant d'après sur les deux autres. Puis ils conduisirent dans la vallée ceux qui étaient restés à l'intérieur pour les exécuter presque tous en l'espace de quelques jours. Ils se débarrassèrent d'eux, tout simplement.

Je range les livres qui m'ont servi dans la bibliothèque de l'appartement où j'habite seule à présent. Mais ils ne m'ont pas aidée à comprendre Livia. J'ai vécu avec elle chaque jour, je la connais, je ne la quitte plus. Pendant des années, on a discuté, parlé, commémoré, on s'est insulté, on l'a encore utilisée, comme le groupe qui l'a massacrée, on ne lui a pas accordé de place digne de ce nom dans l'Histoire. Je retournerai là où elle est morte et, à l'aide d'un ciseau et d'un marteau, je graverai son nom sur la stèle, elle aussi doit y figurer avec ses compagnons.

Ils sont morts pour une idée que le frère génial du garçon à la petite veste, Pier Paolo Pasolini, a parfaitement résumée :

« Comme on avait demandé à ces jeunes, de véritables héros, de s'engager dans les rangs slavo-garibaldiens, ils ont refusé en disant vouloir se battre pour l'Italie et la liberté, et non pour Tito et le communisme. Alors ils ont tous été massacrés, de façon barbare[1]. »

Y compris le commandant, l'autre militaire, le mousquetaire et tous les autres. Les hommes de cette époque, d'un côté comme de l'autre, avaient des idées pour lesquelles ils étaient prêts à tuer et à mourir. Elda en a payé le prix, comme l'Italie.

Ce soir, mes enfants viennent dîner à la maison, mon benjamin aussi, le beau garçon brun avec lequel j'ai commencé ce récit. Peut-être parlerons-nous de politique et nous demanderons-nous pour la énième fois comment il est possible que dans notre pays nous nous sentions encore ennemis, toujours séparés par une frontière.

1. Pier Paolo Pasolini, *Guido voleva combattere per la libertà, non per il comunismo* (*Guido voulait se battre pour la liberté, pas pour le communisme*), in *Lettere agli amici* (*Lettres aux amis*), Milan, Guanda, 1976.

Quatrième partie

Le malentendu

« Un piège dans lequel il était si facile de tomber. »

Marianne Faithfull, *Misunderstanding*

1

Un homme que je ne reconnais pas me prend par la main, me conduit dans une chambre, me fait asseoir. Cette fois, j'ai peur.

– Je me suis perdue, lui dis-je, c'était comme si j'avais pris de la drogue.

L'homme éclate d'un rire juvénile. Ce n'est plus un jeune homme, il a plus ou moins mon âge. Des yeux clairs, plissés par un sourire, me regardent fixement.

– Tu n'as rien pris, je te le garantis.

– Quand j'étais jeune, tout le monde en prenait, moi jamais, lui dis-je.

Un instant plus tôt, j'avais l'impression d'être assise dans un lieu exigu, bondé et enfumé. Il y avait de la musique, un riff de guitare électrique au loin.

– Tu as eu un trou de mémoire, me dit-il, ce n'est rien, ça m'est arrivé à moi aussi.

C'est la première fois que quelqu'un dédramatise. Son visage m'est familier à présent, nous sommes ensemble depuis quelques années. C'est un réalisateur français, je suis assise avec lui dans mon bureau.

– Vraiment, ça t'est arrivé à toi aussi ?

– Oui, dans le métro à Paris, tout à coup je ne savais plus ce que je faisais là, où j'allais. Je suis descendu, j'ai marché, j'ai lâché prise… et puis tout s'est remis en place, malheureusement.

– Moi qui ai toujours eu peur de lâcher prise, voilà ce qui m'arrive, c'est comme si mon corps se vengeait.

Il sourit de nouveau.

– Où étais-tu ?

Il veut que je lui raconte.

– Dans un endroit où on joue de la musique et on danse, peu de lumière et beaucoup de fumée. Le riff de guitare s'est rapproché, il est devenu une chanson. Il y avait des gens assis par terre, d'autres dansaient et un groupe jouait sur une scène minuscule, surmontée d'un grand rideau à rayures, comme celui d'un cirque. Londres, les années 1960, beaucoup d'éclats de voix, des rires… L'une d'entre elles, plus forte que les autres, à côté de moi, une voix de fille, elle riait. Maigre, les cheveux longs avec une petite frange, un visage parfait de petite fille, une cigarette à la main.

– Personne ne pouvait rester une seconde sans fumer…

Je me tais. À qui appartient cette voix ?

Je ferme les yeux.

Je suis allongée sur le divan hérité de mon père, semblable à celui du cabinet de Freud à Vienne qui était tapissé de coussins de velours, un décor chaleureux et dramatique. Le mien est en coton rouge, plus léger. Mon père n'a jamais fait de psychanalyse, moi si. La voix de la femme qui m'a interrompue reprend la parole.

– C'est difficile de t'expliquer ma vie, tu la jugerais, et je ne supporte pas ça. Quand on juge, on ne comprend rien. Mais je ne te laisserai pas la raconter, j'ai mis des décennies à trouver ma voix et je ne me tais plus, je me suis tue trop longtemps. Tu n'es pas beaucoup plus jeune que moi, une dizaine d'années, mais tu habitais en Italie…

Je lui réponds :

– Mais j'allais toujours à Londres l'été, quand j'étais jeune fille, pour apprendre l'anglais, je me souviens très bien du magasin Biba, des fêtes dans les bars le samedi soir à la fin des années 1960.

– Mon histoire se passe au début des années 1960, lorsque tu venais à Londres elle était déjà terminée, il était avec l'autre, celle pour laquelle il m'a quittée. Mais je ne suis pas possessive, je ne l'ai jamais été. Contrairement à lui, le chanteur avec lequel je sortais, même si j'ai découvert plus tard qu'il avait toujours été infidèle. Lorsque je l'ai rencontré, il souffrait de crises de panique, il n'y a rien de plus attirant pour une femme qu'un artiste aux airs fragiles. Il y en avait beaucoup à cette époque, certains l'étaient vraiment, d'autres faisaient semblant. J'avais le flair pour les authentiques. Je ne sais pas s'il y a eu une véritable révolution durant ces années, certains disent que non, d'autres que oui. Nous sortions des ruines de la guerre, au sens propre. Lorsque j'étais enfant, il y en avait encore à Londres. J'ai vu les autres histoires que tu as écrites. Si tu considères que je suis née deux ans après la mort d'Elda et qu'il n'y a qu'une vingtaine d'années d'écart entre elle et moi, alors je crois bien que c'était une révolution. Mon père et ma mère me paraissaient venir du siècle précédent.

» Nous vivions dans une petite maison en briques rouges dans la banlieue nord-ouest de Londres. Ma sœur et moi l'avons dessinée très souvent et ma mère accrochait au mur de la cuisine nos chefs-d'œuvre tous similaires. Peut-être que nous dessinions la maison parce qu'ils parlaient toujours de l'emprunt à rembourser ou parce que nous rêvions de nous en aller. Eux et nous, c'était notre karma. Nous d'un côté et eux de l'autre. J'ai lu une théorie à ce sujet. Il y a des générations qui ont fait un bond : on dirait qu'elles ne sont pas les enfants de leurs parents. Mon père était fier de son minuscule jardin bien qu'il soit identique à tous les autres de la rangée. Il vivait encore dans la guerre, il dormait avec une arme sous l'oreiller. Il avait été officier de l'armée, avait combattu en Birmanie, il nous racontait les marches dans la jungle, les insectes, mais aussi les temples et les filles (quand ma mère n'écoutait pas).

Cette fois c'est moi qui l'interromps.

– Comme dans *Le Pont de la rivière Kwaï*, ça se passe en Birmanie, non ? Pendant la guerre. Enfant, j'adorais ce film. L'officier anglais prisonnier qui veut construire à tout prix le pont comme il faut, bien qu'il soit pour les Japonais, et l'Américain qui le traite d'imbécile et le fait sauter. La petite marche héroïque et légère… J'en ai des frissons encore maintenant.

– Pourquoi aimais-tu tant ce film d'hommes et de guerre ?

– Je m'identifiais à eux, aux héros, j'avais l'impression d'être un des leurs.

Un silence.

– Moi aussi je me suis fait avoir comme ça…

– Que veux-tu dire ? Je ne voulais pas t'interrompre, continue, tu parlais de ton père.

Il avait gardé de la Birmanie un petit *stupa* qu'il avait installé dans un coin du jardin, il y mettait des graines pour les oiseaux. Lorsqu'on a vécu une telle guerre, on a du mal à penser à autre chose. Il nous emmenait, ma sœur et moi, visiter le bunker secret du gouvernement, pas celui du centre-ville, il y en avait un dans notre quartier, abandonné et fermé. Churchill ne s'y était rendu que rarement pendant la guerre. Mon père savait comment y entrer depuis l'un des bâtiments de la station de recherche, il mettait son uniforme et on le laissait passer. Dans le bunker, il ne restait plus que des couloirs humides et des compteurs rouillés, mais il nous décrivait l'atmosphère de la guerre, les bombardements. Au-dessus du bunker, nous racontait-il, ils avaient construit le fameux ordinateur Colossus qui leur avait permis de décrypter les codes des nazis. Après la guerre, les services secrets ont fait sauter l'équipement.

Nous aussi nous voulions tout faire sauter, la guerre, la maison, leurs sacrifices. Un matin, mon père avait pointé son pistolet contre ma mère qui l'exaspérait. Ma sœur le lui avait confisqué. Ma mère nous exaspérait nous aussi avec ses recommandations sur le sexe, mais cette fois, c'est lui qui avait exagéré. Nous voulions quitter leur monde, comme dans la chanson des Beatles. Fermer le portail, jeter un dernier regard à la fenêtre de la cuisine avec ses rideaux à fleurs et partir pour la ville, faire de la musique, faire la fête, faire l'amour. Si les révolutions sont des accélérations, alors la nôtre allait pleins gaz ! Quelle accélération !

Les événements de ma vie ne comptent plus tellement pour moi. Je les passe en revue encore et encore, uniquement pour me comprendre moi-même, comme à l'aide d'une visionneuse passant et repassant les scènes fondamentales.

2

Sur une série de photos prises dans une cabine automatique à Piccadilly, nous nous embrassons sur la joue : sur l'une je l'embrasse tandis qu'il regarde l'objectif, sur l'autre c'est lui qui m'embrasse. Je porte un bandeau sur mes cheveux lisses. Le nouveau maquillage que j'ai vu dans *Vogue*, des faux cils, accentués au crayon, deux traits épais sur les paupières. Des yeux grands ouverts, bleus, de poupée. Lui a les cheveux – pas très propres – aux épaules, une bouche charnue, souriante. Un regard clair, vif et passionné. On peut apercevoir le manche d'une guitare électrique. Il vient de finir de jouer avec les autres dans le bar.

C'est là que je l'avais vu, un soir. Après deux ou trois morceaux, les musiciens laissaient la scène aux autres groupes, ils se mêlaient au public, se mettaient à danser. Il ne m'avait pas remarquée. J'avais beaucoup de succès, j'avais le physique qui plaisait à l'époque : maigre, peu de poitrine, des jambes longues et fines, un visage candide de petite fille. Les filles étaient attirées par John. En dehors de la scène, il était raide et bougeait un peu maladroitement ; lorsqu'il chantait, il avait une manière de se déchaîner qui nous poussait à nous lever et à danser, et à faire autre chose aussi.

À dix-sept ans, après avoir été vendeuse dans un magasin de vêtements à Soho, j'étais devenue la secrétaire du propriétaire qui s'intéressait à la mode et à la musique. J'avais quitté l'école privée avant d'obtenir le diplôme. On m'avait renvoyée. Je lisais de la poésie, des romans, des magazines, j'aimais me maquiller et m'habiller, je ne voulais pas étudier, je m'échappais de la maison pour aller en ville. À Londres, il y avait chaque soir des spectacles, de la musique, des pièces de théâtre et de nouveaux magasins unisexes. Mes parents étaient désespérés, et puis Sarah, ma grande sœur, les avaient rassurés, je pouvais aller habiter dans son appartement. Elle était mannequin et vivait là avec son fiancé photographe. Ma mère voulait qu'ils se marient. Sarah considérait John comme un marginal qui n'avait jamais un sou en poche et n'était même pas aussi beau que je le disais. Moi j'aimais les musiciens, les artistes, les aventuriers.

Avant John, j'étais sortie avec un *mod* qui était mécanicien. Il venait me chercher en Vespa, il avait vissé à son tableau de bord quantité de phares et de rétroviseurs de toutes sortes, c'était facile pour lui de se les procurer. Il faisait partie d'un groupe de garçons comme lui, cheveux courts, costumes clairs, pull-overs élégants, bottines. Ils s'endettaient pour s'acheter des vêtements. Ils détestaient les rockers. Ils disaient qu'ils sentaient mauvais et étaient violents ; avec leurs motos, leurs vestes en cuir à la Elvis, les clous, ils n'étaient pas modernes. Mon père aimait beaucoup mon premier petit ami, il le faisait asseoir sur le canapé pendant que je me préparais, il lui offrait une bière et l'interrogeait.

– Joli costume, il doit coûter cher.

Il acquiesçait sans sourire parce qu'il avait les dents de travers.

– Après le mariage, où irez-vous vous installer ?

Mon père sautait beaucoup d'étapes. Mais l'autre ne se laissait pas décontenancer.

– Nous ferons tout pour avoir ce qu'il y a de mieux, monsieur.

Ma mère tirait sur ma jupe et nous partions rejoindre les autres. Nous allions en bande dans des bars, en évitant ceux des rockers. Nous écoutions du jazz et du ska. Pas mal de Jamaïcains habitaient dans le quartier, nous les rencontrions dans les bars, des amitiés se créaient. Nos parents ne les fréquentaient pas, mais nous oui. Pour nous, ces différences n'existaient pas. Nous rêvions d'aller en Jamaïque : le soleil, la plage, le cannabis, l'amour. Nous avions tous une chose en commun : personne ne voulait vivre comme papa et maman, et pour nous différencier d'eux, il fallait s'habiller d'une autre manière, écouter de la musique et laisser la vie s'écouler plus légèrement qu'ils ne l'avaient fait (à quoi avait bien pu les mener tout ce sérieux ? À la guerre, aux morts et à tout le reste), s'amuser tout simplement, comme le disait la chanson du grand Prince Buster.

C'est bien d'avoir la sagesse
Quand on est jeune
Parce qu'on n'est jeune qu'une seule fois.

Un dimanche, avec mon premier amour et le reste de la bande, nous sommes allés à la mer à Brighton. Il était arrivé à la maison en parka avec les insignes de la Royal Air Force sur la manche. Mon père avait eu un choc, il ne comprenait plus rien : c'était un militaire ? Un soldat qui avait combattu pendant la guerre de Corée ? Pourquoi portait-il la parka et les insignes de l'héroïque Royal Air Force ? Je l'avais pris à part.

– Papa, il est mécanicien, mais il y a des magasins où tu peux acheter des uniformes, des décorations et des insignes militaires…

Il ne comprenait toujours pas.

– Pour le carnaval, tu veux dire ?

– Non, c'est à la mode.

Il me regardait, stupéfait.

– Nos uniformes sont à la mode ?

Je riais.

– Oui, papa, ceux qui ne sont pas militaires peuvent porter un uniforme pour s'amuser.

– C'était une erreur de supprimer le service militaire obligatoire, avait-il conclu en se rasseyant devant la télévision achetée pour le couronnement de la reine.

1953, j'avais six ans. Ma mère avait cousu des robes blanches toutes neuves pour ma sœur et moi. Nous devions être belles et pures. Il est resté debout devant le petit écran comme un garde royal. L'archevêque posait au ralenti la longue étole sur les épaules de la jeune fille qui avait à peine plus de vingt ans, il lui remettait le sceptre, l'épée et le globe de la Couronne (mon père en avait parlé des jours entiers). Elle était immobile, parfaite, et moi aussi, assise sur un coussin, le bas de ma robe ballon disposé en corolle par ma mère. Puis nous étions sortis célébrer l'événement dans la rue et regarder les feux d'artifice.

Onze ans plus tard, à Brighton, tout avait changé. Allongés sur la plage avec des milliers de garçons et de filles, nous nous enlacions et je le laissais toucher ma poitrine sous mon chemisier. Ce n'était pas la Jamaïque, mais il y avait du soleil. On aurait dit que tout le monde s'était donné rendez-vous là (c'était effectivement un peu le cas, comme je l'ai découvert plus tard). Je n'avais encore jamais fait l'amour, comme j'en avais envie ! Ce devait être comme lire des poèmes, choisir une robe, se maquiller en écoutant de la musique ou poser pour les photos. Ma sœur avait déjà fait pas mal de séances avec son fiancé. Elle me disait :

– Lorsqu'il prend la photo, l'atmosphère entre nous est chargée de sexe, c'est comme quand nous faisons l'amour.

Quelques années plus tard, John me dira quelque chose de similaire :

– Lorsque je danse et je chante, je fais l'amour avec le public.

Soudain, la Jamaïque de Brighton s'est transformée en champ de bataille. Les *mods* s'étaient donné rendez-vous pour aller se bagarrer avec les rockers à un concert. Je l'ignorais, la plupart des filles qui étaient arrivées là, serrées contre leur fiancé sur une Vespa, n'étaient pas au courant, une histoire d'hommes, bien qu'ils se soient déjà battus à d'autres occasions et que ce fût prévisible. Mon petit ami disait que les rockers étaient des vestiges du passé, des Teddy Boys, des machos encore noirs de charbon. Eux disaient de nous que nous avancions comme des limaces sur nos Lambretta et que nos fiancés étaient efféminés. Nous aimions la mode sophistiquée. Je m'habillais en noir, comme la magnifique actrice du film de Godard, pantalon à la cheville, ballerines, cheveux courts. Elle marchait avec son fiancé sur les Champs-Élysées et il lui proposait d'aller à Rome, comme ça, sans trop y réfléchir. Tout ce qui venait d'Italie était merveilleux. Oui, on pouvait voyager, on trouvait du travail, un logement.

Ce jour-là, des transats ont commencé à voler, des groupes se couraient les uns après les autres, et puis des bagarres, du sang, les policiers arrêtaient les garçons, ceux qui étaient à cheval les frappaient pour essayer de les séparer. Devant moi, des *mods* donnaient des coups de pied à un rocker étendu par terre. Avec d'autres amies, nous étions au coin d'une rue, avec des dames et des messieurs chapeautés, terrorisés. Mon petit ami avait disparu, peut-être attendait-il un signal, en un éclair il n'était plus allongé à côté de moi sur la plage. Je m'étais réfugiée chez un marchand de glaces, derrière la vitrine, comme au cinéma, je les voyais courir, ils sautaient des murets, se précipitaient sous les escaliers menant à la plage. Des vagues furieuses. Il ne m'a alors pas traversé l'esprit que je n'avais rien à voir avec ce film, j'étais au contraire fière d'eux, ils étaient en train de se battre pour quelque chose que je ne comprenais pas complètement mais à quoi j'adhérais.

Je suis rentrée à la maison toute seule en train, je regardais la campagne par la fenêtre. Comment faisaient les gens pour vivre dans ces petites maisons isolées ? Où allaient-ils le soir ? Les jeunes ne s'ennuyaient-ils pas ? Moi, j'aurais préféré mourir.

– Je t'interromps de nouveau pour te raconter quelque chose.

– Vas-y.

– Mon père et ma mère nous envoyaient ma sœur et moi, adolescentes, en Angleterre pour apprendre la langue. Nous faisions des échanges, deux jeunes Anglaises venaient chez nous en vacances à Ischia, puis nous allions chez elles. Ma correspondante s'appelait Sarah, comme ta sœur, elle était fille unique et habitait dans le Surrey au sud de Londres, une belle maison avec une pelouse parfaite tondue tous les dimanches par son père. Il travaillait dans une bijouterie et prenait chaque jour le train pour se rendre en ville. Sa mère s'occupait de la maison mais elle sortait souvent, maquillée et coiffée. Je me demandais où elle allait. J'essayais de parler avec Sarah, mais mon anglais était approximatif. Je volais des sablés dans la cuisine, j'avais tout le temps faim. Je voulais être maigre, mais je n'arrivais pas à m'empêcher de manger, je n'étais pas faite pour l'époque, contrairement à toi. Je découpais les photographies de Twiggy et je les collais dans mon journal, j'aurais voulu avoir ses jambes longilignes enveloppées dans des collants fantaisie blancs sous sa minijupe.

– Ne crois pas que c'était facile d'avoir le corps androgyne qui était alors à la mode.

– Pourquoi ?

– Si tu prenais un ou deux kilos, c'était terminé pour toi… Mais continue…

– Dans mon école, il y avait une fille tellement maigre qu'on voyait ses côtes sous son chemisier, c'était celle qui avait le plus de succès. Une autre fille avait été choisie pour tourner un film, *Journal d'une schizophrène* : de longs cheveux blonds, un visage osseux, pâle, un tour de bras et de cuisse à faire peur. Les garçons perdaient la tête pour elle. Aujourd'hui, je me demande bien pourquoi.

Elle sourit et me demande :

– As-tu vu ce film en vogue alors qui s'appelait *Georgy Girl* ? Il racontait l'histoire d'une fille libre mais trop ronde qui n'arrivait pas à séduire les garçons et finissait par épouser le patron de son père ?

– Bien sûr, je m'en souviens très bien, je m'identifiais à elle !

– Il y en avait aussi un autre : *Darling chérie*, avec Julie Christie. Les personnages du film, qui regardaient avec ennui la perspective du mariage, changeaient de fiancé, elles voulaient s'amuser et finissaient toutes mal, comme Audrey Hepburn dans *Diamants sur canapé*, ou comme moi…

Elle s'arrête, avant de reprendre :

– Et alors ? Tu parlais de la campagne du Surrey…

– Pendant la semaine, c'était d'un ennui ! Mais le week-end tout était différent. Sarah passait le samedi à essayer des vêtements. Sur le lit, des piles de jupes, de pantalons, de bottes. Son père nous conduisait à une fête ou dans un club, au bout d'une heure tout le monde était ivre de bière. Pénombre, musique, cigarettes, les gens s'embrassaient dans tous les coins. Moi je ne buvais pas et en général je finissais la soirée enfermée dans les toilettes pour échapper aux mains baladeuses d'un type saoul.

Elle rit.

– Tu avais peur.

– Tu crois ?

– Allez, on pouvait enfin faire l'amour en toute liberté, c'était amusant. Avant nous, si les femmes couchaient, c'étaient des salopes, si elles ne couchaient pas, c'étaient des épouses. Pour la première fois, les filles pouvaient faire l'amour avec leur petit ami.

– Sans tomber enceinte ? demandai-je.

– Non, ça, non… Au début des années 1960, la pilule n'était autorisée que pour les couples mariés, et l'avortement était illégal jusqu'en 1967.

– Tu parles, jusqu'en 1981 en Italie ! Mais continue.

À bord du train qui me ramenait à Londres, j'étais convaincue que la rencontre avec un homme et le sexe changerait ma vie. Je ne voulais pas vivre à la campagne, ni avoir la phobie du sexe comme ma mère. J'aspirais à mieux. Je n'avais plus envie de Lambretta, de vêtements étudiés, de bagarres entre *mods* et rockers, je cherchais quelque chose de plus excitant, créatif, plus *dark*, comme l'atmosphère décadente de la chanson *The House of the Rising Sun* qui avait été le succès de l'année. C'était une vieille chanson de blues, ils l'ont presque tous chantée, Dylan, Baez et plus tard, au milieu des années 1990, Nina Simone aussi. Ma jeunesse était passée lorsque j'écoutais sa version rythmée et furieuse, et elle me touchait encore plus :

Il y avait une maison à La Nouvelle-Orléans
Surnommée la maison du soleil levant
Elle fut la perte de tant de pauvres filles
Et moi, mon Dieu, j'étais l'une d'elles.
J'étais si jeune et stupide.
Le Seigneur a laissé
Un beau parleur me faire sortir du droit chemin.

À l'origine, c'était l'histoire de cette malheureuse jeune fille et la maison du soleil levant était un bordel. Mais cette année-là est sortie une version des Animals et la fille est devenue un pauvre garçon au père alcoolique. À l'époque, cela ne me paraissait pas si important, garçon ou fille ça ne changeait rien, nous voulions tous la même chose, nous nous sentions proches des bas-fonds de la chanson, des chanteurs noirs de blues, de rhythm and blues, comme Jimmy Reed, Bo Diddley et Chuck Berry. Les idoles de mon John que j'étais sur le point de rencontrer. Et de Steve, le guitariste du groupe. C'est lui qui m'en a parlé pour la première fois et m'a fait écouter leurs disques, il en avait toute une collection. Depuis le blues, la musique est une lutte entre les Noirs et les Blancs, me disait-il. Les Noirs inventent le blues, le jazz et les Blancs se les approprient. Puis les Noirs accélèrent le rythme, créent le *jump blues*, le *rhythm and blues* et les Blancs le rebaptisent rock and roll. John et Steve étaient blancs mais n'aimaient que le blues et le rock des Noirs, la voix profonde et rauque de Muddy Waters, les harmonicas, la répétition rythmique et Chuck Berry par-dessus tout, qui avait repris le rock and roll, l'avait pétri, déformé, glissé sous sa peau noire, dans ses jambes et sa voix capable de provoquer des orgasmes. La douce jeune fille de seize ans de sa chanson qui collectionnait un demi-million d'autographes, qui courait et dansait, surexcitée, était comme moi, c'était presque moi : Sheila.

– C'est ton nom ?

– Oui. Et puis il y avait aussi l'autre chanson, comment s'appelait-elle ? Toujours de Chuck Berry, *Little Queenie*, elle parlait vraiment de moi, celle-là.

Elle se met à chantonner, d'une voix juste de petite fille.

Petite reine, elle est si mignonne,
Avec ses dix-sept ans tout juste,
Si elle est d'humeur, il ne faut pas la laisser filer,
Je dois saisir ma chance.

– Moi je ne voulais pas qu'on me laisse filer, je voulais être la fille exaltée, maigre, ingénue, qui faisait perdre la tête aux garçons. Les temps étaient en train de changer.

3

Nous sommes assis dans le salon avec mon compagnon, je lui ai parlé de la voix de Sheila qui me raconte sa jeunesse sans dévoiler encore son visage. Il me dit :

– En 1965, à quinze ans, je suis allé avec un ami écouter Chuck Berry à Paris, à l'Olympia. Tout le monde hurlait mais surtout des filles très jeunes, elles l'appelaient, tendaient les bras en suppliant, cachaient leur visage ruisselant de larmes.

J'ajoute :

– Il était à peine sorti de prison.

– Qui donc ?

– Chuck Berry. Au Mexique, il a ramassé dans la rue une fille cheyenne de quatorze ans, il l'a emmenée avec lui sur la route, l'a sautée plusieurs fois dans des motels et dans sa Cadillac, l'a fait travailler dans son club et puis, comme elle était alcoolique, il l'a renvoyée. En 1963, deux ans avant ton concert à l'Olympia.

Il reste stupéfait, muet. Puis il me dit en secouant la tête :

– Je ne le savais pas… Un chanteur, un musicien génial.

– Évidemment, comme tous les autres : talent, force, charme, rythme, érotisme. Nous dansions tous en transe sur leurs morceaux. Les filles, des gamines, avec leur kilt, des chaussettes hautes et des mocassins bleus, perdaient la tête, elles se jetaient sur les chanteurs, les musiciens, se faufilaient en backstage, dans les fêtes, elles étaient prêtes à les suivre en tournée, à donner à chacun d'eux leur corps et leur virginité dont elles ne savaient que faire. Elles grimpaient sur la scène, se jetaient au cou de leur idole qui essayait de chanter, elles voulaient l'étouffer.

Il rit de son rire juvénile ; dans ces moments, j'entrevois le jeune rebelle qu'il a été, les cheveux longs, les filles de passage, les voyages où l'on passe la nuit n'importe où.

– Nous nous sentions tous égaux, me dit-il, en réalité c'est comme ça que j'ai vécu cette époque, je n'ai jamais pensé qu'il y avait une différence, les filles voulaient être libres comme nous.

– Oui, c'est vrai, mais il y a un malentendu, je crois que c'est ce que Sheila est en train de me raconter. Elle y arrive doucement, elle est prudente avec ses souvenirs, elle ne veut pas abîmer sa jeunesse. Qui voudrait le faire ? On n'en a qu'une. Mais elle veut me révéler quelque chose.

– Quoi donc ?

– Où est la supercherie. J'en ai les larmes aux yeux rien que d'y penser. Ces années étaient tellement excitantes ! On s'habillait comme on voulait, les gens que l'on rencontrait n'étaient jamais des inconnus et on faisait l'amour sans avoir peur. Non, je ne veux pas les abîmer.

Il est sérieux à présent.

– Alors ne le fais pas, il est resté si peu de cette liberté.

Un silence s'installe entre nous, je pense à ce qu'il a dit, peut-être a-t-il raison.

Soudain, la revoilà, elle est assise sur le canapé face à moi, elle me fait un signe. Je la vois enfin. Elle a toujours dix-sept ans, *forever young*, cigarette à la bouche. Nous,

nous ne fumons plus parce que ça nuit à la santé. De grands yeux maquillés, un bandeau dans les cheveux, une jupe microscopique, de longues jambes maigres repliées sous ses fesses. Elle sourit, fait non du doigt. Je ne lui pose pas de question parce que j'ai peur que mon compagnon me prenne pour une folle, les intermittences de la mémoire passent encore, mais parler toute seule, ce serait peut-être trop, même pour lui. C'est elle qui commence, une fois qu'il s'est levé.

– Non, non, il faut tout dire, d'ailleurs c'était l'avantage à l'époque, on disait ce qui nous passait par la tête. Si j'écoute dans mon casque l'un des morceaux de John, j'ai envie de pleurer de nostalgie, de danser et de partir. Et puis je me demande : de quoi suis-je vraiment nostalgique ? De lui, je crois, de son courage, de son charme, pas de moi. Moi, je ne voudrais jamais revenir en arrière parce que je n'étais pas là, il y avait le désir, la créativité que j'employais à m'habiller, les choses que je comprenais, que je lisais, mais sans lui, les lumières de la scène se seraient éteintes. Il a composé des chansons sur moi, beaucoup l'ignorent, il me regardait dormir ou me maquiller. Un jour, il m'a vue arriver au studio d'enregistrement à travers une fenêtre striée de gouttes de pluie et il a écrit cette chanson sur les larmes, tout le monde la connaît. Une merveille, parmi tant d'autres. Et lorsque nous nous disputions et qu'il en avait déjà assez, il écrivait des mots durs, insultants. Tu peux suivre notre vie de couple à travers ses chansons. J'en suis fière, même si personne ne le sait, je ne regrette rien. Et puis il en a dédié d'autres à celle qui a pris ma place. Mais je ne veux pas anticiper, tu dois être patiente.

» Des mois après avoir quitté le mécanicien, j'habitais à Londres avec ma sœur et, pendant un temps, j'ai été vendeuse à Wardour Street, la rue des clubs de strip-tease et du célèbre bar le Marquee. Je suis rapidement devenue directrice de la boutique. Le propriétaire avait une chaîne de magasins du même genre et il pensait que j'avais du goût. Je savais comment exposer les boas, les tuniques, les étoles sur les uniformes militaires, les manteaux de seconde main, les casques, les robes victoriennes, les bijoux en plastique, les chapeaux, les minijupes. Nous vivions dans un décor de théâtre, chacun inventait son personnage et avait l'impression d'être sur scène. Ma sœur et son photographe m'avaient appris à associer les couleurs, les extravagances, mais j'avais aussi mon propre talent. Des garçons et des filles qui voulaient être conseillés venaient à la boutique, je les habillais et ils repartaient contents. Tout était bon marché. Venaient aussi les musiciens et les chanteurs qui sortaient de répétition au Marquee.

» Le soir, nous allions d'un lieu à l'autre. Six mille personnes s'étaient rassemblées au Royal Albert Hall pour écouter des poètes engagés. J'y étais aussi, au premier rang, assise par terre. J'étais venue avec un ami. Tout le monde fumait, certains tenaient à la main des bâtonnets d'encens. D'autres dansaient au rythme des poèmes. L'un après l'autre, des jeunes hommes montaient sur scène et lisaient leurs textes. Des sons, des mots, des concepts. Ils disaient : des peuples, pas des nations, fini les frontières, le Vietnam, les mensonges. Pour calmer le public qui grondait contre l'un des auteurs, un jeune homme s'était levé en criant « love, love », jusqu'à ce que le silence revienne. Un poète autrichien avait lu son texte et c'était incompréhensible. Et puis on s'était rendu compte qu'il n'y avait rien à comprendre, parce qu'il ne s'exprimait dans aucune langue, il émettait des sons. Une belle expérience, mais je préférais la musique.

» J'étais là, dans l'obscurité du Marquee, au milieu des autres filles, par terre, on aurait dit que les chaises avaient disparu à cette époque. Je l'écoutais. Ils étaient cinq sur la petite scène surmontée d'un rideau à rayures. John interprétait la reprise d'une chanson des années 1950 que je ne connaissais pas. Ils l'avaient transformée, rythme puissant, guitares électriques vibrant ensemble, déformées par la pédale. Je sais cela maintenant, parce que Steve m'a expliqué beaucoup de choses sur leur musique. Au centre du groupe, John chantait de sa voix grave, sensuelle, il bougeait d'une manière que je n'avais jamais vue. Il frémissait comme s'il était traversé par une décharge électrique, il sautillait, oscillait, se contorsionnait, se pliait en avant sur ses jambes maigres, saisissait le pied du micro et le secouait, il jetait au visage du public les paroles de la chanson, avec colère, arrogance. Il était encore habillé comme un garçon sage, col roulé, petite veste, à la manière des Beatles. Les autres aussi avaient l'air d'étudiants, après viendra la mode des débardeurs troués, T-shirts fluo, pantalons moulants comme des collants, colliers et bandanas, ils se maquilleront les yeux et la bouche, et je le conseillerai pour son look de chaque concert. Ce soir-là, le contraste entre son visage candide de garçon de la banlieue londonienne et ces mouvements était excitant. Mon cœur battait à tout rompre, je n'arrivais pas à respirer. Sa voix me pénétrait.

» Mais je n'étais pas la seule, autour de moi les autres filles s'arrachaient les cheveux, pleuraient, certaines allongées par terre, d'autres les yeux fermés ou écarquillés comme en transe, elles hurlaient sans s'en rendre compte, on n'entendait plus la musique. Pendant les concerts, elles se faisaient pipi dessus, s'évanouissaient et étaient transportées dans les bras des policiers pour être réanimées par des infirmiers. J'y ai réfléchi depuis. Que nous arrivait-il ? Était-ce le besoin de sexe réprimé et accumulé sur des générations ? Des barrières qui sautaient, de la rage ? Lui chantait, exhibait son corps et nous, nous souffrions à le regarder, nous hurlions, nous nous évanouissions. Je ne crois pas que le contraire se soit jamais produit. Face à une chanteuse ou à une femme qui danse de manière provocante, un garçon se sent plein d'énergie, il voudrait plutôt la mettre dans son lit. Notre excitation devant les idoles de ces années-là ressemble plus à un rituel vaudou, nous étions possédées par une force qui nous dominait et à laquelle personne n'avait jamais donné d'exutoire. Un monstre en nous incarnant le danger aux yeux de nos parents. Nous avions perdu toute inhibition, nous n'avions plus peur de rien, pas même d'être laides, cela ne durait pas longtemps et tout redevenait comme avant.

Elle est si adorable avec ses longues jambes dans des collants fantaisie blancs, la fumée de la cigarette et son air ingénu de petite fille qui a certainement séduit le chanteur. Mais son esprit est celui d'une femme de soixante ans. Quelle étrange créature face à moi, c'est troublant. Elle est restée telle qu'elle était à l'époque de l'histoire qu'elle me raconte, mais son esprit a grandi en âge et en sagesse. Lorsque je regarde les photographies des jeunes gens d'alors, il m'arrive la même chose, je n'arrive pas à les imaginer vieux. Chez mon compagnon aussi, je vois encore la jeunesse. Ces années-là ont été un défi à la vieillesse. *What a drag it is getting old*, quelle plaie de vieillir, disait la chanson des Stones.

– Tu disais que tout redevenait comme avant.

Elle y réfléchit.

– Oui, c'est difficile de saisir la supercherie derrière la liberté, la passion, le sexe de ce temps-là. Peut-être que tu as raison, il vaut mieux que je m'arrête, tu me fais un thé, on joue aux cartes ou on parle d'enfants... Non, on ne peut pas parler d'enfants si je ne t'ai pas raconté d'abord. Alors, qu'est-ce qu'on fait ?

Lors de ma première perte de mémoire, j'ai eu envie de laisser tomber, d'arrêter d'écrire, d'aller sereinement me coucher avec l'homme qui était mon mari, sans provoquer de confrontation, sans me sentir seule. Je ressens la même chose à présent, j'ai envie d'écouter un tube des Rolling Stones et de danser, de penser au passé, à l'Histoire, comme si c'était un récit commun et incontestable, avec des dates, des épisodes, la guerre, la paix, des révolutions, des accords, des traités, des invasions. Il n'y a pas de femmes, d'hommes ni d'enfants, mais seulement le genre humain. Mieux vaut ne pas regarder en arrière… Mais je pense que je le ferai aussi avec Sheila, même si j'ai vécu cette époque et que j'en suis nostalgique.

– Continue, raconte.

Je dois à tout prix faire sa connaissance, je commence mon siège, je les suis dans tous les bars où ils sont annoncés. Je ne me souviens pas du nombre de jours où je les ai attendus, d'abord dehors et puis dans les couloirs qui menaient aux loges. Les videurs essayaient d'arrêter les groupies, surtout des gamines de quinze, seize, dix-sept ans. Comment étaient-elles arrivées là ? Il devait y avoir un bouche-à-oreille incroyable. Elles étaient patientes, apportaient de quoi manger, attendaient, j'ai découvert qu'elles étaient prêtes à tout pour rejoindre John ou un autre membre du groupe, à se donner aux techniciens, aux organisateurs pour obtenir le laissez-passer jusqu'à la loge. Personne ne s'inquiétait qu'elles soient mineures. Le sexe et l'âge ne semblaient pas poser de problèmes alors : une gamine s'offrait à toi, tu en profitais, normal, tranquille. Il n'y avait rien de mal. Je portais le même regard sur d'autres comportements qui me paraissaient cool. Pour moi, être cool signifiait ne pas faire d'histoires, ne pas jouer les faibles femmes ni les bourgeoises comme ma mère, s'adapter. Ne pas se lamenter quand on a ses règles, se déshabiller sans problème, être disponible, ne pas avoir peur des expériences extrêmes, d'être *on the road*, de l'aventure, d'être à la fois une compagne et une fille sexy. Moi j'aimais qu'on me trouve cool. Et je l'étais, terriblement ! La seule chose détestable à mes yeux était la phobie du sexe de mes parents. Coucher après le mariage, etc.

Un jour, John est apparu, cigarette aux lèvres, j'étais trop loin pour qu'il me remarque. J'apercevais derrière lui la loge remplie de bouteilles, de cigarettes, d'assiettes avec des restes de nourriture, le genre d'atmosphère qui allait me devenir familière. Il s'est mis à rire en regardant toutes les poules qui s'offraient à lui, il les appelait comme ça, les *chicks*. Il avait un sourire merveilleusement doux, il les caressait du regard.

Mais moi j'avais un autre moyen d'entrer en contact avec lui. Le propriétaire de la boutique où je travaillais s'occupait aussi de musique, il avait un petit studio d'enregistrement et connaissait tout le monde. Je lui avais dit que j'en avais assez d'être vendeuse et que je voulais travailler avec lui. J'espérais ne pas avoir à coucher avec lui, mais c'était un type bien, un dandy toujours habillé de manière extravagante, il avait un ou deux ans de plus que moi. Londres appartenait à ceux qui avaient vingt ans. Je pensais qu'il était gay même s'il était toujours en compagnie de jolies filles. En tout cas, il pouvait être les deux. Je suis allée avec lui à la fête où je savais que le groupe de John devait se rendre.

On fêtait la récompense internationale décernée à une chanteuse, elles n'étaient pas nombreuses. C'est elle qui nous a accueillis, pieds nus, à l'entrée. Elle avait fumé, cela se voyait, elle nous a souri et m'a immédiatement tendu un verre comme si c'était la coupe d'un rituel. La fête était un parcours en trois pièces plongées dans la pénombre. Dans la première, on fumait debout, on parlait musique, on buvait. Je cherchais mon chanteur tout en discutant avec un type qui me draguait. Je portais une minirobe fleurie à manches courtes, des chaussures plates vernies, un foulard noué autour de la tête, les yeux très maquillés, j'avais l'air d'une petite fille perverse. Parfois, un plateau passait avec des petits chocolats que je refusais parce que je n'aime pas les sucreries. Je me suis aperçue plus tard que c'étaient des carrés de carton colorés et bizarres. Il y en avait qui en prenaient et les mettaient sous la langue. Un peu après, comme dans une cérémonie, ils s'éloignaient des autres et se dirigeaient vers la deuxième pièce.

À l'époque, je ne connaissais rien au LSD, je n'osais pas demander. J'ai fait comme les autres, j'ai pris le petit carton, je l'ai mis sous ma langue et je suis entrée dans la deuxième pièce. Là, d'autres invités étaient assis par terre, les yeux fermés, en silence. Depuis la troisième pièce nous parvenait une musique indienne au rythme doux. Mon corps était en train de se détacher de moi ; sans m'en rendre compte, j'avais enlevé mes chaussures et franchi le seuil. Au milieu de la pièce, John bougeait en faisant de petits mouvements et en enroulant en l'air ses bras maigres comme des serpents. Il dansait avec quelqu'un que je ne connaissais pas, je ne me sentais plus moi-même, je n'aurais pas su dire mon propre nom. Il n'y avait plus que lui dans le vide que j'étais devenue. Je l'ai rejoint au centre de la pièce, en écartant mollement mon rival. La musique s'accélérait, elle passait dans mon corps et le sien. Je n'avais rien à faire, seulement lâcher prise et le suivre, il n'y avait plus personne autour de nous. Il me regardait et doucement, au ralenti, il me souriait. Nous nous effleurions comme des lianes sans jamais nous toucher, jusqu'à ce qu'il m'enveloppe entièrement, je n'avais plus aucune maîtrise de mes mouvements. Je ne sais pas qui m'a portée jusque dans le lit de son appartement, je me suis réveillée le jour suivant nue et la bouche sèche, je ne me souvenais plus de rien, il dormait à côté de moi.

– C'est bizarre de revenir à soi, non ?

Elle me dévisage, elle avait oublié que j'étais là à l'écouter.

– Oui, c'est difficile.

– On émerge alors qu'une partie de soi est encore en dehors de notre propre corps ; le plaisir de ne pas être uniquement ce que l'on a conscience d'être est si intense…

Elle me fixe à présent d'un air très intéressé.

– Toi aussi, tu as déjà pris de l'acide ?

J'éclate de rire.

– Tu parles, je suis terrorisée par toutes les drogues quelles qu'elles soient. J'ai seulement essayé quelques joints et à chaque fois c'était une catastrophe, je passais mon temps à demander si je n'avais pas dit des choses insensées ou scandaleuses.

Elle rit à son tour.

– Le genre de personne avec qui il faut éviter de fumer…

– Exactement. Je parlais de l'amnésie globale transitoire, des trous de mémoire. C'est quand même bizarre que cela m'arrive à moi qui avais si peur de lâcher prise… ou c'est peut-être bien pour cette raison. Celles et ceux qui ont vécu la même chose racontent parfois des histoires incroyables. Des femmes qui se sont retrouvées au lit avec quelqu'un, comme toi, et qui découvrent qu'elles ont fait l'amour toute la nuit et ne se souviennent de rien, ou d'autres qui se sont arrêtés au beau milieu d'une action, paralysés, l'esprit ailleurs, avant de se réveiller.

– À cette époque, on fumait régulièrement, et puis l'acide est arrivé, surtout dans le milieu de la musique. On disait qu'il augmentait la créativité et permettait d'aller à la source de l'inspiration. Tout le monde était fasciné par les origines, les rites initiatiques. John lisait des livres sur le saint Graal, la coupe contenant le sang du Christ qui avait été apportée en Angleterre par Joseph d'Arimathie. Il m'en parlait tout le temps, une obsession. Comme pour les filles pures et diaphanes vêtues de longues tuniques pour les préraphaélites, ou les dames du Moyen Âge courtisées par les chevaliers… Le style du rock anglais était au carrefour du rhythm and blues des Noirs de Chicago, de l'underground et du romantisme.

Je suis assise à mon bureau et Sheila est allongée, silencieuse, sur le divan de mon père, comme si elle était en train de récupérer après son premier acide ou de se remémorer leur première rencontre, l'attraction qu'elle ressentait pour lui. Elle pensait peut-être que le séduire ferait d'elle aussi une artiste.

Je regarde le coucher du soleil par la fenêtre, je vais bientôt arrêter d'écrire, je vais sortir dîner et tâcher de l'oublier un peu.

Dans ma jeunesse, j'étais attirée par les biographies des compagnes de peintres, de musiciens, d'écrivains, je m'identifiais à elles, même si j'avais envie d'écrire, je me sentais plus proche de celles qui inspirent que de ceux qui sont inspirés. Elles finissaient souvent mal comme la femme de Modigliani, Jeanne Hébuterne, peintre elle aussi, sœur d'un peintre. On l'appelait *noix de coco* à cause de sa peau très blanche et de ses longs cheveux châtain-roux. À dix-huit ans (comme Sheila), elle rencontre Modigliani et s'offre à lui, elle est son modèle, sa maîtresse, la mère de sa fille. Elle pose pour lui nue et habillée. Il lui promet de l'épouser mais il ne le fera pas car il meurt avant, à cause de l'alcool et de la tuberculose, et elle se suicide alors qu'elle est enceinte pour la seconde fois. Jeanne a peint quelques belles toiles, elle a posé pour lui dans d'innombrables portraits célébrissimes. Sur la tombe du cimetière du Père-Lachaise où ils ont été finalement réunis, malgré l'opposition de la famille, il est écrit :

Amedeo Modigliani
La mort le cueillit alors qu'il atteignait la gloire
Jeanne Hébuterne
Compagne fidèle d'Amedeo Modigliani
jusqu'au sacrifice suprême

Ou comme Lizzie Siddal, le modèle des préraphaélites, justement, la fille aux cheveux roux flottants, la compagne de Dante Gabriel Rossetti. Remarquée par un peintre dans un quartier populaire où elle travaillait comme modiste, elle est présentée au groupe. Elle se sentait valorisée et fière de rester immobile des heures durant dans des poses inspirées et languissantes, pénétrée de leur art. Rossetti tombe amoureux d'elle et l'oblige à ne poser que pour lui, mais ne l'épouse pas. Entre modèle et prostituée, la frontière est étroite et Lizzie apparaît sur trop de toiles de ses amis pour être présentée à sa famille. Elle peignait elle aussi et écrivait des poèmes ; selon John Ruskin, elle était un génie. Mais elle consommait des quantités toujours plus importantes de laudanum pour supporter les infidélités de son compagnon et elle finit par mourir enceinte, comme Jeanne, de ce que l'on appellerait aujourd'hui une overdose.

Lorsque j'étais jeune fille, lors de l'un de mes séjours à Londres pour apprendre une langue que je n'arrivais pas à retenir, j'avais acheté à la Tate une carte postale de la célèbre *Ophélie* de John Everett Millais. C'est elle, Lizzie, la fille morte qui flotte dans l'eau entourée de fleurs, la robe transparente en désordre, les bras écartés, le regard éteint, la bouche entrouverte. Elle avait posé des jours durant dans une eau devenue froide lorsque les lampes qui la réchauffaient s'étaient éteintes. Elle n'avait rien dit pour ne pas interrompre le travail de l'artiste et était tombée malade. Pourquoi étais-je attirée par elle ? Il y a d'innombrables exemples de muses qui ont mal fini. Pourquoi lisais-je des livres sur elles ?

Une autre carte postale achetée au musée d'Orsay : *La Source* d'Ingres. Une femme blonde, nue, debout au milieu des rochers tient sur l'épaule une amphore d'où coule l'eau, le regard candide et docile. Je pensais : et si elle laisse tomber l'amphore et s'en va, que devient la source ? Est-ce qu'elle tarit ? Et quelle sera ma source ? Est-il est possible d'être une source et de créer à la fois ? Dans ma première histoire sur les deux amoureux qui se promènent un dimanche à Rome, ils s'aiment et bavardent, la femme ressent une gêne grandissante à cause de la manière dont son amant la regarde, elle ne sait pas très bien l'expliquer. Elle voudrait lui en parler mais elle s'exprime avec maladresse, elle n'aime pas la manière dont il la regarde, et au fur et à mesure qu'elle le lui dit, il s'irrite, se détache et ne ressent plus d'attraction pour elle. J'avais mis en exergue une phrase, de Schopenhauer je crois : « On sent l'intention et cela indispose[1]. » Une

1. Arthur Schopenhauer, *Sur la religion*, in *Parerga et Paralipomena*, traduit par Auguste Dietrich, Paris, Félix Alcan, 1906, vol. 2, p. 114-125, Schopenhauer cite Torquato Tasso.

source d'amour ou d'art ne doit pas avoir d'intention, elle ne doit ni se regarder, ni se tourner en arrière, ni vieillir.

– Lorsque tu auras terminé, je pourrai peut-être reprendre ! J'ai l'impression d'être à l'une de ces interminables sessions d'enregistrement où je devais rester immobile, en silence, sans déranger.

Je souris, elle a allumé une autre cigarette ; elle m'attendrit mais ce soir je suis fatiguée.

– On reprend demain matin, d'accord ?

Elle ne me regarde pas, elle boude.

– Comme tu veux, de toute façon c'est toi qui décides.

4

Le lit était au centre de notre vie, les lits des appartements que nous avons occupés, ceux des hôtels pendant les tournées. Nous y passions des heures, on finissait par y trouver de tout : livres, magazines, nourriture, pantalons, chemises, cachets… Les lendemains de concert, nous nous réveillions dans l'après-midi, mais même lorsqu'il ne chantait pas, nous sortions jusqu'à l'aube avec nos amis. Son petit appartement – celui où je m'étais réveillée la première fois, pas celui où il a déménagé lorsqu'il est devenu riche – était un capharnaüm rempli de vêtements et de chaussures jetés par terre, de bouteilles, de cendriers pleins de mégots. Dans la cuisine, personne ne faisait la vaisselle ni ne préparait à manger. Puis le matin Lavina, une Indienne silencieuse, arrivait, nettoyait tout et nous préparait du poulet tandoori, des beignets, du riz. John était très anglais malgré tout : petit déjeuner traditionnel, œufs et bacon. Il me disait :

– Apprends à Lavina à faire les *meat pies*, le pudding. Je vais dire à ma mère de te donner la recette.

Alors que nous nous remettions des effets de l'acide et de notre première nuit ensemble, nous avons découvert que nous venions tous les deux du même quartier, nous avions été voisins sans jamais nous rencontrer. C'est aussi ce qui nous a liés ; avec moi, il avait l'impression de mener une vie normale. Mon école était à l'angle de la sienne, il s'arrêtait avec ses amis pour nous regarder sortir et nous les observions à notre tour, mais ils n'avaient pas le droit de nous approcher, ils étaient punis à coups de canne s'ils le faisaient. Aucun d'entre nous n'avait remarqué l'autre. John faisait semblant d'avoir l'accent cockney, il faisait traîner les *a* comme Audrey Hepburn dans *My Fair Lady* qui venait de sortir, *The rain in Spain stays mainly in the plain*[1]... mais son père était professeur et, dans sa famille, on tenait à la prononciation. Il était doué pour les imitations. Face au miroir, il répétait les mouvements qui feraient perdre la tête aux filles. John aurait voulu naître noir, comme Steve avec lequel il avait fondé le groupe. J'ai compris dès le premier jour que notre amour ne serait pas une histoire à deux. Il dormait encore, j'ai attrapé un T-shirt par terre et j'ai essayé de me lever, j'ai fini par y arriver. En me frayant un chemin à travers les assiettes, les verres et les chaussures, j'ai passé la tête dans le salon, il y avait seulement une table, quelques chaises et des instruments de musique partout. Ni John ni Steve ne savaient aménager un appartement, lorsque je les ai aidés, nous ne faisions que reproduire l'appartement de nos parents que nous avions fui. Il a appris plus tard à le faire, avec l'autre. J'avais enfin trouvé les toilettes et Steve est apparu, nu, dans l'encadrement de la porte. Il n'a pas cherché à se couvrir, pas du tout. Il bâillait, il était habitué aux groupies qui allaient et venaient, ils se les échangeaient parfois.

– Qui es-tu ? Salut.

1. « La pluie en Espagne reste principalement en plaine. » La version française du film dit : « Le ciel serein d'Espagne est sans embruns. »

Je ne me suis pas levée des toilettes, j'ai tout de suite compris que je devais le vaincre sur son propre terrain.

– Une amie de John.

Il a eu un mouvement d'épaules que j'ai interprété comme: Ah, ok, la dernière en date.

Il n'était pas mal, Steve, extérieurement et intérieurement aussi, il était moins séducteur que John, moins possessif, il lui arrivait de tomber amoureux bien qu'il soit marié à sa guitare, il lui faisait l'amour dix heures par jour. Il la pinçait à en faire sauter les cordes, si elle ne pleurait pas comme il le voulait. Avec John, ils vivaient ensemble depuis qu'ils avaient formé le groupe, ils étaient frères. En tournée, ils dormaient dans le même lit s'ils ne pouvaient pas payer deux chambres. C'est Steve qui m'a raconté les souvenirs de leurs débuts héroïques. John n'aimait pas parler du passé.

Je suis entrée dans leur vie au moment où la situation était sur le point de basculer et où des files de filles commençaient à se former pour les attendre devant les bars où ils jouaient, mais les débuts avaient été durs et rocambolesques, ils avaient forgé un lien plus fort que n'importe quel autre. Entre hommes. Lorsqu'ils campaient tous les cinq dans leur premier appartement et qu'ils s'incrustaient dans les fêtes pour se nourrir ou qu'ils acceptaient de jouer à des bals de débutantes contre une poignée de pièces, les histoires de jalousie entre eux où les filles de passage n'étaient qu'un prétexte ou une contrariété. Les disques qu'ils collectionnaient et écoutaient obsessionnellement, les répétitions dans le petit jardin de la maison des parents, au milieu du linge qui séchait et avec un public constitué de ménagères qui riaient. Et lorsqu'ils étaient venus jouer dans le premier bar de Soho devant six personnes blasées, qu'ils faisaient des centaines de kilomètres entassés dans une camionnette miteuse pour débarquer dans des coins gelés et reculés où les gens les traitaient de pédés.

Dès le premier matin, Steve et moi avions fini dans la cuisine à discuter, je lavais la vaisselle dans l'évier, je préparais du thé. Dans le frigo, j'avais trouvé des restes que j'avais mis sur la table. Il me regardait, tranquille, imperturbable.

– Alors, c'est du sérieux ? m'a-t-il demandé à l'improviste.

J'ai éclaté de rire.

– Je l'ai rencontré hier soir.

Tout en mastiquant, il hochait la tête d'un air convaincu.

– Il a besoin d'une fille comme toi.

Je le regardais, je le trouvais séduisant.

– Comme moi ?

Il a mis un peu de temps à répondre, mais je n'ai jamais oublié ce qu'il m'a dit, sans doute aussi à cause de la suite des événements.

– Une fille bien avec un serre-tête qui plaira à sa mère. C'est le type le moins sûr de lui que je connaisse.

– Le moins sûr de lui ?

Il avait allumé la première cigarette de ses trois paquets quotidiens.

– Tu ne l'as pas vu avant de monter sur scène. « Mais qu'est-ce qui m'a pris ? Est-ce que je dois vraiment y aller ? Comment tu me trouves avec ces vêtements? » À chaque fois c'est la même chose. Et puis il y va et c'est un vrai lion, il arrête de pleurnicher et c'est toujours le meilleur.

Je commençais à comprendre.

– Et tu crois que je serai là pour lui tenir la main ?

Il me souriait, mais sans la douceur de John, il était ironique, sarcastique.

– Pas si tu n'as pas envie, *baby*...

Il se leva brusquement, saisit une guitare et se mit à improviser autour de cette phrase : *Pas si tu n'as pas envie, baby*. C'est devenu un tube. Et moi je suis devenue la fiancée de l'homme le plus convoité de l'époque.

Elle est triste à présent, elle se tait, j'ignore à quoi elle pense. J'essaie de la dérider.

– Tu sais, tout le monde a peur de monter sur scène. Un jour, lors d'un concert, j'étais assise sur le côté et je voyais l'entrée des coulisses : Martha Argerich était là, derrière la porte entrouverte, elle faisait les cent pas. Elle nous a fait attendre plus de vingt minutes. Dans le documentaire sur elle tourné par l'une de ses filles, il y a une scène où elle refuse tout bonnement de monter sur scène, transie de trac et de peur, comme si jouer était une punition, comme si c'était toujours la première fois. Et puis, elle finit par s'asseoir au piano et montre une force et un naturel absolus. Dans le film, la fille raconte sa relation avec sa mère, et aussi l'histoire de la fille aînée qu'elle a abandonnée…

– Abandonnée ?

– Oui, elle était très jeune, elle avait une carrière brillante devant elle et ne pouvait pas s'en occuper ; sa mère est venue d'Argentine prendre le bébé et l'a élevé. La mère et la fille se sont retrouvées sur le tard, aujourd'hui, des trois filles, elle est la seule musicienne, une violoniste.

Elle me regarde, elle pense à quelque chose qui la rend encore plus triste.

– Je vais te raconter une histoire amusante. Lorsque j'ai mis en scène ma comédie *Jeux doubles*, chaque actrice avait son propre rituel avant de monter sur scène, l'une allumait des bougies et méditait, une autre faisait des vocalises – on aurait dit qu'on était en train de l'égorger –, il a fallu l'aide des deux pompiers du théâtre pour en pousser une troisième sur scène... Je les enviais, depuis les coulisses où je murmurais tous les rôles, j'aurais voulu les jouer à leur place mais je n'en étais pas capable.

Elle sourit.

– Tu sais comment ça se passait pour John avant chaque représentation ? Je vais te raconter.

Au début, je ne l'accompagnais pas, je l'attendais à la maison. Il ne voulait pas être vu dans la rue avec une femme. Michael avait été clair sur ce point : tous les cinq devaient avoir cet air voyou qui plaisait tant aux filles, surtout John. Michael était le manager, un monstre, je l'ai détesté tout de suite. Avant de sortir de la maison, John se mettait à l'écart, il répétait ses mouvements sur l'un de ses morceaux favoris, il fumait, buvait, jamais trop, il se limitait, comme avec les acides ou les stimulants qu'ils prenaient pour se donner de l'énergie.

Enfant, il s'entraînait déjà devant le miroir. Sa mère racontait aux voisines que son fils ne faisait rien et passait son temps à chanter. Après, il a entretenu royalement toute sa famille. La première fois : je suis là, étendue sur le lit et je le regarde se préparer à sortir. Nous sommes ensemble depuis une semaine, je suis surexcitée, j'ose à peine croire à ce qui m'arrive, bien que j'aie tout fait pour le rencontrer. Nous avons passé notre temps au lit à faire l'amour et à parler du quartier où nous avons grandi.

– Tu te souviens du laitier ? On volait les bouteilles à la sortie de l'école. Et la folle qui hurlait sur les enfants à côté du marchand de journaux...

Des choses de ce genre, et aussi des confidences plus intimes.

– Toi, tu es belle, ils te couraient sûrement tous après, moi je passais inaperçu, je n'aurais jamais imaginé qu'un jour les filles me sauteraient dessus dans la rue.

La première fois qu'elles m'ont regardé, c'est quand j'ai chanté sur la scène de l'école.

J'avais peine à croire que lui, si sexy, avait pu être un garçon boutonneux et peu sûr de lui, même si Steve m'avait dit qu'il l'était toujours au fond.

Mais depuis qu'il avait commencé à avoir du succès, les occasions ne lui avaient pas manqué.

– Elles s'offrent à moi, je ne dis pas non.

Les filles savaient où Steve et lui habitaient, et elles les attendaient devant le portail, certaines carrément dans la maison, elles trouvaient le moyen d'entrer. Elles étaient mineures et mentaient sur leur âge.

– Lorsqu'elles sont trop jeunes, on les met dehors, mais ce n'est pas toujours facile de savoir. Et puis il y a les tournées, et là... Steve pense que ça me ferait du bien d'avoir une fiancée pour mieux travailler...

Il m'avait souri, les traits de son visage s'étiraient, ses yeux riaient, un garçon malicieux. J'adorais son côté enfantin, rieur. Lorsqu'il était de bonne humeur, il faisait des blagues, plaisantait. Steve était pareil, ils ne prenaient pas la vie trop au sérieux, c'était l'avantage. Au début, il ne voulait pas de moi dans sa loge avant de jouer. J'allais me promener, je l'attendais au lit, parfois je m'endormais. La nuit, il me réveillait pour me raconter la soirée. Je me levais tôt le matin pour aller travailler pendant qu'il dormait. J'étais alors secrétaire dans le petit studio d'enregistrement de mon patron. Cela me permettait de me rapprocher de son travail, de son monde.

Steve se levait en premier, je le croisais parfois et il me racontait comment il avait joué avec Eddie, l'autre guitariste. Il m'expliquait comment leurs guitares s'entremêlaient, comment ils mélangeaient solo et rythmique. Il prenait la sienne – il en avait plusieurs éparpillées à travers la pièce – et me faisait un cours : le barré, comment poser la phalange de son doigt pour jouer plusieurs cordes à la fois, les meilleurs amplis. D'autres fois, il me parlait de sa mère, de son enfance dans un quartier ouvrier, de la séparation de ses parents, de leur monde désormais si loin du sien, bien qu'il eût fait n'importe quoi pour sa mère. Lorsque nous bavardions, j'avais l'impression que nous nous ressemblions, que nous étions dans la même aventure. Si je ne le croisais pas, je laissais son petit déjeuner prêt, il m'appelait *fairy*. Sheila, notre petite fée aux yeux bleus. J'avais l'impression d'être avec les deux. John parlait peu, il me charmait avec son sourire, son corps et une part de lui cachée, que je ne connaissais pas encore. Steve était toujours décontracté, si tu l'agaçais, il te le faisait comprendre et c'était pareil s'il avait envie de rester avec toi. Il avait une fiancée lui aussi, Connie, une petite brune, mignonne, avec les cheveux courts. Elle était en terminale au lycée, elle connaissait Steve depuis toujours, mais elle ne venait pas tous les soirs, il y avait un véritable défilé de filles dans sa chambre et j'imagine que c'était pareil dans celle de John, avant moi. C'est ce que je croyais.

Une nuit, j'avais été réveillée par des bruits de coups, je m'étais redressée. John était nu, à genoux ; il était en train de bourrer de ses poings un sac rempli de vêtements que j'avais apportés pour lui faire essayer. Une furie, je l'appelais, effrayée, il ne m'entendait pas. J'avais essayé de l'arrêter et il m'avait frappée au visage. Il s'était figé. Les mains en l'air, les yeux écarquillés.

– Je suis désolé… Je te demande pardon…

Il m'avait prise dans ses bras en pleurant, il me tamponnait la joue dans la salle de bains avec de l'eau froide en continuant à s'excuser. Je n'avais pas dit un mot, j'étais trop stupéfaite. Ce n'est plus jamais arrivé avec moi, ni avec aucune autre je pense, il n'était pas brutal contrairement à beaucoup d'hommes dans le milieu. Comme Ike Turner qui battait Tina comme si de rien n'était, lui cassait le nez, lui fendait la lèvre, la couvrait de bleus et couchait avec d'autres filles sous ses yeux. Le tout couronné par le suicide, par chance raté, de Tina. Ou Anita Pallenberg qui cachait ses bleus sous son fond de teint, bien qu'elle ait rendu la pareille à Brian Jones plus d'une fois, quand il était trop drogué pour se défendre. Une femme d'acier, la plus cool de toutes, elle finit par le plaquer et s'enfuir avec Keith Richards ; ils fondent une famille, se séparent. Elle continue à se droguer et le tout se termine aussi par un suicide, celui du tout jeune garçon avec lequel elle partageait sa vie. Leur groupe ne plaisantait pas non plus : dans les années 1970, l'album *Black and Blue* est sorti avec, sur la pochette, une fille couverte de bleus, attachée, et le slogan suivant : *I'm « black and blue » from the Rolling Stones, and I love it*[1]. La pochette a été retirée par la suite. Ce sont des histoires que tu connais peut-être, mais John n'était pas violent.

Il pleurait encore dans le lit avec des sanglots, et puis il s'est calmé, il a allumé une cigarette.

– Sheila, je ne suis pas fait pour cette vie. C'est trop lourd pour mes épaules, si je fais une erreur ou si je n'ai pas l'énergie nécessaire, tout s'effondre. Steve, ça ne lui fait rien. Voyager, se défoncer, jouer, boire, fumer, baiser. Toutes ces filles qui hurlent, montent sur scène et essaient de t'étouffer. Et il faut toujours être à fond et ne jamais rien lâcher. Tout ce que je voudrais, c'est dormir.

J'avais du mal à y croire, comme pour le coup de poing. Steve disait qu'il était sorti du ventre de sa mère un micro à la main. Et voilà qu'avaient disparu son insolence,

1. Je suis couverte de bleus à cause des Rolling Stones et j'adore ça.

sa moue hautaine qui m'avaient séduite. La voilà l'idole des jeunes, la star avec laquelle femmes, et hommes – je l'ai compris plus tard –, voulaient coucher. Mais j'ai ressenti à cet instant de la pitié, de la tendresse et l'impression nouvelle de le tenir au creux de ma main. Son talent, son succès, sa force dépendaient de moi. Sinon, pourquoi cet aveu ? Il m'avait donné accès à sa part d'ombre, parce qu'il avait *besoin* de moi, tu ne crois pas ?

Besoin. Je dois m'arrêter, j'ai la nausée, la tête qui tourne. Je dis :

– Parlons-en un peu, tu veux bien ?

Elle est méfiante.

– Sans me juger, d'accord ?

– Tu plaisantes, que celui qui n'a jamais péché… Bien au contraire, je voulais te parler de moi en fait.

– Vas-y.

– Je ne sais pas à quel âge s'est formée dans ma tête cette idée selon laquelle un homme devait avoir besoin de moi. Mon père avait besoin de ma mère. Il était le plus fort en société, mais comme cela arrive souvent, il dépendait beaucoup de sa présence. Tandis qu'elle avait beaucoup d'autres liens affectifs qui la rendaient heureuse, nous, ses sœurs, ses amies. Ce besoin qu'il avait d'elle dans la sphère privée m'a fait croire que c'était dans l'ordre des choses. Si je tombais un jour amoureuse, il me faudrait satisfaire ce besoin, cela me semblait naturel. C'est donc ce que j'ai essayé de faire, de mon plein gré.

– Moi aussi, je ne suis la victime de personne.

Nous sommes assises côte à côte sur le divan de mon père. Au-dessus de nos têtes, une photo qu'il a prise avant de devenir metteur en scène. Un parc, une femme d'un certain âge sur un banc, elle tricote. À côté d'elle, un homme s'est endormi la tête sur le dossier.

– Comme tu l'as dit, les temps étaient en train de changer. Mais pas de ce point de vue... Et puis, au fil des années, j'ai compris que c'était un besoin que j'avais, moi, et pas eux, même si les hommes sont bien contents d'en profiter, je courais tout droit à la catastrophe.

Sheila sourit.

– Moi aussi.

– Maintenant, je suis capable de prendre du recul, mais le plaisir – et son revers qui est la colère – que l'on éprouve à s'occuper de quelqu'un est tenace. Il y a une part de ce sentiment auquel je ne veux pas renoncer, je n'ose le dire à personne sauf à toi. Le plaisir mécompris de s'occuper de l'autre.

Le cendrier à côté de nous est rempli de mégots. Elle mourra jeune, me dis-je, et puis je me souviens que, malgré les apparences, elle a déjà soixante-dix ans. Dans cette génération, soit ils sont morts depuis belle lurette, soit ils vivent très longtemps. Elle soupire, elle pense à quelque chose que j'ignore.

– J'aurais dû m'occuper de quelqu'un d'autre.

– Continue.

Ce soir-là je l'ai serré dans mes bras jusqu'à ce qu'il s'endorme. Je le regardais, il m'attendrissait tout abandonné qu'il était; il s'était apaisé. Il m'emmenait désormais partout avec lui, comme une amulette. Avant et après les concerts, dans les studios d'enregistrement. Sauf pendant les longues tournées, le manager l'interdisait. La première fois que j'ai rencontré Michael, j'étais dans la loge. Les garçons étaient déjà sortis et les cris du public couvraient la musique. J'étais assise devant l'un des miroirs de maquillage, bouteilles éparpillées, verres, mégots, sèche-cheveux, brosses. J'en avais pris une et j'étais en train de me coiffer. John faisait les cent pas avant de monter sur scène, toujours plus nerveux, il échangeait des plaisanteries douteuses avec Steve, Eddie et les autres. Ils parlaient de filles, toutes maigres avec une poitrine d'enfer, des jambes fantastiques, des baignoires pour plusieurs personnes pendant les tournées, des massages, des groupies qui s'introduisaient dans les chambres d'hôtel et sortaient nues de sous leurs lits. Derrière le rideau, ils lorgnaient dans la salle et choisissaient celles qu'ils voulaient ramener dans leur lit après le concert. Je riais moi aussi, j'étais cool. S'ils tenaient ce genre de discours devant moi, cela signifiait qu'ils me considéraient comme une des leurs. Mais je sentais monter en moi une tristesse stupide, un truc de filles, de filles d'hier, je la dissimulais. Tu te souviens de cette chanson ? Elle est sortie quelques années plus tard.

Qui veut d'une fille d'hier ?
Personne.
Difficile d'en choisir qu'une
Alors qu'il y en a des millions dans le monde.

À un moment, John s'est approché de moi et m'a soufflé dans l'oreille :

– Tu es la seule que je veux.

J'étais en train d'y repenser en me coiffant. Je le croyais : avec cette vie fatigante, toutes ces poules en embuscade partout, deux concerts par jour, la lutte pour fendre la foule à l'entrée, éviter le monde à la sortie, le show, puis de nouveau dans le bus pour tout recommencer. C'était bien normal qu'ils aient besoin de se défouler, mais j'étais la seule qu'il voulait. John viendrait chez mes parents pour les rencontrer, à son initiative, et puis nous irions chez les siens. C'était du sérieux avec moi. Je lui avais présenté ma sœur et son photographe. John lui avait aussi adressé son fameux sourire, mais Sarah ne le trouvait pas si craquant. Elle ne l'avait pas encore vu sur scène. Tandis que je me brossais les cheveux, Michael, le manager, était apparu sur le pas de la porte. Un blondinet mignon avec des lunettes de soleil, pantalon moulant, petite veste étriquée, cigarette à la bouche. Les hommes faisaient tout pour paraître gays.

– Voilà la fameuse Sheila !

Je posai la brosse en vitesse comme si je l'avais volée. Il avait remarqué mon geste et souri. Mon Dieu, j'étais si peu sûre de moi !

– Et toi, tu es Michael…

Il s'était approché et me parlait en m'observant dans le miroir.

– Tu es exactement son genre.

– Ah bon ?

Il acquiesçait.

– Absolument, il aime les filles comme toi.

Je soutenais son regard, j'avais retrouvé mon courage.

– Qui portent un serre-tête ?

Il avait éclaté de rire.

– C'est Steve qui te l'a dit, non ? Il me l'a dit à moi aussi.

Je perdais de nouveau des points, ils avaient parlé de moi entre eux, comme ils faisaient avec les autres. Mais j'étais différente.

– John et moi, nous nous marierons.

Je sautais quelques étapes, comme mon père, mais je voulais le lui jeter à la figure. Il était redevenu sérieux.

– John n'est pas ton genre, Sheila, tu ne le connais pas, moi si, très bien : c'est moi qui l'ai inventé.

Il était sorti, me laissant seule avec les cris et la musique. Après le concert, alors qu'ils donnaient des interviews et se faisaient prendre en photo, j'étais montée sur la scène par les coulisses. Sur le plateau, des chaises cassées, des morceaux de verre, des déchets, c'était pareil à chaque fois. De là, je dominais la salle. Il disait : Lorsque j'arrive sur scène, c'est comme si j'étais seul, je sens la vibration et c'est tout, je ne regarde personne. Et dire que chaque fille était convaincue que c'était elle qu'il regardait. Sur scène, il y avait des petits mots, des fleurs, des jouets lancés par des adolescentes déchaînées. Dans la couture déchirée d'un ours en peluche tout pelé, comme celui avec lequel je m'endormais enfant, il y avait un petit mot.

John, je ferais tout pour toi.

Avec l'adresse. Je ne pensais absolument pas pouvoir écrire la même chose, bien au contraire, je me sentais l'élue, choisie entre mille. Je n'aurais jamais imaginé finir comme elles, à lui envoyer des messages suppliants. Ce n'était pas dans ma nature, j'étais fille de militaire après tout.

Dès lors, je ne l'ai plus quitté, je l'attendais après les tournées à l'étranger, je l'accompagnais aux concerts. Toujours derrière lui, au milieu de la foule qui voulait arracher nos vêtements, escortés par des policiers terrifiés. Lorsque les groupies étaient là, il m'écartait, nous ne devions pas avoir l'air d'un couple, c'était ce que voulait Michael. Les journées dans les studios d'enregistrement, je les regardais à travers la vitre, ils répétaient, jouaient, recommençaient, se passaient les casques de l'un à l'autre. J'apportais des livres, des magazines, j'allais me promener avec Connie pour chercher des vêtements. Michael m'avait proposé de devenir l'assistante de John.

– Il veut que tu sois avec lui, quitte ton travail. Tu as du goût, tu t'occupes des costumes de scène, du maquillage et de ce dont il a besoin… Je te propose un bon salaire.

Que pouvais-je demander de plus ? Le dîner chez mes parents s'était bien passé, bien que mon père m'ait glissé à la fin qu'il préférait le mécanicien. Ma mère, quant à elle, l'avait accepté. John savait y faire avec les femmes. Il l'avait aidée à essuyer la vaisselle, elle lisait les articles sur lui et le groupe dans les journaux, elle en parlait avec ses amies.

– Le monde change, ces jeunes gens ont à peine vingt ans et ils gagnent le double de nos maris, ils ont du talent.

Une femme pragmatique. C'était aussi pour le plaisir de donner tort à mon père, le militaire qui avait pointé son arme contre elle. Ils ne s'aimaient pas et ne se séparaient pas. Le lendemain, elle m'avait gardée une heure au téléphone pour savoir quand nous comptions nous marier – papa n'est pas content que vous viviez ensemble sans être mariés. Mais c'était elle la plus inquiète. Sarah avait quitté son photographe et s'était mise avec un acteur. Ma mère avait désespérément envie de coudre au moins une autre robe blanche comme celle du couronnement. Les parents de John étaient du genre froid, ils parlaient peu, clairement hostiles au succès de leur fils, au chaos pendant les concerts, aux drogues dont on commençait à parler, et à moi. Le père fumait sa pipe en regardant mes jambes. John redevenait un petit garçon devant eux, il n'osait pas les contredire. La mère m'ignorait, elle était clairement jalouse du pouvoir que j'avais sur son fils, elle me détestait et c'était réciproque. Il fallait qu'elle me le laisse, leur génération ne pouvait pas comprendre la nôtre. Pour avoir le dessus, je la scandalisais, je parlais de choses intimes devant elle, je faisais des allusions à notre vie sexuelle.

Il rougissait et moi je riais. Elle se levait pour débarrasser la table. Stupide petite bourgeoise, pensais-je. Le père avait eu des ennuis à cause de son fils dans l'école où il enseignait, les élèves ne faisaient que lui poser des questions à son sujet. Le petit frère admirait John et avait commencé à jouer de la guitare, c'était touchant, il s'était mis dans le pétrin. Mon fiancé était devenu une star.

Un silence, elle me fait signe qu'elle veut s'arrêter.

– Qu'y a-t-il ?

Elle esquisse une grimace.

– Ma mère, la sienne, elles ont été cruelles avec moi en fin de compte, mais peut-être que je le méritais.

Je suis stupéfaite.

– Pourquoi ?

– Je détestais leur vie, elles étaient si soumises à leurs maris, à leurs enfants, malheureuses et en colère. Et moi ? Je ne me rendais absolument pas compte que j'étais en train de faire la même chose. Le sexe, la liberté, l'ennui, la colère et notre jeunesse m'empêchaient de le voir. De même, les petits mots des filles jetés sur scène, les cris et les évanouissements étaient à la fois nouveaux et vieux comme le monde, *John, je ferais tout pour toi.*

Je la regarde avec attention, son visage juvénile est marqué à présent, ses yeux bleus de poupée sont cerclés de petites rides en toile d'araignée.

– Peu importe ce qui t'est arrivé, je ne crois pas que tu le méritais.

5

Je marche avec mon compagnon à la villa Borghèse. Nous traversons le parc des Daims où ont grandi mes enfants. Les journées à réviser mes partiels d'économie pendant qu'ils jouaient. Un matin, plongée dans mon livre, j'ai perdu de vue mon fils aîné, il avait cinq ans, je hurlais son nom, suivie par d'autres parents qui m'aidaient à le chercher. Lorsque nous l'avons retrouvé, il était penché sur une crotte de chien, en train de planter des crayons de couleur dedans, comme si c'était une sculpture abstraite. Je l'ai serré fort dans mes bras, à l'en étouffer. Enfant, ma fille passait des heures à côté du banc où j'étais assise, elle mettait des petits cailloux dans les pots de yaourt que nous gardions pour fabriquer une tour. Je caressais ses petites mains longues et fuselées avec lesquelles, plus tard, elle jouera du piano et noircira feuilles et cahiers de notes pour des scénarios. Ma petite-fille, dont je me suis occupée comme une mère, jouait au même jeu : lorsqu'elle avait fini de remplir le pot, elle me donnait à manger avec une petite cuillère. Je lui mettais toujours une cagoule parce qu'elle avait eu une otite et je voulais qu'elle soit bien au chaud. Et le petit dernier, le roi de la maison, courait comme un fou derrière un ballon dès son plus jeune âge ; de temps en temps, il revenait vers moi, transpirant et triomphant, les joues rouges comme des tomates – maman, de l'eau ! –, je le retenais un peu pour lui donner des baisers.

– Je crois que Sheila a vécu quelque chose de terrible.

Il me regarde, sans comprendre tout de suite de qui je parle.

– Ah, ton personnage ?

Je hoche la tête. Il lui arrive souvent à lui aussi de commencer une phrase dans sa tête et de n'en prononcer que la fin.

– Et tu ne sais pas encore ce qui lui est arrivé ?

– Pas encore. Je sais qu'après s'être séparée de John, elle a épousé un garçon de son quartier, elle a ouvert un magasin de vêtements et eu deux filles.

Je réfléchis à haute voix.

– À cette époque, les filles tombaient enceintes très jeunes, elles faisaient l'amour à quinze ans, la pilule n'était autorisée que pour les femmes mariées.

Nous marchons encore en silence, j'ai un souvenir dans chaque coin du parc.

– Tout ce que j'ai écrit et fait dans ma vie est né dans ce lieu. La fatigue et la passion de la maternité, la solitude, les sentiments à l'écart de la vie productive. Mais ici j'ai vécu et pensé tout ce que j'ai raconté. Je dois à mes enfants, à la décision hasardeuse de devenir mère si jeune, chacun de mes accomplissements suivants.

Il me regarde, lui a eu sa première fille à quarante ans.

– Dans les années 1960, je voulais surtout être libre et connaître le monde, le problème, c'était de ne pas mettre les filles enceintes ; ça pouvait arriver et il fallait alors recourir aux avortements clandestins, une torture pour elles. La liberté sexuelle était à ce prix, je m'en rends compte aujourd'hui plus qu'à l'époque.

Nous nous asseyons devant le musée Borghèse, sur le socle de l'une des statues de femmes ébréchées. J'ai tourné ici la scène de la course de Giovanna Mezzogiorno dans *La Bête dans le cœur*. Et celle d'un baiser volé entre Paola Cortellesi et son jeune amant dans un autre film. Je pourrais planter une tente et vivre ici.

– De nos jours, on fait toujours moins d'enfants, nous voulons être libres, sans entraves. Mais moi je ne regrette rien, ça ne m'intéresse pas de vivre sans liens.

Il sourit.

– Moi non plus, nous sommes d'accord.

J'acquiesce. Je cherche quelque chose que je n'arrive pas encore à lui expliquer, la réponse se trouve peut-être dans la vie de Sheila. Je dois rentrer à la maison auprès d'elle.

Elle s'est changée, elle porte un T-shirt blanc et un jean. Pas de bandeau sur la tête, pas de maquillage, elle s'est coupé les cheveux et elle est toujours très belle.

– Je ne sais pas si j'ai réussi à te dire qui est vraiment John. Un artiste extraordinaire. Les quelques années que nous avons passées ensemble, il m'a donné toute la tendresse et l'attention dont il était capable. Il va de l'avant quoi qu'il arrive, le passé ne l'intéresse pas, il le laisse derrière lui sans regret mais aussi sans rancœur, c'est là sa force. Je ne sais pas d'où lui vient sa capacité à se concentrer entièrement sur le présent, sur ce que l'on est en train de faire. Je les regardais dans le studio d'enregistrement et je les enviais. J'avais toujours une bonne raison pour détourner mon attention de moi-même, je pensais à lui, à notre vie. Trop. Je me souviens d'un jour, je le voyais à travers la vitre, il était assis par terre à côté de Steve, tête contre tête, ils étaient en train d'écrire les paroles d'une chanson. Plus loin, les autres écoutaient quelque chose dans leur casque. John s'est tourné vers Steve, leurs bouches se touchaient presque, ils ont échangé un sourire, une complicité parfaite. Il l'aimait beaucoup plus que moi, c'est entre eux que se jouait la vraie partie, je m'en suis aperçue les derniers mois. Connie et moi, les fiancées, les autres poules, nous satisfaisions leurs besoins sexuels, leur envie de compagnie, de défoulement et, plus tard, d'enfants.

Je l'interromps.

– Alors Tolstoï avait encore raison lorsqu'il disait qu'il n'avait ressenti de véritable amour platonique qu'envers des hommes... C'était ce qu'il y avait aussi entre John et Steve ?

– Ce n'était pas si platonique dans leur cas. Ils avaient l'habitude de dormir ensemble en tournée. Un matin, après qu'ils avaient travaillé toute la nuit, je les avais retrouvés endormis dans le lit de Steve. Chez nous, il y avait des tubes de lubrifiant. Les années 1960 ont fait émerger ce désir entre les hommes, surtout dans le monde de la musique. Cela arrivait aussi entre femmes, j'ai fait l'amour avec Connie un soir où nous étions seules et où ils étaient en tournée aux États-Unis, mais c'était différent.

Elle se tait, elle pense à cette soirée, tandis que je poursuis un autre souvenir.

Adolescente, j'avais une véritable passion pour le roman *Femmes amoureuses* de D.H. Lawrence. Je l'avais pris dans la bibliothèque de mon père. Deux sœurs très différentes, Gudrun et Ursula, rencontrent deux amis, Gerald et Rupert, et en tombent amoureuses. Gudrun est une artiste rebelle, et pour le montrer, l'écrivain lui fait toujours porter des bas colorés que j'ai adoptés moi aussi après avoir lu le livre et surtout vu le film réalisé par Ken Russell, avec Glenda Jackson, Oliver Reed et Alan

Bates. Ursula, contrairement à sa sœur, est l'incarnation de la féminité douce traditionnelle. Rupert, l'intellectuel, et Ursula s'aiment et veulent se marier. Quant à Gudrun et Gerald, le patron de la mine, bourru et taciturne, ils se tourmentent réciproquement : elle veut être libre et il ne peut pas le supporter. En lisant le livre, j'avais découvert que mon père avait souligné les passages sur les projets de mariage du couple Ursula-Rupert, la féminité de la première, le caractère tourmenté du second, adouci par la femme. Peut-être y voyait-il sa relation avec ma mère, mais j'étais déçue parce que je me sentais plus Gudrun qu'Ursula, et lui-même voulait pour nous, ses filles, une vie libre et autonome. Mais je savais désormais que l'idéal de mon père était l'autre femme. Dans le livre, on perçoit la tension amoureuse entre les deux amis. Ken Russell, qui est homosexuel, l'avait mise en relief dans le film, dans une scène où les deux acteurs nus, vigoureux, se battent dans un salon du château de Gerald, sur un tapis rouge, avec le feu qui crépite dans la cheminée. Ils se ruent l'un sur l'autre, se jettent à terre, des détails de corps masculins moites entremêlés, deux héros grecs. Ils se figent, les visages tout proches comme John et Steve, ils se regardent, à la fois attirés et effrayés. Puis, à terre, à bout de forces, Gerald lui demande : « C'était trop pour toi ? » Et Rupert répond : « Non. » Ils parlent de pacte de sang, décident de s'aimer toute leur vie d'un amour parfait, pas comme avec les femmes qui accordent trop d'importance à elles-mêmes et à la passion. J'avais pensé, comme Sheila, que le véritable amour était entre eux et non avec les deux sœurs.

Je la regarde, elle me plaît plus à présent, avec les années qui marquent son visage, ses cheveux courts. Sur les photographies à la jeunesse éternelle, on dirait une fille morte, alors que la femme mûre contient la jeune qui vit encore en elle. Ma plus jeune sœur dit qu'il faut savoir se regarder dans un miroir, sans avoir en face une image toujours figée de soi.

Sheila commence à parler à voix basse, comme si elle était sur le point de me révéler un secret.

– Ma soirée avec Connie a précédé de peu l'événement qui devait changer ma vie. John me téléphonait toujours depuis sa tournée américaine, il m'avait offert deux chatons pour que je ne me sente pas abandonnée. Il était très affectueux. Nous cherchions un nouvel appartement rien que pour nous, sans Steve ni les autres qui campaient dans le salon jusqu'à l'aube. Des petits groupes d'admiratrices essayaient d'entrer toutes les nuits, il était impossible de rester. Steve aussi avait décidé de partir. Connie était désespérée parce qu'il ne lui proposait pas de s'installer avec lui.

Je me sentais beaucoup plus chanceuse qu'elle ; avant de partir, John m'avait promis que nous nous marierions, mes parents y tenaient tellement. Il m'écrivait des cartes postales, des lettres, il prenait soin de moi à distance, il me surveillait. Chaque nuit, il voulait savoir si j'étais rentrée à la maison. Avec Steve, ils avaient engagé un chauffeur, une sorte de garde du corps pour nous accompagner lorsque nous sortions le soir. Comme le gangster de *Pulp Fiction* qui fait escorter sa poupée par John Travolta. C'était la même idée, si ce n'est que le nôtre était un gringalet androgyne comme c'était la mode à l'époque.

Connie et moi fumions ensemble le soir et nous avons un jour pris de l'acide. John était contre, il disait que ce n'était pas fait pour moi, il avait peur que je ne le trompe sous l'effet de la drogue. Eux, en tournée, ils avaient de la drogue et de la compagnie tous les soirs, je l'ai compris après. Le directeur d'un théâtre lui avait envoyé une dizaine de filles à l'hôtel en guise de récompense pour le succès de la soirée. Il me l'avait raconté lui-même, ajoutant qu'il était parti se coucher et moi je l'avais cru. Ridicule. Les groupies les suivaient dans leurs déplacements, elles cuisinaient, rangeaient leurs costumes de scène (choisis par mes soins), toujours disponibles pour un coup rapide ou une fellation si les *boys* étaient trop stressés. Les pauvres, ils étaient loin de la maison, je jure que je le pensais vraiment. Il m'a sans doute trompée quelques fois, disais-je à Connie, mais avec toutes ces folles qui lui tournent autour… C'est pour ça que Michael ne voulait pas de nous pendant les tournées, les filles ne manquaient pas et elles ne créaient pas de problèmes contrairement aux fiancées, mais l'autre, par la suite, n'a plus accepté de rester à la maison. Un jour, il a envoyé quelqu'un me chercher. Je n'ai même pas eu le temps de mettre quelques affaires dans une valise. Mais j'aimais que John soit si pressé de me voir.

Ils avaient joué à Berlin-Ouest, une vingtaine de minutes seulement parce que la foule restée à l'extérieur avait escaladé les barrières, envahi et saccagé la scène tandis que le groupe se réfugiait, terrorisé, dans le bus. Les fans avaient mis le feu partout, détruit la salle. La police avait capitulé. Il y avait eu des centaines de blessés.

Dans le hall du palace, j'avais croisé Steve et les autres. Ils étaient de toute évidence drogués, entourés de toutes sortes de filles. Ils s'étaient tus en me voyant. Qu'est-ce que je faisais là ? J'arrivais d'un autre monde. Dans la chambre, John faisait les cent pas, il avait pris des cachets pour se calmer. Il m'avait enlacée, m'embrassait le visage, les mains. Dans mes bras, sur le canapé de la suite, il pleurait.

– Sheila, tu dois rester tout le temps avec moi, tu ne dois jamais me laisser. J'ai peur, j'ai eu une peur terrible.

Elles nous aiment et elles veulent notre peau, elles détruisent tout. Je ne me sens bien qu'auprès de toi, avec toi je suis moi-même.

Il s'était endormi apaisé comme l'autre fois. Je ne devais plus le laisser s'éloigner de moi.

Nous nous disputions beaucoup à présent, j'étais jalouse, toutes ces femmes me tapaient sur les nerfs, je ne supportais pas non plus qu'il ne veuille pas être vu avec moi. Nous nous hurlions dessus, mais je finissais par céder. Si je menaçais de le quitter il pleurait, il se mettait à genoux et me suppliait de rester. J'étais avec l'homme le plus désiré du moment, n'était-ce pas ce que j'avais voulu ? Je gardais le secret de sa fragilité et son talent s'était déposé sur moi aussi, comme une poussière magique.

Puis il était parti pour la tournée américaine. Au téléphone, il s'enthousiasmait du soleil éternel et des palmiers de Los Angeles, des hôtels immenses, de l'avion privé, de leurs idoles rencontrées à Chicago, les chanteurs noirs qui les avaient inspirés et avec lesquels ils composaient désormais d'égal à égal dans les studios d'enregistrement, de la police armée qui les escortait. Ils étaient déjà allés aux États-Unis mais, cette fois, c'était un triomphe de ville en ville, d'État en État, je les suivais sur une carte pour avoir au moins une idée de l'endroit où ils se trouvaient. Leurs derniers titres étaient en tête des classements. Si tu mets à la suite les paroles des tubes de cette période, tu t'apercevras qu'elles ne racontent qu'une seule chose : leur domination sur nous. *Les filles sont à nous maintenant, elles font ce qu'on leur dit, la minette ne me lâche pas, elle ne me laisse pas partir, elle veut que je sois toujours avec elle, la petite idiote*, etc. J'étais aveugle.

Connie faisait les courses, elle cuisinait. Nous avions nettoyé tout l'appartement. Lavina n'avait plus grand-chose à faire, elle s'asseyait avec nous pour bavarder. Elle avait une famille croyante, elle nous posait des questions sur notre vie dont elle recueillait les bribes, son fils adolescent lui avait demandé un autographe de John. Nous n'allions pas si mal, Connie et moi, c'était l'idée de les savoir loin qui nous tourmentait. Mais on s'amusait bien ensemble. Je courais Londres à la recherche de vêtements de scène unisexes en prévision de son retour, je les essayais d'abord. Il adorait s'habiller en femme.

Un soir, je suis entrée dans la cuisine avec un boa autour du cou, des bottes jusqu'aux genoux, un chapeau à large bord et rien d'autre. Cuillère en bois à la main, Connie regardait mes jambes nues. Elle s'est approchée sans la poser. Alors qu'elle m'embrassait, j'ai vu la cuillère osciller avant de tomber avec fracas sans nous interrompre. Pourquoi l'attendre ? J'avais envie de faire l'amour. Et nous l'avons fait. Quelle soirée ! Connie menait les opérations, je la suivais. Je ne sais pas où elle avait appris, mais elle était moins innocente qu'elle en avait l'air, en tout cas moins que moi. Nues dans le lit, nous fumions en riant comme des écolières, sans pouvoir nous arrêter. Et puis nous avons recommencé à parler d'eux. Connie était convaincue qu'ils avaient couché ensemble, comme ça nous sommes à égalité, disait-elle. Pas vraiment.

J'étais allée dans la salle de bains et, tout à coup, j'avais compris que j'avais une ou deux semaines de retard. Pendant un temps, j'avais noté la date de mes règles sur le calendrier et puis je n'y avais plus pensé. Nous n'étions pas très prudents, mais je n'étais jamais tombée enceinte. Je me regardais dans le miroir, ma poitrine avait pris au moins une taille. John adorait les filles maigres à la poitrine généreuse. On s'aimait, si j'attendais un enfant, on se marierait tout de suite. Depuis combien de temps ne m'appelait-il pas ? Plus d'une semaine. Il téléphonait moins mais il rentrerait bientôt. Tout allait s'arranger.

Sheila a cessé de parler, elle réfléchit. Puis elle lève ses yeux sur moi avec un sourire sarcastique.

– Ce n'était pas très cool de tomber enceinte.

– Et quand est-ce que ça l'a été ? lui dis-je.

Elle fait la moue.

– Eh bien, quand tu es mariée, quand tu as quelqu'un à tes côtés ou que tu en as très envie. Je pense que ma mère était contente lorsqu'elle est tombée enceinte. Mais nous, nous ne voulions pas vivre comme nos parents, et encore moins après ce qu'ils m'ont fait. John et Steve ont eu des enfants plus tard, et les autres aussi. Ils les emmenaient partout, en tournée, dans le monde entier. Lorsque les enfants devaient aller à l'école, il y avait des nounous, ou alors les mères décidaient de rester un peu à la maison, alors ils les trompaient avec d'autres femmes, se séparaient et recommençaient.

Je l'interromps.

– Ça ne finissait pas toujours bien pour les enfants. Regarde le fils de Marianne, la compagne de Leonard Cohen. C'est une histoire à laquelle j'ai beaucoup pensé. Ils se rencontrent dans la communauté de l'île d'Hydra en Grèce, elle, c'est un mannequin magnifique, en couple avec un intellectuel norvégien. Elle tombe enceinte, va en Norvège pour accoucher et lorsqu'elle revient, il est parti avec une autre. Mais sur l'île, elle rencontre Cohen qui tombe amoureux d'elle et de son fils. L'Éden : des enfants livrés à eux-mêmes qu'on laisse gambader librement tandis que les parents se remettent de leurs nuits passées entre autres à chanter. Il reprend ensuite sa route et devient célèbre, mais il rappelle plusieurs fois la mère et l'enfant. Marianne aime beaucoup son fils, mais elle doit le mettre en pension pour pouvoir rejoindre Leonard partout dans le monde, bien qu'il ait d'autres maîtresses. Ils finissent par se séparer définitivement. Durant ses années de succès, Cohen subvient aux besoins de l'enfant, mais il ne le voit presque jamais. Aujourd'hui, le petit garçon blond est devenu un sexagénaire malade et perturbé. C'est le sort de nombreux enfants de l'époque.

Elle allume une cigarette.

– Oui, tout était en train de changer, sauf ça. Et toi, quand tu l'as dit à tes parents, comment ont-ils réagi ? Tu avais mon âge, non ?

Je ris.

– C'est toi qui me poses des questions maintenant ?

– Et pourquoi pas ?

Je me lève de mon bureau et je m'assieds en face d'elle.

Je venais d'avoir mon bac ; avec mon petit ami, nous étions partis pour la première fois en vacances ensemble en Calabre. C'était les années 1970, on chantait en jouant de la guitare sur la plage, mais la légèreté des années 1960 était terminée. Nous écoutions justement *So Long, Marianne* de Cohen, écrite pour elle, mais ce morceau est au fond un adieu et il me faisait pleurer. Je ressentais la nostalgie de quelque chose que je ne comprenais pas, peut-être était-ce l'idée d'une liberté manquée, je ne sais pas. Quelques semaines après le retour, j'ai compris que j'étais enceinte. Mon petit ami et moi nous aimions, nous voulions le garder. Un soir j'ai dit à ma mère que j'avais quelque chose à lui dire. Nous nous sommes enfermées dans la salle de bains.

– Maman, j'attends un bébé.

Ses yeux clairs me fixaient, incrédules. Elle venait de perdre son cinquième enfant, nouveau-né, à peine plus d'un an auparavant. Peut-être avait-elle pensé que le mien le remplaçait, je ne sais pas. Au bout d'un moment, elle m'a dit :

– Garde l'enfant, si c'est ce que tu veux, mais tu n'es pas obligée de te marier. Quoi qu'il arrive, nous t'aiderons.

Je lui avais répondu avec fougue.

– Mais moi je veux l'épouser, j'aurai le bébé, j'irai aussi à l'université, je ferai tout.

Elle m'avait prise dans ses bras.

Sheila me regardait avec un air dur.

– Tu as eu de la chance. Tu veux savoir comment ça s'est passé pour moi ?

Je hoche la tête.

– Je n'arrive toujours pas à en parler, malgré le temps écoulé. Lorsque ma première fille est née, dix ans plus tard, tout m'est revenu d'un coup, je pleurais au lieu de l'allaiter, alors mon mari m'a poussée à écrire le journal de tout ce j'avais vécu lorsque j'étais tombée enceinte de John. Avant je ne pouvais pas, je n'y arrivais pas et je ne voulais pas jouer les victimes. Ça ne me plaît pas, et puis je ne faisais que payer le prix de mes erreurs. Tiens.

Elle me tend un cahier d'un geste brusque, je le feuillette, sur la première page, une dédicace :

À David

– Corrige, si tu veux, je ne suis pas une écrivaine.

Je secoue la tête.

– Je ne changerai pas un mot.

Le soir, mon compagnon me trouve dans mon bureau, assise par terre devant les portes ouvertes de la bibliothèque. J'ai sorti mes journaux intimes, les années avec les enfants lorsque j'étudiais à l'université, que j'écrivais mon premier roman et que je griffonnais des idées, les vacances, l'époque mouvementée de l'analyse, la tristesse de la séparation, les notes sur les sujets de film, la liste des courses, les choses à réparer, à acheter…

– Qu'est-ce que tu fais ? me demande-t-il.

– Je cherche les mots de son journal. Elle ne veut faire de la peine à personne et moi non plus, jamais. C'est sans doute typique de cette génération. Tu disais que tu voulais être libre avant tout, nous aussi, c'est juste que nous ne sommes pas comme vous, c'est là toute la question.

Il s'assied à côté de moi.

– Que veux-tu dire ?

– La cocotte ne peut pas tomber enceinte, sous peine d'être dégradée du rang des maîtresses et de devoir abandonner le nouveau-né dans le tour d'exposition d'une église. La mère russe est seule, elle lit les lettres de ses deux hommes pendant la révolution et berce son dernier-né. La fille du Frioul aurait voulu des enfants mais n'en a pas eu le temps. Et Sheila, elle est si proche de nous… mais attendre un enfant, ce n'est pas cool. Même à l'ère du féminisme, ça ne l'était pas, ça ne l'a jamais été. Tout change, sauf ça.

Il me regarde.

– Alors tu sais maintenant ce qui lui est arrivé.

– Oui, elle n'était pas la seule, deux cent cinquante mille filles des années 1950 à 1980 ont vécu la même expérience ; le petit est né en 1968, au moment où la libération sexuelle était à son apogée. Je vais l'écrire de la manière dont Sheila aurait voulu le raconter à son fils.

6

Je ne sais pas par où commencer, David, si tu t'appelles toujours ainsi. Enfant, je lisais *David Copperfield* ; sur la couverture de l'ouvrage, il y avait deux filles à la mode du XIXe siècle, l'une brune, l'autre blonde, elles se souriaient et se tenaient par la main sous le regard du personnage principal. Lorsque j'étais enceinte de toi, je vivais dans un logement sinistre qui me faisait penser au roman de Dickens. Londres n'était plus scintillante ni bouillonnante pour moi, j'habitais désormais une autre ville. Tu as dix ans lorsque je t'écris, je n'oublierai jamais ta date de naissance. À chaque anniversaire, je sors du tiroir ton petit bonnet de laine. Maintenant, je l'ai mis à ta sœur, elle vient de naître ; entre frère et sœur, on se passe les vêtements.

Je commence par ton père. C'est un grand artiste, j'espère que tu hériteras de son talent pour la musique. Si j'entendais aujourd'hui l'un de ses morceaux, j'aurais toujours envie de danser, mais cela fait un moment que je ne les écoute plus. Pour ce qui est du reste, je l'ai beaucoup désiré, j'étais jeune et stupide. Et puis c'était l'époque. Tout allait vite, nous étions au centre du monde et des modes. Chaque jour, il se passait quelque chose, c'était chouette. J'ai gardé le même état d'esprit aujourd'hui, notre maison est colorée, j'aime recevoir des amis, m'habiller. Je crois que je suis une artiste de la vie, si je l'avais su plus tôt, j'aurais été plus sûre de moi. Je donnerai des règles à suivre à ma fille, mais je ne serai pas dure avec elle. J'aurais fait la même chose avec toi, je ne me résoudrai jamais à mener la vie de mes parents.

Lorsque je me suis rendu compte que j'étais enceinte de toi, j'habitais avec ton père et Steve depuis deux ans. Ils étaient devenus célèbres, ils parcouraient le monde. Ils étaient rentrés exténués de la tournée aux États-Unis, j'ai attendu quelques jours avant de lui annoncer. Steve était plus affectueux que d'habitude. Petite fée, je t'ai apporté un cadeau, le matin c'était lui qui me préparait le café. Je dormais beaucoup, j'étais tout le temps fatiguée. Ton père parlait peu, il allait à la maison de disques, signait des contrats, rencontrait des gens, c'était ce qu'il disait. Peu m'importait, j'étais en train de chercher notre future maison. Le soir où je le lui ai dit, il était heureux, ému, il m'a embrassée et rassurée : nous allons nous marier ! Nous avons fait l'amour et dormi ensemble pour la dernière fois. Il n'a plus jamais eu le courage de me voir. Le lendemain, dans l'appartement, j'ai trouvé Connie et Steve dans la cuisine, ils m'attendaient. Je claquais des dents, j'avais froid, je ne comprenais pas bien. Connie me caressait le dos, Steve m'avait servi à boire. Petite fée, c'est dur mais c'est comme ça, il n'a pas le courage de te le dire, il n'y arrive pas. Tu le connais, c'est un petit garçon apeuré, mais il te donnera de l'argent, il t'aidera. Petit à petit, j'ai compris la vérité. Il avait une autre femme depuis des mois, une chanteuse, il ne voulait ni se marier ni devenir père.

J'ai vécu un temps chez ma sœur Sarah, c'est là que je me suis aperçue que le monde autour de nous n'avait pas changé d'un pouce. J'ai replongé dans l'Angleterre de mes parents. Avoir un enfant hors mariage était un scandale, personne ne m'épouserait plus jamais, me disaient-ils. Sarah est allée voir Michael, leur manager, elle lui a dit que John devait prendre ses responsabilités. Il lui a mis un chèque sous le nez : la voilà sa responsabilité, vous ne pouvez pas l'obliger à l'épouser, j'avais prévenu Sheila qu'il n'était pas fait pour elle. Mais si vous prenez le chèque, vous devez signer un engagement à ne pas rendre la nouvelle publique, le groupe ne peut pas se le permettre maintenant. Ma sœur a déchiré le chèque, j'aurais fait pareil.

Après ça, David, je n'ai plus pleuré pour ton père. J'avais parfois la nostalgie du temps où nous étions ensemble, quand je lui faisais essayer des vêtements, que nous faisions l'amour et que nous parlions de notre enfance. Il me disait qu'il avait besoin de moi, qu'il n'y avait qu'avec moi qu'il se sentait lui-même. Comment avait-il pu m'effacer ? Je vais te le dire. Je me suis souvenue d'un soir où j'étais sur la scène après un concert, je regardais la salle vide. Dans le public, chaque fille était convaincue de croiser son regard, sans savoir qu'il ne regardait personne. Il n'est pas méchant, s'il m'avait vue, il m'aurait prise dans ses bras en me disant : nous nous marierons, nous serons toujours ensemble, Sheila. Sur le moment, il y croyait, mais le pouvoir qu'il avait sur les gens, son talent, lui donnaient la possibilité d'oublier, de ne pas regarder en arrière, de laisser à d'autres le soin de ramasser les restes après le spectacle. Les techniciens du son, les assistants, les filles. Pour vaincre la peur de monter sur scène, il en aurait toujours une à ses côtés : elles se battaient, elles se battent pour cette place. Il ne vivait que dans son propre présent, le mien était désormais le fruit de notre passé.

Sarah m'avait emmenée chez un médecin qui m'avait conseillé de boire du gin, de prendre des bains et des douches brûlantes si je voulais m'en débarrasser. Mais moi je ne voulais pas m'en débarrasser ! Il m'avait prise pour une folle. Si le père ne le reconnaît pas et que tes parents ne te soutiennent pas financièrement, les services sociaux te le prendront de toute façon. J'en avais parlé des jours et des nuits entières avec ma sœur, sans le dire à nos parents. L'une de ses amies connaissait un endroit où l'on pratiquait des avortements clandestins, je n'arrivais pas à le concevoir, mais elle me disait que ça finirait mal, que notre père ne l'aurait jamais accepté. Un matin tôt, il pleuvait, nous nous sommes retrouvées dans une impasse, un appartement au rez-de-chaussée, une salle d'attente miteuse, deux fauteuils marron, une moquette tachée. La fenêtre donnait sur une cour, deux arbres dénudés, un ballon dégonflé au milieu de touffes d'herbe mouillée. Il y avait une forte odeur de désinfectant. Une toute jeune fille – elle n'avait pas plus de quinze ans – est sortie d'une pièce, elle marchait les jambes écartées, soutenue par une adulte. Par la porte entrouverte, j'ai vu une table de cuisine, des instruments métalliques. J'ai regardé ma sœur, j'ai secoué la tête. En un clin d'œil, nous étions dans la rue, ruisselantes de pluie, dans les bras l'une de l'autre.

Je devais affronter mes parents, j'avais décidé d'aller aussi chez les siens. John était introuvable, disparu, en voyage. J'avais laissé à Steve des messages suppliants à son intention, il n'avait jamais répondu. Sa mère m'a préparé un thé, le salon était glacial comme son visage. Mon fils mène la vie qu'il a choisie, chaque femme est responsable d'elle-même. Du bureau de son père émanait l'odeur de tabac de sa pipe, il ne s'est jamais montré. Le mien non plus. Avec ma sœur, nous sommes allées à la maison parler à ma mère. Elle a commencé à pleurer et à me maudire, elle ne s'arrêtait plus. Elle était si contente du succès de John, et maintenant elle m'en voulait parce qu'il ne souhaitait pas m'épouser. Ce n'est pas à lui qu'elle en voulait, mais à moi. Tu n'as pas su serrer les cuisses, tu as donné ton corps pour rien ! C'était sa phobie du sexe que nous détestions et qui s'exprimait dans toute sa vulgarité. Face à ses larmes, Sarah commençait à céder. Ton père ne doit jamais le savoir, il en mourrait. Quelques jours plus tard, nous nous sommes revues au pub derrière la maison. Elle était calme et décidée, elle s'était renseignée. Il y avait une seule solution pour sauver ma réputation et celle de mon père, pour refaire ma vie : elle avait parlé avec le prêtre, il existait des maisons pour les mères non mariées, je devais m'y rendre et elle lui dirait que j'étais partie en voyage. Là, je pourrais donner naissance à l'enfant et le faire adopter. Tu t'en remettras, tu iras de l'avant, tu oublieras. Je me suis mise à pleurer, je n'ai jamais vraiment cessé, David, ni durant les mois passés à t'attendre, ni maintenant, avec ta sœur dans les bras, cela me prend parfois, à l'improviste.

C'était une maison victorienne à la périphérie de la ville, il y avait deux colonnes de marbre à l'entrée. Dans la valise, j'avais glissé quelques vêtements de ma mère, les miens étaient trop fantaisistes et je n'entrais plus dans mes minijupes. J'ai suivi la religieuse dans les escaliers, on entendait en bas les pleurs d'un nouveau-né derrière une porte blanche. Elle m'a désigné un lit dans une chambre. Sur chaque table de chevet, il y avait un jouet, des ours en peluche, des trousses, on aurait dit un pensionnat de jeunes filles. C'en était bien un, car aucune n'entre nous n'avait plus de vingt ans, certaines en avaient quatorze, quinze. Il y avait aussi une petite fille indienne de douze ans qui avait une grossesse difficile, elle devait rester au lit et jouait à la poupée.

La directrice avait été claire, je pouvais te garder pendant six mois, je n'avais pas le droit de t'allaiter, je ne devais pas m'attacher, tu ne serais pas à moi, la décision était scellée à l'instant où je franchissais le seuil de cette maison. Dès l'accouchement, on préviendrait les couples ayant fait une demande d'adoption. Mes parents avaient payé pour mon séjour, mais je devais quand même travailler. On ne pouvait pas sortir de la maison ni téléphoner sans autorisation. La directrice ne m'avait souri qu'à la fin. Tu as fait le meilleur choix pour lui, Sheila, et tu pourras refaire ta vie, tu oublieras avec le temps. Les mêmes mots que ma mère. J'ai su des années plus tard qu'elle avait signé pour moi l'autorisation d'adoption. *Tu as fait le meilleur choix pour lui* : cette phrase m'a permis de vivre les mois précédant ta naissance. Peut-être avais-je pris une bonne décision, tu pourrais être un enfant normal avec un père et une mère.

Une à une, les filles qui accouchaient partaient à l'hôpital en ambulance puis disparaissaient dans la nursery du rez-de-chaussée dont l'accès était interdit avant l'heure. J'avais demandé à travailler à l'atelier de couture où j'ai rencontré Catherine. Nous sommes restées amies toute la vie, c'est la seule avec laquelle je peux parler librement de toi, et elle aussi peut se souvenir de sa Betty. C'était difficile de faire le lien entre les deux mondes, celui où j'avais vécu avec John, la frénésie de Londres dans ces années, les vêtements, la musique, l'amour, le sexe, la drogue et celui où, durant les heures de repos, je me promenais avec mon amie dans le jardin dépouillé de la maison, vêtue d'une horrible robe de chambre à fleurs. Catherine était une originale comme moi, elle se faisait acheter des cigarettes en cachette par un jardinier et nous fumions, assises sur une marche de la porte de service. Elle avait un petit poste de radio que nous mettions entre son oreille et la mienne pour l'écouter tout bas. C'est alors que j'ai entendu la voix de ton père, en tête du classement, une chanson qui parlait de moi : *La minette ne me lâche pas, elle ne me laisse pas partir.* Je lui ai raconté mon histoire en pleurant. Tu as de la chance, me disait-elle, le tien est blanc au moins, l'enfant sera adopté tout de suite. Le mien est un Jamaïcain marié, j'espère qu'il n'aura pas la peau aussi sombre que son père, sinon qui voudra de lui ?

Elle voulait être danseuse, Catherine, elle aussi était tombée amoureuse d'un musicien, c'est peut-être pour cette raison que nous nous sommes liées d'amitié. Ce sont les pires, ils ont toutes les filles qu'ils veulent, disait-elle. Elle s'était enfuie de chez elle, ils avaient vécu ensemble dans une communauté de danseurs et de musiciens jamaïcains à Notting Hill. Lorsqu'elle était tombée enceinte, il s'était débarrassé d'elle : Tu crois que j'ai envie d'avoir un enfant blanc ? Elle était fantastique quand elle dansait et chantait *My Boy Lollipop*, avec son ventre déjà rond.

Tu es mon sugar dandy
Ne me quitte jamais
J'aurais trop de peine…

Et puis le travail s'était déclenché et on l'avait conduite à l'hôpital. J'étais désormais seule dans le dortoir avec les nouvelles. Dès que je me mettais sur le côté, tu me donnais un coup. Un jour j'ai tapoté tes pieds et tu t'es immobilisé. C'est devenu notre code morse. Cela te calmait toujours, même après. À la télévision, dans la salle commune, j'avais vu John avec sa nouvelle fiancée. Une chanteuse belle et assez connue, ils étaient dans tous les journaux. Elle avait une carrière qui s'ouvrait devant elle, mais elle a fini par y renoncer pour le suivre. Qu'est-ce qui l'a poussée à le faire ? Et moi ? Qu'est-ce qui m'avait poussée à quitter mon travail pour devenir son assistante personnelle ? Je vais te l'expliquer. Sa lumière était si intense qu'elle nous illuminait nous aussi, puis *clic*, il la déplaçait et nous restions dans le noir.

Un jour de printemps, à l'aube, j'ai eu les premières contractions. À l'hôpital, ils m'ont mise toute seule dans un cagibi au milieu des médicaments, des flacons et des draps. Personne ne m'a rien expliqué, la douleur était insoutenable et je ne comprenais pas quand ni comment cela se terminerait. Une infirmière venait de temps en temps, elle était remontée contre moi. Je lui demandais de l'aide. Inutile de pleurer sur le lait renversé ! et elle refermait la porte. J'ai traversé l'enfer, je me suis évanouie et je me suis réveillée toujours seule. On a fini par m'aider et tu es né.

Nous nous sommes regardés, tu avais un duvet clair sur la tête, des yeux bleus comme les miens. Catherine a pris des photographies où tu es dans mes bras dans le jardin, je les ai encore. Et moi j'en ai pris d'elle avec sa fille qui avait la peau claire et des cheveux noirs crépus. Il y avait du soleil ce jour-là, je la regarde toujours, tu dors la bouche ouverte et j'appuie sur ton menton avec le doigt. Je te donne le bain le soir, tu grandis bien. On a bandé ma poitrine pour faire tarir le lait, mais la nuit j'enlève les langes et je t'allaite. Catherine le fait aussi, nous rions d'un lit à l'autre. C'était ma faute si j'avais cru John, voilà ce que je pensais, et toi, David, tu devais avoir une vie exempte de honte.

Pendant des mois, je n'ai pas dormi, pas à cause de toi, tu ne pleurais jamais, mais je ne devais pas en perdre une miette. Je n'en ai pas perdu une seule, David, dès que les religieuses partaient je te glissais dans mon lit, j'embrassais tes petites mains, tes joues, je te faisais des caresses. Nous étions heureux. Mais je voulais te dire que même après, lorsque la voiture noire est arrivée et que la religieuse est venue te chercher, qu'elle m'a dit que tu n'avais pas besoin du bonnet et qu'ils n'ont même pas voulu des petits pyjamas que j'avais lavés, je ne t'ai jamais oublié, contrairement à ce que tout le monde disait, je n'ai pas refait ma vie sans toi, mais avec toi, chaque jour de ces dix années. Je t'imagine à l'école, dans ton lit le soir, quand tu joues avec les autres enfants, que tu cours derrière un ballon. Je continuerai de parler de toi à ta sœur, et le temps n'apaisera pas la douleur, au contraire, elle sera toujours plus vive, car le temps écoulé sans te voir sera plus long. Je ferai tout pour te retrouver.

7

Elle me fait de la peine, mais je ne dois pas la prendre en pitié.

Quelle volonté faut-il pour ne pas oublier, pour conserver des détails, des instants auxquels personne n'accorde d'importance, et qui suis-je moi pour les mettre en lumière ? Je me sens comme elles ; bien que je cherche à écrire à leur sujet, je suis ici et là-bas à la fois, je ne me place pas sur une marche plus élevée. Mon regard se pose sur leurs vies, mais je ne peux les raconter que si je me reconnais en elles, si je reconnais mon histoire à travers les leurs. Elles ne sont pas à mes yeux des victimes mais des héroïnes, la cocotte française, la photographe vierge, la mère russe, l'étoile des neiges et, maintenant, Sheila. Leurs contradictions, leurs corps, leurs pensées me sont intimes et familiers. Je suis elles, non au sens où le disait Flaubert de Madame Bovary, elles sont, à proprement parler, ma généalogie, mon Histoire avec une majuscule. Les fils qui nous relient l'une à l'autre sont solides comme celui qui relie Sheila à son enfant perdu, ils ne rompent pas. Et rien ne pourra jamais changer si nous ne mettons pas au jour la force de ce lien, car c'est de là que nous venons toutes, et tous.

REMERCIEMENTS

À Susanna Zevi qui est toujours avec moi.

À Pierluigi Battista qui a lu le premier.

À Carlo Feltrinelli et Gianluca Foglia qui m'ont accueillie de nouveau à bras ouverts.

À Laura Cerutti qui a travaillé sur le texte avec passion et talent.

À Giovanna Salvia, la compagne retrouvée de chaque ligne.

Cet ouvrage a été composé
par Belle Page
et achevé d'imprimer en juillet 2024
par Rotativas de Estella
pour le compte des Éditions Stock
21, rue du Montparnasse, 75006 Paris

PAPIER CERTIFIÉ

Stock s'engage pour l'environnement en réduisant l'empreinte carbone de ses livres. Celle de cet exemplaire est de :
600 g éq. CO_2
Rendez-vous sur www.editions-stock-durable.fr

Imprimé en Espagne

Dépôt légal : août 2024
N° d'édition : 01
51-08-1846/1